CONSIDERAÇÕES SOBRE O MARXISMO OCIDENTAL

NAS TRILHAS DO MATERIALISMO HISTÓRICO

Perry Anderson

CONSIDERAÇÕES SOBRE O MARXISMO OCIDENTAL

NAS TRILHAS DO MATERIALISMO HISTÓRICO

Tradução
Fábio Fernandes

© desta edição, Boitempo Editorial, 2018

Considerations on Western Marxism
© Perry Anderson, 1979
In the Tracks of Historical Materialism
© Perry Anderson, 1983

Direção editorial	Ivana Jinkings
Edição	André Albert
Assistência editorial	Artur Renzo, Carolina Mercês e Thaisa Burani
Tradução	Fábio Fernandes
Preparação	Ivone Benedetti
Revisão	Carmen T. S. Costa
Coordenação de produção	Livia Campos
Capa	Maikon Nery sobre ilustração de Gilberto Maringoni
Diagramação	Crayon Editorial

Equipe de apoio: Ana Carolina Meira, Ana Yumi Kajiki, Bibiana Leme, Clarissa Bongiovanni, Eduardo Marques, Elaine Ramos, Frederico Indiani, Heleni Andrade, Isabella Marcatti, Ivam Oliveira, Kim Doria, Luciana Capelli, Marlene Baptista, Maurício Barbosa, Raí Alves, Renato Soares, Talita Lima, Tulio Candiotto

CIP-BRASIL. CATALOGAÇÃO NA PUBLICAÇÃO
SINDICATO NACIONAL DOS EDITORES DE LIVROS, RJ

A561c
2. ed.

Anderson, Perry, 1938-
   Considerações sobre o marxismo ocidental ; Nas trilhas do materialismo histórico / Perry Anderson ; tradução Fábio Fernandes. - 2. ed. - São Paulo : Boitempo, 2019.
   264 p. ; 23 cm.

   Tradução de: Considerations on western marxism ; In the tracks of historical materialism
   Inclui índice
   "Apresentação Emir Sader"
   ISBN 978-85-7559-667-8

   1. Socialismo - Europa - História. 2. Filosofia marxista. I. Fernandes, Fábio. II. Título. II. Título : Nas trilhas do materialismo histórico.

19-55195
CDD: 335.4
CDU: 141.82

Meri Gleice Rodrigues de Souza - Bibliotecária CRB-7/6439

É vedada a reprodução de qualquer parte deste livro sem a expressa autorização da editora.

1ª edição brasileira de *Considerations on Western Marxism*:
Considerações sobre o marxismo ocidental, 1989 (Brasiliense)

1ª edição brasileira de *In the Tracks of Historical Materialism*:
A crise da crise do marxismo, 1984 (Brasiliense)

1ª edição brasileira conjunta: 2004 (Boitempo Editorial)
2ª edição: fevereiro de 2019

BOITEMPO EDITORIAL
Jinkings Editores Associados Ltda.
Rua Pereira Leite, 373
05442-000 São Paulo SP
Tel./fax: (11) 3875-7250 / 3875-7285
editor@boitempoeditorial.com.br | www.boitempoeditorial.com.br
www.blogdaboitempo.com.br | www.facebook.com/boitempo
www.twitter.com/editoraboitempo | www.youtube.com/tvboitempo

Sumário

Apresentação: O marxismo ocidental no Brasil – *Emir Sader* 7

Considerações sobre o marxismo ocidental 15
    Prefácio 17
    1. A tradição clássica 23
    2. O advento do marxismo ocidental 47
    3. Mudanças formais 73
    4. Inovações temáticas 99
    5. Contrastes e conclusões 119
    Posfácio 131

Nas trilhas do materialismo histórico 145
    Preâmbulo – *Frank Lentricchia* 147
    Prefácio 151
    1. Previsão e desempenho 153
    2. Estrutura e sujeito 177
    3. Natureza e história 201
    Pós-escrito 231

Índice remissivo 253

Sobre o autor 263

Apresentação:
O marxismo ocidental no Brasil*
Emir Sader

As duas obras de Perry Anderson reeditadas num único volume resumem uma visão – clássica, porque referência obrigatória – da evolução do pensamento marxista que se tornou indispensável para dar conta tanto da situação atual do marxismo quanto do pensamento social em seu conjunto. Em primeiro lugar, pela transcendência das análises e propostas de Marx e seus seguidores, além das consequências históricas concretas que seu pensamento propiciou. Em segundo lugar, porque o marxismo tornou-se eixo central das maiores polêmicas teóricas e embates políticos do último século e meio, debates e construções intelectuais que se fizeram dentro do marxismo, entre marxistas e seus críticos e entre os próprios marxistas, sob o impacto direto ou indireto do marxismo. Em terceiro lugar, porque Perry Anderson construiu um marco interpretativo, teórico e político que permite dar conta do potencial, dos limites, das contradições e do caráter contemporâneo da mais expressiva e contundente formulação teórica e política que o pensamento social conseguiu elaborar.

Considerações sobre o marxismo ocidental (texto escrito em 1974, publicado em 1976) analisa como o pensamento marxista, no qual a compreensão e a transformação da realidade estão intrinsecamente articuladas, foi se modificando e se enriquecendo, mas, ao mesmo tempo, se autolimitando, sob o impacto da stalinização dos partidos comunistas e da repressão fascista, entre o fim dos anos 1920 e a década de 1930. Nesse processo, a teoria e a prática, inseparáveis na teoria marxista e na prática de seus primeiros expoentes, foram se dissociando, separando dramaticamente a intelectualidade crítica da prática política e os

---

* Apresentação escrita para a primeira edição conjunta de *Considerações sobre o marxismo ocidental/Nas trilhas do materialismo histórico*, lançada pela Boitempo em 2004. (N. E.)

militantes e partidos políticos da teoria crítica. Sem esse enfoque se perde o marco essencial de evolução contraditória da teoria e da própria história da esquerda e dos movimentos sociais. Dos teóricos e também dirigentes políticos, como Marx, Engels, Lênin e Trótski, até os intelectuais com perfil acadêmico de décadas depois, Anderson expõe a trajetória dos pensadores marxistas, com destaque para o surgimento do que chama de marxismo ocidental, um pensamento crítico e dialético, porém desvinculado da prática, contrapartida da prática sem criatividade teórica do marxismo soviético.

Nas trilhas do materialismo histórico – publicado originalmente em 1983 – complementa essa visão ao estender a análise até os anos 1970, incluindo as novas versões do mesmo fenômeno, numa conjuntura política já distinta da década anterior, com os desdobramentos do estruturalismo e do neoestruturalismo, entre outras correntes.

O pensamento marxista brasileiro pode ser mais bem compreendido à luz dos esquemas de análise de Perry Anderson, mesmo porque fatores similares que condicionaram o surgimento da categoria "marxismo ocidental" estiveram igualmente presentes entre nós, nas condições particulares do desenvolvimento da sociedade brasileira. Dos dois fatores condicionantes anotados por Anderson, o processo de "bolchevização" dos PCs operou diretamente entre nós, mas o outro – a repressão fascista – não esteve presente em dimensões comparáveis às existentes na Europa. Mesmo com a repressão do Estado Novo à intelectualidade e ao Partido Comunista, não teve, nem de longe, a dimensão que assumiu na Europa, e ainda assim foi superado, pelo menos em relação ao Partido Comunista Brasileiro (PCB), quando este se converteu ao nacionalismo getulista.

Mais adiante, a repressão exercida pela ditadura militar iniciada em 1964 será o correspondente entre nós do fascismo europeu, porém já num contexto de crise aberta da hegemonia do PCB na esquerda brasileira e de ascensão de alternativas radicais – consignadas por Anderson – nos anos 1960. Não ocorre, portanto, aquela concomitância dramática entre "bolchevização" e repressão entre nós, o que responde por particularidades importantes para a trajetória do marxismo no Brasil. No entanto, uma cartografia do pensamento marxista entre nós, ao fim desses processos, nos permite constatar como os esquemas de análise de Anderson em relação ao marxismo ocidental se reproduziam, ainda que por vias transversas.

A primeira fase do marxismo no Brasil foi diretamente condicionada pelo triunfo da revolução bolchevique, que, aliado às formas de desenvolvimento industrial do país, favoreceu a consolidação do marxismo e o enfraquecimento do anarquismo. A fundação do Partido Comunista ocorre nesse cenário, com a primeira geração de intelectuais marxistas a ele vinculados direta ou indiretamente, identificados com a União Soviética e com a geração de Lênin, que associava o papel de dirigente político ao de teórico do movimento comunista. No entanto, não se pode dizer que essa primeira geração tenha produzido grandes teóricos do marxismo no Brasil, à altura do chileno Luis Emilio Recabarren, do peruano José Carlos Mariátegui e do cubano Julio Antonio Mella.

Não demorou muito para que o processo de "bolchevização" dos PCs chegasse ao Brasil, com o significado histórico que ganhou – a stalinização e o correspondente estreitamento das condições de debate e de elaboração teórica dentro do partido –, ao mesmo tempo que a Internacional Comunista impunha a linha, com as devidas mudanças, para o conjunto do movimento comunista. Cristalizava-se também a visão esquemática de análise do processo histórico por etapas rigidamente estabelecidas, qualquer que fosse a região do mundo em que se situasse o Partido Comunista.

Enquanto o PCB iniciava sua expansão, era vítima desse processo de congelamento teórico. O primeiro e principal caso de cisão entre o marxismo soviético e o brasileiro foi o de Caio Prado Jr. Mais importante historiador do Brasil, ele soube captar as particularidades do desenvolvimento capitalista no país – entre a colonização e a escravidão –, numa interpretação criativa dentro das linhas do pensamento de Marx. Significativamente, sem se sintonizar com a linha oficial do PCB nem ter espaço para a discussão interna, Caio Prado Jr. viveu marginalmente em relação ao partido – de forma mais ou menos similar à de Lukács em relação ao PC húngaro. A diferença é que, enquanto o pensador húngaro se resignava – conforme os cânones do marxismo ocidental – a temas menos vinculados à política – estética, método –, Caio Prado Jr. abordou questões centrais na concepção programática. Sua visão permitia definir de forma radicalmente diferente o período histórico vivido pelo Brasil, desembocando, em *A revolução brasileira*, na manifestação direta das divergências estratégicas decorrentes dessa interpretação histórica. Essa diferença entre Caio Prado Jr. e Lukács pode ser atribuída, entre outros fatores, à menor força do PC brasileiro em relação ao húngaro, o que permitia a sobrevivência, ainda que marginal, do historiador brasileiro na área do PC, com sua própria revista – *Brasiliense* –, nos anos de auge do partido.

É preciso fazer justiça a casos da geração intelectual dos anos 1960 – muito bem representada por Carlos Nelson Coutinho e Leandro Konder, responsáveis por introduzir no Brasil autores como György Lukács e Antonio Gramsci, unidos à audácia editorial de outro membro do PCB, Ênio Silveira. A este cabe igualmente a difusão de autores críticos à linha oficial do PCB e da União Soviética, como Isaac Deutscher e Leon Trótski, além dos próprios Lukács e Gramsci. Isto se deveu em parte a que os anos 1960 trouxeram, para o movimento comunista, os ares liberalizantes do período pós-stalinista de Khruschov, além da importância que a autonomia e maior liberdade de elaboração teórica do PC italiano passava a ter – o peso que assumiu na formação de Konder e Coutinho é um exemplo significativo dessa influência. No entanto, eles não ocupavam papel central na estrutura de poder do PCB, nem esses textos tiveram influência significativa na linha política do partido, cujos dirigentes não revelavam maior capacidade de criação teórica. As grandes polêmicas da esquerda brasileira – protagonizadas em parte por Coutinho – não incluíam figuras importantes da estrutura partidária do PCB, sendo mais diretamente protagonizadas por marxistas universitários.

Estes ganharam peso com o clima de retomada do marxismo crítico dos anos 1960, sob influência direta do althusserianismo, como produto da influência do pensamento social francês no pensamento universitário brasileiro, multiplicado pela influência dos movimentos de maio de 1968. Essa intelectualidade estava mais concentrada na vida acadêmica, separada, no essencial, das práticas partidárias tradicionais.

Uma de suas expressões mais significativas foram os seminários sobre *O capital*, com professores da Universidade de São Paulo (USP), desde o começo da década de 1960. Seu primeiro grupo envolveu professores como Fernando Henrique Cardoso, Paul Singer e José Arthur Giannotti, que refletiam o interesse renascido pela obra de Marx. A segunda geração desse tipo de seminário incluiu Marilena Chaui, Roberto Schwarz, Francisco Weffort e Ruy Fausto, entre outros. Esse segundo grupo, com pretensões de vínculos políticos mais diretos, chegou a publicar três números de uma revista – *Teoria e Prática* –, sob influência direta do periódico marxista inglês *New Left Review* e da presença de Perry Anderson na USP em meados da década de 1960.

Essas iniciativas tiveram a mesma sorte daquelas contemporâneas do marxismo europeu, sem que se possa dizer que dos seminários haja surgido obras marcantes – apenas alguns estudos sobre a obra de Marx, embora sua influência fosse mais duradoura no conjunto da obra de outros. Os seminários sobre *O capital* não permitiram a superação das contradições do marxismo ocidental, pela não incorporação dos autores que possibilitariam uma mediação entre teoria e prática política – Lênin, Trótski, Gramsci –, bem como de uma visão mais concreta da hegemonia imperialista e, em particular, de seus efeitos sobre a América Latina, o que teria permitido uma valorização maior da Revolução Cubana e de seus significados para o continente e para o Brasil. Esses elos faltaram e facilitaram a esterilização política do marxismo nas décadas seguintes.

Concomitantemente surgiram outros movimentos – especialmente a Organização Revolucionária Marxista – Política Operária (Polop) e a Ação Popular (AP), assim como o Partido Comunista do Brasil (PCdoB), a primeira cisão maoista no mundo – que ajudaram a quebrar a hegemonia do PCB na esquerda e permitiram a uma parte dessa intelectualidade acadêmica se aproximar da militância política. A Polop foi a melhor expressão dessa tendência, com intelectuais como Ruy Mauro Marini, Gunder Frank, Theotonio dos Santos e Vânia Bambirra, entre outros que contribuíram para a renovação do pensamento marxista brasileiro e latino-americano, conjuntamente com a obra de Florestan Fernandes.

Porém, a derrota da resistência armada à ditadura militar, na segunda metade dos anos 1960, abriu espaço para a hegemonia liberal na oposição democrática. No plano do pensamento marxista, agregava-se nesse momento o outro elemento que Anderson utilizou em suas análises – a repressão. O exílio, as exclusões nas universidades, a clandestinidade, a crise dos movimentos radicais, assim como do próprio PCB – crise política, mas também organizativa, como efeito da dura ação dos órgãos da ditadura –, contribuíram para que a partir dos anos 1970 se pudesse falar de uma renovação do pensamento marxista no Brasil, com a consolidação do marxismo ocidental como sua fisionomia.

Temas clássicos do marxismo ocidental passaram a dar a tônica dos estudos marxistas, com autores como Benjamin, Lukács e Adorno tendo um peso essencial, além da incorporação de temáticas de Foucault e de visões redutivas de Gramsci como "teórico das superestruturas". Na realidade, extremava-se uma tendência já existente. Temas estratégicos para o pensamento e a prática marxistas, como as análises históricas e econômicas, sofriam de grande debilidade desde as décadas anteriores.

Depois da obra de Caio Prado Jr., o marxismo brasileiro não contou com historiadores do mesmo porte, que dessem continuidade a suas interpretações, especialmente para a fase de industrialização e de renovação do capitalismo brasileiro nas décadas de 1960 e 1970. A historiografia marxista teve contribuições sem, no entanto, retomar o fio interpretativo histórico geral nos moldes de Caio Prado, como se aceitasse as teses da pós-modernidade, predominantes a partir dos anos 1980, segundo as quais as grandes narrativas históricas já não seriam viáveis – pela infinita capacidade de conhecimento que requereriam – ou recomendáveis – porque desembocariam em visões reducionistas e/ou totalitárias.

A economia sofreu a influência da aliança entre o PCB e o nacionalismo, que havia adotado como sua orientação as teses cepalinas – de que Celso Furtado é a melhor e mais criativa expressão entre nós, acompanhado de Maria da Conceição Tavares e Carlos Lessa, entre outros. Era como se o marxismo entregasse a tarefa de analisar a evolução do capitalismo brasileiro aos keynesianos, livrando-se assim da responsabilidade de dar conta do processo de acumulação e das relações entre a economia brasileira e o capitalismo mundial a partir de seus próprios fundamentos[1]. As consequências foram graves, tanto pelo esgotamento do modelo explicativo da Comissão Econômica para a América Latina e o Caribe (Cepal) – deixando o marxismo órfão – quanto pela desconexão daquelas análises com as relações de classe, com a natureza classista do Estado e com o marco da evolução internacional e continental do capitalismo.

As condições políticas e ideológicas a partir dos anos 1970 abriram o campo para que o marxismo ocidental se tornasse a tendência predominante do marxismo brasileiro. Teoria da literatura, questões de método, exegeses dos textos de Marx, peso dos estudos de Walter Benjamin e da Escola de Frankfurt, questões estéticas, análises da "superestrutura" ideológica e estudos culturais predominaram, em detrimento das análises econômicas, históricas e políticas propriamente ditas. A riqueza das análises culturais e estéticas, particularmente sob a influência formadora de Antonio Candido – e que tiveram na obra de Roberto Schwarz sua expressão mais significativa –, confirmaram essa tendência.

A influência do liberalismo na "nova esquerda", especialmente no Partido dos Trabalhadores (PT), favoreceu um desprezo pela elaboração teórica – o PT é um dos casos excepcionais de partido historicamente novo que não elaborou a teoria de sua prática, o que certamente facilitou sua transformação ideológica de partido de movimentos classistas e de base em mais um partido institucionalizado e tradicional da esquerda, longe da tradição marxista – e teve reflexos nas novas temáticas teóricas – cidadania, sociedade civil, exclusão social – que, de alguma maneira, ocupam o lugar das temáticas marxistas, embora não necessariamente tenha de ser assim.

---

[1] A obra de Ruy Mauro Marini, desenvolvida contra as tendências predominantes no PCB, constitui a grande exceção. Ver Ruy Mauro Marini, *Dialética da dependência* (org. Emir Sader, Petrópolis, Vozes, 2000).

Pouca presença tiveram até aqui autores como Ernest Mandel, como expressão forte da atualização das análises econômicas dentro do marxismo, ou a historiografia britânica – Hobsbawm, Carr, Deutscher, Hill –; se tiveram influência, não chegaram a constituir correntes que transmitissem o vigor que suas contribuições deram à esquerda marxista em outros países. A esquerda brasileira, em seu processo de renovação desde os anos 1970, não contou, portanto, com uma influência importante do marxismo, acentuando seu caminho empírico e pragmático, enquanto a intelectualidade marxista se refugiava na universidade, como se não houvesse fortes motivos para sua convergência e confluência.

Uma renovação do pensamento marxista no Brasil certamente requer a retomada das análises históricas globais – para o que pode apoiar-se em vasto material setorial existente –, assim como do estado do processo de acumulação de capital no país e na América Latina, ao mesmo tempo que também requer a retomada concentrada do debate político, diante da crise atual da esquerda. Para isso, deve contar com o marxismo como método – nos termos em que Lukács o entendia – e com as análises de Perry Anderson, a fim de contornar as limitações do marxismo ocidental, preservando, no entanto, o rigor e a riqueza das análises dessa corrente.

Considerações sobre o marxismo ocidental

Prefácio*

Algumas palavras se fazem necessárias para explicar a ocasião e a natureza deste breve texto. Escrito no início de 1974, ele foi planejado como introdução a uma coletânea de ensaios de vários autores sobre teóricos recentes do marxismo europeu. De maneira imprevista, a editora educacional que havia encomendado esse "manual" deixou de existir um mês depois. O cancelamento do projeto privou o texto de seu propósito original. Essa circunstância explica certas anomalias do estudo a seguir, ainda que não necessariamente as justifiquem. De fato, o ensaio aqui publicado se preocupa com as coordenadas gerais do "marxismo ocidental" como uma tradição intelectual comum; ele não contém um exame específico nem uma avaliação comparativa de nenhum dos sistemas teóricos específicos que há em seu interior. Tal seria o território dos estudos aos quais ele serviria de preâmbulo. Estes deveriam constituir uma série de exposições críticas de cada um dos maiores teóricos ou escolas dessa tradição – de Lukács a Gramsci, de Sartre a Althusser, de Marcuse a Della Volpe. O presente texto, cujo foco recai sobre as estruturas formais do marxismo que se desenvolveu no Ocidente após a Revolução de Outubro, abstém-se de julgamentos substantivos sobre méritos ou qualidades relativos de seus principais representantes. Na realidade, eles evidentemente não foram equivalentes nem idênticos. Um balanço histórico da unidade do marxismo ocidental não elimina a necessidade de discriminar a diversidade de realizações dentro dele. O debate sobre elas, impossível aqui, é essencial e frutífero para a esquerda.

---

* Escrito para a quarta edição inglesa de *Considerations on Western Marxism*, de 1984. (N. E.)

Se o texto foi motivado, para além do momento particular de sua escrita, por preocupações mais duradouras, o que permite sua publicação hoje, é porque ele refletiu certos problemas encontrados ao longo dos anos de trabalho em uma revista socialista, a *New Left Review*. Um ensaio escrito no fim dos anos 1960 para essa revista havia tentado delimitar e analisar uma configuração específica da cultura nacional na Inglaterra desde a Primeira Guerra Mundial[1]. Um de seus principais temas era a falta significativa, na cultura inglesa daquela época, de qualquer tradição de "marxismo ocidental", ausência esta registrada de modo inequivocamente negativo. Grande parte do trabalho da *New Left Review* nesse período foi dedicada à tentativa consciente de começar, em certo sentido, a remediar essa deficiência nativa, publicando e discutindo, muitas vezes pela primeira vez na Grã-Bretanha, a obra dos mais destacados teóricos da Alemanha, da França e da Itália. Esse programa, seguido de maneira metódica, estava chegando ao fim no começo da década de 1970. Logicamente, era necessário um balanço conclusivo da herança que a revista havia procurado difundir de forma organizada. Foi nessa perspectiva que os temas aqui considerados começaram a se desenvolver. O ensaio a seguir, que trata de uma tradição "continental", proveniente da Europa, é, portanto, em parte continuação do balanço anterior sobre um modelo "insular" presente na Inglaterra. Foi produto da percepção cada vez maior de que a herança que faltara à Grã-Bretanha, para seu prejuízo, também faltava em certas características clássicas do materialismo histórico. A consequência tácita disso foi um julgamento mais equilibrado na avaliação das variações nacionais e do destino internacional do marxismo naquela época.

Por ter retomado uma das preocupações principais da revista, o texto foi discutido e criticado por colegas na *New Left Review*, a partir de uma grande variedade de pontos de vista, pouco depois que o "manual" para o qual ele havia sido escrito foi abandonado. Ao revisar o texto para publicação, tentei levar em conta tais reflexões e críticas. Também fiz emendas onde achei que caberiam melhorias pontuais na argumentação e acrescentei referências a desenvolvimentos posteriores[2]. O documento resultante foi modificado até onde sua forma intrínseca permitiu. Entretanto, certos pontos que ele enfatiza desde sua composição inicial me parecem apresentar problemas que não admitem solução fácil dentro do texto. Esses questionamentos não permitem

---

[1] Perry Anderson, "Components of the National Culture", *New Left Review*, n. 50, jul.-ago. 1968. Certos elementos desse texto estariam sujeitos a modificações hoje.
[2] As notas entre chaves referem-se a textos ou acontecimentos subsequentes à escrita do ensaio.

uma reescrita do presente ensaio. Assim, preparei um posfácio que lança mais perguntas sem respostas para qualquer investigação sobre o futuro do materialismo histórico.

Uma década após sua composição original, este ensaio pede algumas linhas suplementares. A coletânea para a qual ele havia sido planejado inicialmente, à guisa de introdução, foi publicada pela New Left Books como livro à parte em 1977, *Western Marxism – A Critical Reader* [Marxismo ocidental: manual crítico], reimpresso em 1983 pela Verso. Esse volume, com seus estudos particulares de diversos pensadores, representa o pretendido guia e controle da investigação geral tentada aqui. O ensaio sobre a teoria da hegemonia de Gramsci, que havia sido previsto como um complemento mais pessoal deste texto, foi publicado em *New Left Review*, n. 100, nov.-jan. 1977, como "The Antinomies of Antonio Gramsci"*. Esses foram os complementos imediatos a *Considerações sobre o marxismo ocidental*.

Entre as reflexões específicas com as quais o texto termina, havia a expectativa, e a esperança, de que a história e a filosofia marxistas deixassem de viver separadas e começassem a reunir-se numa cultura socialista comum, na qual cada uma fosse desafiada e estimulada pela outra. A primeira grande ocasião desse encontro foi tema de um livro posterior, *Arguments within English Marxism*** [Polêmicas no marxismo ocidental], que analisa a obra cumulativa de Edward Thompson e as implicações de sua crítica do pensamento de Louis Althusser. Tentei sintetizar o modelo mais amplo de evolução do marxismo no Ocidente, desde meados dos anos 1970, nas palestras intituladas *Nas trilhas do materialismo histórico*, publicadas em 1983*** – estudo que não chega a ser uma continuação de *Considerações sobre o marxismo ocidental*, visto que também enfoca correntes de pensamento rivais ou antagonistas do materialismo histórico, bem como o destino do próprio marxismo. Porém, ele começa com a série de previsões com as quais o trabalho anterior se encerra, e em seguida verifica como elas foram tratadas pela história real – intelectual e política – da década seguinte. Defendo que muitas dessas previsões se concretizaram; outras, de modo significativo, não. As palestras discutem as direções e as razões das mudanças que não previ e, com isso, enunciam uma série de críticas de juízos específicos, de

---

* Ed. bras.: "As antinomias de Gramsci", em *Afinidades seletivas* (org. Emir Sader, trad. Juarez Guimarães e Felix Sanchez, São Paulo, Boitempo, 2002). (N. E.)
** Perry Anderson, *Arguments within English Marxism* (Londres, New Left Books, 1980). (N. E.)
*** Idem, *In the Tracks of Historical Materialism* (Londres, Verso, 1983); obra incluída neste volume, p. 145. (N. E.)

pensadores ou tradições, que haviam sido expostos no texto em mãos. Para leitores interessados em seguir minha visão atual da área, então, *Nas trilhas do materialismo histórico* pode ser lido como continuação de *Considerações sobre o marxismo ocidental*; ou, somando-se *Arguments within English Marxism*, os três estudos podem ser considerados uma trilogia não premeditada.

Outubro de 1984

Uma teoria revolucionária correta [...] somente assume sua forma final em íntima conexão com a atividade prática de um movimento verdadeiramente revolucionário e de massa.
Lênin

À multidão, e àqueles que compartilham as mesmas paixões da multidão, peço que não leiam meu livro; não, eu preferiria que o ignorassem completamente em vez de interpretá-lo erroneamente a seu bel-prazer.
Espinosa

1
A TRADIÇÃO CLÁSSICA

A história do marxismo desde seu nascimento, pouco mais de um século atrás, ainda está por ser escrita. Seu desenvolvimento, apesar de ainda cobrir um período relativamente curto, tem sido complexo e desordenado. As causas e as formas de suas sucessivas metamorfoses e transferências permanecem na maior parte inexploradas. O tema delimitado para as considerações a seguir será o "marxismo ocidental", expressão que por si só não indica tempo nem espaço precisos. O objetivo deste breve ensaio será, portanto, situar historicamente certo *corpus* de obra teórica e sugerir as coordenadas estruturais que definem sua unidade – em outras palavras, que, apesar de divergências e oposições internas, a constituem como uma tradição intelectual comum. Fazê-lo implica uma referência inicial ao percurso anterior do marxismo, antes do aparecimento dos teóricos em questão, pois só isso nos permitirá ver a novidade do modelo que eles representam. Uma exposição adequada de todo o registro anterior do materialismo histórico exigiria, claro, um tratamento muito mais extenso do que é possível aqui. Entretanto, mesmo um esboço retrospectivo ajudará a iluminar as mudanças subsequentes.

*

Os fundadores do materialismo histórico, Marx e Engels, nasceram na primeira década após as Guerras Napoleônicas. Marx (1818-1883) era filho de um advogado de Trier; Engels (1820-1895), de um industrial de Barmen: ambos vinham da Renânia, oriundos de prósperas famílias burguesas das regiões mais avançadas e ocidentais da Alemanha. Não é preciso, aqui, tratar longamente da vida e da obra deles, gravadas que estão na memória pública. Sabe-se bem como, sob a atração gravitacional dos primeiros levantes proletários após a Revolução Industrial, Marx, em seus vinte e poucos anos de idade, pouco a pouco fez seu ajuste de contas com a herança filosófica de Hegel e Feuerbach e com a teoria política de Proudhon, enquanto Engels descobria as realidades da condição da classe trabalhadora na Inglaterra e denunciava as doutrinas econômicas que a legitimavam; como os dois escreveram o *Manifesto Comunista** às vésperas do grande levante continental de 1848 e lutaram nas fileiras da extrema esquerda durante as revoltas internacionais daquele ano, pela causa do socialismo revolucionário; como foram caçados por uma contrarrevolução vitoriosa que os levou ao exílio na Inglaterra quando estavam na casa dos trinta; como Marx traçou o balanço histórico da Revolução Francesa que havia desembocado no Segundo Império, enquanto Engels resumia o fracasso da revolução alemã contemporânea; como Marx, sozinho em Londres, vivendo em extrema penúria, embarcou na monumental tarefa teórica de reconstruir o modo capitalista de produção como um todo, auxiliado somente pela solidariedade intelectual e material de Engels em Manchester; como, depois de quinze anos de trabalho, o primeiro livro de *O capital* foi publicado logo antes de Marx completar 50 anos; como, já no fim desse mesmo período, ele participou da fundação da Primeira Internacional e, depois, investiu enorme esforço na condução do trabalho prático desta como movimento socialista organizado; como ele comemorou a Comuna de Paris e instruiu o recém-unificado partido alemão dos trabalhadores, estabelecendo os princípios gerais de um futuro Estado proletário; como, nos últimos anos da vida de Marx e após sua morte, Engels produziu as primeiras exposições sistemáticas do materialismo histórico, que fizeram deste uma força política popular na Europa, e, já entrado nos setenta anos, coordenou a expansão da Segunda Internacional, na qual o materialismo histórico se tornou a doutrina oficial dos grandes partidos da classe trabalhadora do continente.

As enormes realizações dessas vidas interligadas não constituem nossa preocupação imediata aqui. Para nossos objetivos, bastará enfatizar certos marcos *sociais* da obra teórica de Marx e Engels, que podem servir como padrão de comparação para desenvolvimentos posteriores. Marx e Engels foram pioneiros isolados em sua própria geração; não se pode dizer que algum contemporâneo deles, de qualquer nacionalidade, tenha compreendido ou partilhado plenamente de suas maduras visões de mundo. Ao mesmo tempo, a obra de ambos foi produto de uma longa empreitada conjunta, uma parceria intelectual sem paralelo perfeito na história do pensamento até hoje. Os

---

* Ed. bras.: trad. Álvaro Pina e Ivana Jinkings, 1. ed. rev., São Paulo, Boitempo, 2016. (N. E.)

dois homens juntos – atravessando o exílio, o empobrecimento e o trabalho duro – jamais perderam de vista as grandes lutas do proletariado de seu tempo, apesar da quase completa falta de vínculo organizacional com ele por mais de uma década. A profundidade da ligação histórica entre o pensamento de Marx e Engels e a evolução da classe trabalhadora foi mais bem demonstrada pela penosa experiência que se iniciou nos anos 1850, quando eles foram forçados a voltar a uma vida "privada": o período foi utilizado por Marx, com o constante auxílio material de Engels, para a preparação de *O capital* e terminou com sua adesão natural à Primeira Internacional, da qual se tornou rapidamente, na prática, a liderança. Por outro lado, a unidade extraordinária de teoria e prática realizada, contra todas as adversidades, na vida de Marx e Engels, por essa mesma razão, nunca constituiu uma identidade imediata ou ininterrupta. No único levante revolucionário de massas do qual eles participaram pessoalmente, predominaram artesãos e camponeses; o minúsculo proletariado alemão desempenhou apenas um pequeno papel nos eventos de 1848[1]. A insurreição social mais avançada que Marx e Engels testemunharam de longe foi, da mesma forma, de caráter basicamente artesão: a Comuna de Paris. Sua derrocada assegurou a dissolução da Primeira Internacional e o retorno de Marx e Engels à atividade política meramente informal. O verdadeiro surgimento de partidos da classe operária ocorreu depois da morte de Marx. A relação entre a teoria marxiana e a prática proletária foi, assim, sempre irregular e mediata: raramente existiu total coincidência entre as duas. A complexidade da articulação objetiva entre "classe" e "ciência" nesse período (ainda hoje quase não estudada) refletiu-se, por sua vez, na natureza e no destino dos próprios escritos de Marx, pois as limitações do movimento dos trabalhadores da época definiram certas balizas para a obra de Marx e Engels. Isso pode ser visto em dois níveis: tanto na recepção quanto no alcance de seus textos. A influência teórica *stricto sensu* de Marx permaneceu relativamente restrita durante sua vida. A maior parte de seus escritos – pelo menos três quartos deles – estava inédita quando ele morreu: o que ele havia publicado encontrava-se disperso por uma série de países e idiomas, sem estar disponível no conjunto em nenhum deles[2]. Mais meio século se passaria antes

---

[1] Ver Theodore Hamerow, *Restoration, Revolution, Reaction* (Princeton, Princeton University Press, 1958), p. 137-56; trata-se da melhor análise histórica da composição social da Revolução Alemã de 1848.

[2] Entre as obras que permaneceram inéditas durante a vida de Marx estão: *Crítica da filosofia do direito de Hegel* (1843) [trad. Leonardo de Deus e Rubens Enderle, São Paulo, Boitempo,

que todas as suas grandes obras viessem a público, e o histórico de sua publicação póstuma constituiria um aspecto fundamental nas vicissitudes posteriores do marxismo. O rol de publicações de Marx em sua própria época é um indicador das barreiras para a difusão de seu pensamento entre as classes às quais ele se dirigia. Inversamente, entretanto, a inexperiência do proletariado da época – ainda a meio caminho entre oficina e fábrica, desprovido em grande parte até mesmo de uma organização sindical, sem esperança de ganhar poder em nenhum lugar da Europa – circunscrevia os limites exteriores do próprio pensamento de Marx. Fundamentalmente, Marx legou-nos uma teoria *econômica*, coerente e desenvolvida, do modo capitalista de produção, que foi exposta em *O capital*; no entanto, não deixou uma teoria *política* que lhe fosse comparável, tanto a respeito das estruturas do Estado burguês quanto da estratégia e das táticas da luta socialista revolucionária por um partido da classe trabalhadora que o derrubasse. No máximo, transmitiu uns poucos prognósticos crípticos na década de 1840 e princípios lacônicos na de 1870 ("ditadura do proletariado"), além de suas famosas análises conjunturais do Segundo Império. Nesse aspecto, a obra de Marx não poderia adiantar-se ao ritmo real das massas na história com vistas a inventar seus próprios instrumentos e modalidades de autoemancipação. Ao mesmo tempo – e esta era uma lacuna mais óbvia para os contemporâneos –, Marx jamais forneceu nenhuma explanação geral e extensa do materialismo histórico como tal. Foi essa a tarefa que Engels assumiu no fim da década de 1870 e ao longo da de 1880, com o *Anti-Dühring** e suas continuações, em resposta ao crescimento de novas organizações de trabalhadores no continente. O paradoxo final da relação histórica da obra teórica de Marx e Engels com as lutas práticas do

---

2005], *Manuscritos econômico-filosóficos* (1844) [trad. Jesus Ranieri, São Paulo, Boitempo, 2004], *Teses sobre Feuerbach* (1845) ["*Ad* Feuerbach", em *A ideologia alemã*, trad. Rubens Enderle et al., São Paulo, Boitempo, 2007], *A ideologia alemã* (1846), *Grundrisse* (1857-1858) [*Grundrisse: manuscritos econômicos de 1857-1858 – Esboços da crítica da economia política*, trad. Mario Duayer et al., Boitempo/Editora UFRJ, 2011], *Teorias do mais-valor* (1862-1863) [*Teorias da mais-valia*, Rio de Janeiro, Bertrand, 1987], *O capital*, Livros II e III (1875) [*O capital: crítica da economia política*, Livro II: *O processo de circulação do capital*, trad. Rubens Enderle, São Paulo, Boitempo, 2014; Livro III: *O processo total da produção capitalista*, trad. Rubens Enderle, São Paulo, Boitempo, 2017], *Crítica do Programa de Gotha* (1875) [trad. Rubens Enderle, São Paulo, Boitempo, 2012], *Glosas marginais ao "Tratado de economia política" de Adolfo Wagner* (1880) [trad. Evaristo Colmán, *Serviço Social em Revista*, Londrina, v. 13, n. 2, jan.-jun. 2011, p. 170-9].

* Ed. bras.: trad. Nélio Schneider, São Paulo, Boitempo, 2015. (N. E.)

proletariado estava na forma peculiar de seu internacionalismo. Nenhum dos dois se envolveu profundamente com nenhum partido político nacional depois de 1848. Morando na Inglaterra, onde permaneceram em grande parte fora do contexto político e cultural local, ambos optaram de modo consciente por não voltar à Alemanha na década de 1860, quando já poderiam tê-lo feito. Abstendo-se de desempenhar qualquer papel direto na construção de organizações nacionais da classe trabalhadora nos grandes países industriais, eles aconselhavam e orientavam militantes e líderes por toda a Europa e a América do Norte. A correspondência tanto de um como de outro facilmente abrangeu de Moscou a Chicago, de Nápoles a Oslo. A própria estreiteza e imaturidade do movimento dos trabalhadores da época permitiu que eles realizassem, não sem custo, um internacionalismo mais puro do que seria possível na fase seguinte de seu desenvolvimento.

*

O grupo de teóricos da geração que sucedeu a Marx e Engels ainda era pouco numeroso. Compunha-se de homens que, na maior parte, chegaram ao materialismo histórico relativamente tarde em sua evolução pessoal. As quatro grandes figuras desse período foram [Antonio] Labriola (nascido em 1843), [Franz] Mehring (nascido em 1846), [Karl] Kautsky (nascido em 1854) e [Gueórgui] Plekhánov (nascido em 1856)[3]. Todos eram das regiões mais atrasadas do leste ou do sul da Europa. Mehring era filho de um *junker* da Pomerânia; Plekhánov, de um fazendeiro de Tambov; Labriola, de um fazendeiro da Campânia; Kautsky, de um pintor da Boêmia. Plekhánov converteu-se ao marxismo durante seu exílio na Suíça nos anos 1880, após uma década de atividade *naródnik* clandestina; Labriola era um conhecido filósofo hegeliano em Roma e abraçou o marxismo em 1890; Mehring teve uma longa carreira como liberal-democrata e jornalista na Prússia antes de entrar para o Partido Social-Democrata da Alemanha (SPD), em 1891; só Kautsky não tinha passado pré-marxista, pois havia ingressado no movimento dos trabalhadores como jornalista socialista aos vinte e poucos anos. Nenhum desses intelectuais desempenhou papel central na liderança dos partidos nacionais de seus respectivos países, mas todos integraram intimamente a vida política e ideológica deles e ocuparam cargos oficiais em sua estrutura, com exceção de Labriola,

---

[3] [Eduard] Bernstein (1850-1932), figura menor do ponto de vista intelectual, pertencia à mesma geração. [William] Morris (1834-1896), mais velho que todos desse grupo, era muito mais significativo, mas permaneceu injustamente sem muita influência mesmo em seu próprio país e era desconhecido fora dele.

que permaneceu alheio à fundação do Partido Socialista Italiano (PSI)[4]. Plekhánov, após ajudar a fundar o grupo Emancipação do Trabalho, estava no primeiro conselho editorial do jornal *Искра / Iskra* e foi eleito para o Comitê Central do Partido Operário Social-Democrata Russo (POSDR) em seu II Congresso. Kautsky foi editor da *Die Neue Zeit*, que se tornou o principal órgão teórico do Partido Social-Democrata da Alemanha, e rascunhou o programa oficial do partido no Congresso de Erfurt. Mehring foi importante colaborador de *Die Neue Zeit*; Labriola, de sua contraparte francesa, *Le Devenir Social*. Todos os quatro se correspondiam pessoalmente com Engels, que foi uma influência formativa para eles. Na verdade, a direção principal da obra deles pode ser vista como continuação do próprio período final de Engels. Em outras palavras, eles estavam preocupados, de diferentes maneiras, com a *sistematização* do materialismo histórico como teoria abrangente do homem e da natureza, capaz de substituir disciplinas burguesas rivais e fornecer ao movimento dos trabalhadores uma visão ampla e coerente do mundo que pudesse ser facilmente apreendida por seus militantes. Essa tarefa os envolveu, assim como havia ocorrido com Engels, num compromisso duplo: produzir exposições filosóficas gerais do marxismo como concepção de história e estendê-lo a domínios que não haviam sido diretamente tocados por Marx. A semelhança dos títulos de alguns de seus principais estudos indica suas preocupações em comum: *O materialismo histórico* (Mehring), *Ensaios sobre a concepção materialista da história* (Labriola), *Ensaio sobre o desenvolvimento e a concepção monista da história** (Plekhánov), *A concepção materialista da história* (Kautsky)[5]. Ao mesmo tempo, Mehring e Plekhánov escreveram ensaios sobre literatura e arte (*A lenda de Lessing* e *Arte e vida social*), ao passo que Kautsky se voltou para um estudo no campo da religião (*A origem do cristianismo***) – temas que

---

[4] Labriola havia dado estímulo fundamental para conduzir [Filippo] Turati à criação de um partido socialista na Itália, seguindo o modelo alemão, mas na última hora decidiu não participar do congresso de fundação do PSI em Gênova em 1892, em razão de suas reservas quanto à clareza ideológica do partido.

* Eds. bras. ou port.: Franz Mehring, *O materialismo histórico* (trad. M. Resende, Lisboa, Antídoto, 1977); Gueórgui Plekhánov, *Ensaio sobre o desenvolvimento e a concepção monista da história* (São Paulo, Horizonte, 1976). (N. E.)

[5] O ensaio de Mehring foi publicado em 1893, o de Plekhánov em 1895, o de Labriola em 1896. O tratado de Kautsky, numa escala bem maior, foi publicado muito mais tarde, em 1927.

** Ed. bras.: trad. Luiz Alberto Moniz Bandeira, Rio de Janeiro, Civilização Brasileira, 2010. (N. E.)

Engels havia sondado brevemente em sua fase tardia[6]. O sentido geral dessas obras era o de completar, mais que desenvolver, a herança de Marx. Também coube a essa geração dar início à publicação acadêmica dos manuscritos de Marx e ao estudo de sua vida, com a intenção de recuperá-los e exibi-los por completo para o movimento socialista pela primeira vez. Engels havia publicado os livros II e III de *O capital*; então, Kautsky editou as *Teorias do mais-valor*; subsequentemente, Mehring colaborou na publicação da *Correspondência Marx-Engels* e, no fim da vida, produziu a primeira grande biografia de Marx[7]. Sistematização e recapitulação de uma herança ainda muito nova e próxima eram os objetivos predominantes desses sucessores.

Enquanto isso, entretanto, todo o clima internacional do capitalismo mundial estava se alterando. Nos últimos anos do século XIX, houve um rápido crescimento econômico nos países industriais mais importantes, à medida que a monopolização se firmava internamente e a expansão imperialista se acelerava no exterior, inaugurando uma era tensa de impetuosa inovação tecnológica, crescentes taxas de lucro, progressiva acumulação de capital e acirramento da rivalidade militar entre as grandes potências. Essas condições objetivas eram muito diferentes da relativa tranquilidade da fase de desenvolvimento capitalista durante a longa recessão de 1874 a 1894, após a derrota da Comuna e antes da deflagração dos primeiros conflitos interimperialistas nas Guerras Anglo-Bôeres e na Guerra Hispano-Americana (seguidas, pouco depois, pela Guerra Russo-Japonesa). Os herdeiros imediatos de Marx e Engels haviam sido formados num período de relativa bonança. A geração seguinte de marxistas cresceu num ambiente muito mais turbulento, conforme o capitalismo europeu acelerava em direção à tempestade da Primeira Guerra Mundial. Os teóricos dessa leva eram muito mais numerosos que seus predecessores e confirmavam uma mudança ainda mais drástica que já tinha começado a se tornar visível no período anterior: a transferência de todo o eixo geográfico da cultura marxista para o leste e o centro da Europa. As figuras dominantes da nova geração vieram, sem exceção, de regiões a leste de Berlim. [Vladímir Ilitch] Lênin era filho de um funcionário público de Astracã; Rosa Luxemburgo, filha de um comerciante de madeira da Galícia polonesa; [Leon] Trótski, filho de um fazendeiro da

---

[6] Estes textos foram escritos respectivamente em 1893 (Mehring), 1908 (Kautsky) e 1912-1913 (Plekhánov).

[7] O Livro II de *O capital* veio a público em 1885, e o Livro III, em 1896; *Teorias do mais-valor*, de 1905 a 1910; a *Correspondência*, em 1913; o *Karl Marx* de Mehring, em 1918.

Ucrânia; [Rudolf] Hilferding, de um funcionário de seguradora, e [Otto] Bauer, de um fabricante de têxteis, ambos da Áustria. Todos eles escreveram obras importantes antes da Primeira Guerra Mundial. Nikolai Bukhárin, filho de um professor em Moscou, e Evguiéni Preobrajiénski, cujo pai era sacerdote em Orel, deixaram suas marcas depois dela, mas podem ser considerados produtos tardios da mesma formação. A datação e a distribuição do desenvolvimento da teoria marxista até esse ponto podem, portanto, ser tabuladas da seguinte maneira:

Karl Marx	1818-1883	Trier (Renânia)
Friedrich Engels	1820-1895	Barmen (Vestfália)
Antonio Labriola	1843-1904	Cassino (Campânia)
Franz Mehring	1846-1919	Schlawe (Pomerânia)
Karl Kautsky	1854-1938	Praga (Boêmia)
Gueórgui Plekhánov	1856-1918	Tambov (Rússia central)
Vladímir Ilitch Lênin	1870-1923	Simbirsk (Volga)
Rosa Luxemburgo	1871-1919	Zamość (Galícia, Polônia)
Rudolf Hilferding	1877-1941	Viena
Leon Trótski	1879-1940	Kherson (Ucrânia)
Otto Bauer	1881-1938	Viena
Evguiéni Preobrajiénski	1886-1937	Orel (Rússia central)
Nikolai Bukhárin	1888-1938	Moscou

Praticamente toda a geração mais jovem de teóricos iria desempenhar papel importante na liderança de seus respectivos partidos nacionais – atuação bem mais central e ativa que a de seus predecessores. Lênin, claro, foi o criador do Partido Bolchevique na Rússia. Luxemburgo foi o intelecto orientador do Partido Social-Democrata na Polônia e, mais tarde, a fundadora de maior autoridade do Partido Comunista da Alemanha (KPD). Trótski foi figura central nas disputas de facções da social-democracia russa, e Bukhárin, antes da Primeira Guerra Mundial, um lugar-tenente de Lênin em ascensão. Bauer dirigia o secretariado do grupo parlamentar do Partido Social-Democrata da Áustria (SDAPÖ), ao passo que Hilferding se tornou um proeminente deputado do Partido Social-Democrata da Alemanha no Reichstag. Uma característica comum de todo esse grupo era a extraordinária precocidade de sua trajetória: cada uma das figuras mencionadas havia escrito uma obra teórica de base antes dos trinta anos.

Quais eram as novidades que seus escritos representavam? Determinadas pela aceleração do tempo histórico a partir da virada do século, suas preocupações residiam essencialmente em duas novas direções. Primeiramente, as transformações manifestas do modo de produção capitalista, que haviam gerado monopolização e imperialismo, exigiam constante análise e explicação econômicas. Além disso, a obra de Marx estava sendo submetida agora, pela primeira vez, à crítica profissional de economistas acadêmicos[8]. Não se podia mais descansar à sombra de *O capital*: era preciso desenvolvê-lo. A primeira grande tentativa nessa direção foi, na verdade, realizada por Kautsky, com seu *A questão agrária**, de 1899: essa ampla exploração categórica das mudanças na agricultura europeia e estadunidense indicava que ele era então, dentre os membros da geração mais velha, o mais sensível às necessidades da situação do momento, e selava sua autoridade entre os marxistas mais jovens[9]. Mais tarde naquele mesmo ano, Lênin publicou *O desenvolvimento do capitalismo na Rússia*, amplo estudo de uma economia rural que tinha uma inspiração formal muito próxima daquela de *A questão agrária*, mas cujo objetivo específico era, em muitos aspectos, mais ousado e mais inovador. Pois essa obra era, de fato, a primeira aplicação séria da teoria geral do modo capitalista de produção descrito em *O capital* para uma formação social concreta, combinando uma série de modos de produção em uma totalidade histórica articulada. A pesquisa sobre o campo no tempo dos tsares realizada por Lênin representou, portanto, um avanço crucial para o materialismo histórico como um todo: ele tinha 29 anos quando completou esse estudo. Seis anos depois, Hilferding – que ganhara notoriedade em 1904 com uma resposta eficaz à crítica marginalista de Marx feita por Böhm-Bawerk – finalizou seu inovador estudo *O capital financeiro***, aos 28 anos de idade. Publicada em 1910, essa obra foi além da aplicação "setorial" ou "nacional" de *O capital* (como as que tinham sido feitas por Kautsky e Lênin) e apresentou uma extensa "atualização" dele, a fim de levar em conta as mudanças globais

---

[8] A primeira crítica neoclássica séria a Marx foi *Zum Abschluss des Marxschen Systems* [A conclusão do sistema marxista], de Böhm-Bawerk (1896). Böhm-Bawerk foi três vezes ministro das Finanças no Império Austro-Húngaro e ocupou a cadeira de Economia Política da Universidade de Viena entre 1904 e 1914.

* Ed. bras.: trad. C. Iperoig, São Paulo, Proposta Editorial, 1980. (N. E.)

[9] O debate no SPD sobre as questões agrárias foi em grande parte provocado originalmente pelo estudo de Max Weber sobre as condições dos trabalhadores agrícolas no leste alemão, publicado pela liberal *Verein für Sozialpolitilk* em 1892. Ver a excelente introdução de Giuliano Procacci à reedição italiana da obra de Kautsky: *La Questione Agraria* (trad. it. Giuseppe Garritano, Milão, Feltrinelli, 1971), p. L-LII, LVIII.

** Ed. bras.: trad. Reinaldo Mestrinel, São Paulo, Nova Cultural, 1985. (N. E.)

no modo capitalista de produção como tal, naquela nova época de trustes, tarifas e guerras comerciais. Centrando sua análise na ascendência crescente dos bancos, no impulso cada vez mais rápido da monopolização e no uso crescente da máquina do Estado para a expansão agressiva do capital, Hilferding realçou a tensão e a anarquia internacionais cada vez maiores que acompanhavam a organização e a centralização progressivamente mais constritas de cada capitalismo nacional. Enquanto isso, em 1907 (depois da finalização de *O capital financeiro*, mas antes de sua publicação), Bauer havia publicado um volume igualmente grande sobre *A questão das nacionalidades e a social-democracia*, aos 26 anos. Nesse volume, ele atacou um problema teórico e político crucial que mal havia sido tocado por Marx e Engels e que agora assumia importância cada vez maior para o movimento socialista: nesse campo praticamente novo, ele desenvolveu uma síntese ambiciosa para explicar a origem e a composição das nações, concluindo com uma análise da onda de anexionismo imperialista que então se deslocava para além da Europa. O imperialismo propriamente dito tornou-se a seguir objeto de importante tratamento teórico em *A acumulação do capital**, de Luxemburgo, publicado às vésperas da Primeira Guerra Mundial, em 1913. A insistência de Luxemburgo no papel indispensável da periferia não capitalista do capitalismo na realização do mais-valor e, portanto, da necessidade estrutural da expansão militar-imperial pelas potências metropolitanas nos Bálcãs, na Ásia e na África, marcaram sua obra – apesar de seus erros analíticos – como o esforço mais radical e original de repensar e desenvolver o arcabouço conceitual de *O capital* em escala mundial, à luz da nova época. Essa obra foi prontamente criticada na *Die Neue Zeit* por Otto Bauer, que desde 1904 também trabalhava no problema dos esquemas de Marx para a reprodução expandida do capital. Finalmente, depois da deflagração da guerra, Bukhárin apresentou sua própria explanação da marcha do capitalismo internacional em *A economia mundial e o imperialismo***, escrito em 1915[10], enquanto no ano seguinte Lênin publicava seu famoso opúsculo *Imperialismo, fase superior*

---

* Ed. bras.: trad. Luiz Alberto Moniz Bandeira, Rio de Janeiro, Zahar, 1970. (N. E.)

** Ed. bras.: trad. Raul de Carvalho, São Paulo, Abril Cultural, 1984. (N. E.)

[10] Bukhárin também publicou uma extensa crítica da teoria de Luxemburgo posteriormente, em 1924; esse texto foi traduzido para o inglês em Kenneth J. Tarbuck (org.), *Imperialism and the Accumulation of Capital* (trad. ing. Rudolf Wichmann, Londres, Allen Lane The Penguin Press, 1971) [ed. port.: *Imperialismo e acumulação de capital*, Lisboa, Edições 70, 1972].

do capitalismo*, que apresentou um sumário descritivo das conclusões econômicas comuns do debate anterior e, ao mesmo tempo, situou-as pela primeira vez em uma análise política coerente do belicismo imperialista e da exploração colonial, derivados da lei geral de desenvolvimento desigual do modo capitalista de produção.

Portanto, na primeira década e meia do século assistiu-se a um grande florescimento do pensamento econômico marxista na Alemanha, na Áustria e na Rússia. Todos os principais teóricos da época deram como certa a importância vital de decifrar as leis fundamentais do movimento do capitalismo em seu novo estágio de desenvolvimento histórico. Ao mesmo tempo, contudo, houve também, pela primeira vez, o surgimento meteórico de uma teoria *política* marxista. Enquanto os estudos econômicos do período podiam construir suas análises diretamente sobre as imponentes bases de *O capital*, nem Marx nem Engels haviam legado um *corpus* de conceitos comparável para a tática e a estratégia políticas da revolução proletária. A situação objetiva deles, conforme já vimos, impossibilitava isso. O rápido crescimento de partidos da classe trabalhadora na Europa Central e o aumento tempestuoso de rebeliões populares contra os *anciens régimes* do Leste Europeu criavam agora as condições para um novo tipo de teoria, baseado diretamente nas lutas de massa do proletariado e integrado de modo natural em organizações partidárias. A Revolução Russa de 1905, observada com atenção por quem se encontrava na Alemanha e na Áustria, produziu a primeira análise política *estratégica* de tipo científico na história do marxismo: *Balanço e perspectivas***, de Trótski. Baseada numa notável percepção sobre a estrutura do sistema de Estado do imperialismo mundial, essa pequena obra formulou com brilhante precisão o caráter e o curso futuros da revolução socialista na Rússia. Escrita por Trótski aos 27 anos de idade, ela não foi seguida por nenhuma outra contribuição importante de sua autoria antes da Primeira Guerra Mundial, em consequência de seu isolamento em relação ao Partido Bolchevique depois de 1907. A construção *sistemática* de uma teoria política marxista da luta de classes, no nível organizacional e tático, foi obra de Lênin. A escala de sua realização nesse plano transformou de modo permanente toda a arquitetura do materialismo histórico. Pode-se dizer que, antes de Lênin, o domínio político propriamente dito era praticamente inexplorado dentro da teoria marxista.

---

*   Ed. bras.: trad José Eudes Baina Bezerra, São Paulo, Nova Palavra, 2007. (N. E.)
** Ed. port.: trad. Rosado Fonseca, Lisboa, Antídoto, 1978. (N. E.)

No espaço de cerca de vinte anos, ele criou os conceitos e os métodos necessários para a condução bem-sucedida da luta do proletariado pelo poder na Rússia, sob a liderança de um habilidoso e dedicado partido operário. Como combinar propaganda e agitação, liderar greves e manifestações, formar alianças de classe, consolidar a organização do partido, lidar com a autodeterminação nacional, interpretar as conjunturas interna e internacional, situar tipos de desvio, usar o trabalho parlamentar, preparar o ataque insurrecional: todas essas inovações, muitas vezes vistas simplesmente como medidas "práticas", na verdade também representaram decisivos avanços *intelectuais* em território até então inexplorado. *Que fazer?, Um passo atrás, dois passos para a frente, Duas táticas da social-democracia na revolução democrática, As lições da insurreição de Moscou, O programa agrário da social-democracia na primeira revolução russa de 1905-1907, Sobre o direito das nações à autodeterminação**: todos esses, além de uma centena de outros artigos ou ensaios "ocasionais" antes da Primeira Guerra Mundial, inauguraram uma ciência política marxista, dali por diante capaz de lidar com uma vasta gama de problemas que até então tinham ficado fora de qualquer jurisdição teórica rigorosa. A pujança do trabalho de Lênin nesses anos foi-lhe conferida, claro, pelas imensas energias revolucionárias das massas russas no crepúsculo do tsarismo. Somente a prática espontânea elementar dessas massas, cuja pressão constante conduziu à derrubada do absolutismo russo, tornou possível a grande ampliação da teoria marxista alcançada por Lênin.

Mais uma vez, foram necessariamente as condições materiais reais em que uma descoberta intelectual ocorreu que determinaram suas fronteiras objetivas. Não há espaço aqui para discutir limitações e descuidos da obra de Lênin: pode-se apenas dizer que tudo isso estava basicamente relacionado ao particular atraso da formação social russa e ao Estado que a governava, o que distinguia o império tsarista do resto da Europa do pré-guerra. Muito mais enraizado num movimento nacional de trabalhadores do que Marx jamais estivera, Lênin não se preocupara de modo direto com o quadro necessariamente distinto das lutas em outras partes do continente, o qual, do ponto de vista qualitativo, tornou a estrada para revolução mais difícil nelas que na própria Rússia. Assim, na Alemanha, muito mais avançada em termos industriais, o sufrágio universal masculino e as liberdades civis haviam criado uma

---

* Ed. port.: em *Obras escolhidas em seis tomos*, 6 v., trad. Edições Avante!, Lisboa/Moscou, Avante!/Progresso, 1984-1989. (N.E.)

estrutura estatal muito diferente da autocracia dos Románov e, portanto, um campo de batalha político que nem de perto lembrava o da Rússia. Ali, era notável o caráter menos revolucionário do temperamento da classe trabalhadora organizada, enquanto sua cultura era consideravelmente mais desenvolvida, acompanhando a estrutura institucional da sociedade como um todo. Luxemburgo, única pensadora marxista da Alemanha imperial a produzir um *corpus* original de teoria política, refletiu de maneira instigante essa contradição em sua própria obra – embora esta também fosse sempre informada, em parte, por sua experiência com o movimento polonês clandestino da época, que era muito mais insurgente. Os escritos políticos de Luxemburgo nunca atingiram a coerência ou a profundidade dos de Lênin nem a antevisão dos de Trótski. O solo do movimento alemão não permitiu crescimento comparável. Não obstante, as intervenções apaixonadas de Luxemburgo dentro do SPD contra a inclinação constante do partido para o reformismo (cuja extensão Lênin, no exílio, claramente não conseguiu perceber) continham elementos de uma crítica da democracia capitalista, de uma defesa da espontaneidade proletária e de uma concepção da liberdade socialista que estavam à frente da consciência que Lênin tinha dessas questões, em virtude do ambiente muito mais complexo em que ela vivia. *Reforma ou revolução**, a vigorosa polêmica com a qual ela, aos 28 anos de idade, respondeu ao evolucionismo de Bernstein, lançou-a em seu curso distintivo: seguiram-se teorizações sucessivas da greve geral como arma de combate arquetípica da autoemancipação da classe trabalhadora, em cuja conclusão, num debate fatídico com Kautsky em 1909-1910, foram finalmente traçadas as linhas divisórias básicas da política futura dessa classe.

*

De fato, a Primeira Guerra Mundial dividiu as fileiras da teoria marxista na Europa tão radicalmente quanto dividiu o próprio movimento da classe trabalhadora. Toda a evolução do marxismo nas décadas imediatamente anteriores à guerra havia conseguido uma unidade de teoria e prática muito maior que no período anterior, em virtude da ascensão dos partidos socialistas organizados da época. No entanto, a integração dos principais teóricos marxistas na prática de seus partidos nacionais não os provincializou nem os segregou uns dos outros. Ao contrário, o debate e a polêmica internacionais eram uma segunda natureza para eles: o fato de nenhum deles ter alcançado

---

* Ed. bras.: São Paulo, Expressão Popular, 1999. (N. E.)

o universalismo olímpico de Marx ou Engels foi consequência necessária de seu enraizamento mais concreto na situação particular e na vida de seus respectivos países – com a mediação, no caso dos russos e dos poloneses, de longos períodos de exílio, que lembravam os vividos pelos fundadores do materialismo histórico[11]. Dentro das novas condições da época, eles formaram um meio relativamente homogêneo de discussão e comunicação, no qual os escritores mais proeminentes das principais seções da Segunda Internacional nos países da Europa Central e do Leste Europeu (onde o marxismo agora se concentrava como teoria viva) conheciam, direta ou indiretamente, as obras uns dos outros – e não havia fronteiras para a crítica. Assim, quando a Primeira Guerra começou, em 1914, a cisão desse meio não se deu entre os diversos contingentes nacionais de teóricos marxistas que haviam dominado a cena de antes da guerra, mas transpassou cada um deles. Da geração mais antiga, Kautsky e Plekhánov optaram clamorosamente pelo social-chauvinismo, apoiando suas respectivas (e opostas) pátrias imperialistas; Mehring, por outro lado, se recusou terminantemente a corroborar com a capitulação do SPD na Alemanha. Da geração mais nova, Lênin, Trótski, Luxemburgo e Bukhárin optaram por resistir à guerra de modo incondicional e também a denunciar a traição das organizações social-democratas que cerraram fileiras atrás das classes opressoras no holocausto do capitalismo, há muito previsto. Hilferding, que no começo se opusera à guerra no Reichstag, logo acabou aceitando ser recrutado pelo Exército austríaco; Bauer prontamente se ofereceu para o serviço militar contra a Rússia na frente oriental, onde foi rapidamente capturado. A unidade e a realidade da Segunda Internacional, tão caras a Engels, foram destruídas em uma semana.

As consequências continentais de agosto de 1914 são bem conhecidas. Na Rússia, um levante espontâneo de massas famintas e cansadas de guerra, em Petrogrado, derrubou o tsarismo em fevereiro de 1917. No espaço de oito meses, o Partido Bolchevique, sob a liderança de Lênin, tornou-se pronto para tomar o poder. Em outubro, Trótski conduziu-o em Petrogrado para a revolução socialista que havia previsto doze anos antes. A rápida vitória de 1917 foi logo seguida pelo bloqueio imperialista, pela intervenção e pela

---

[11] Pode-se ter uma ideia da emigração russa observando-se os países nos quais Lênin, Trótski e Bukhárin viveram ou para os quais viajaram antes de 1917: entre eles Alemanha, Inglaterra, França, Bélgica, Suíça e Áustria (Lênin e Trótski); Itália e Polônia (Lênin); Romênia, Sérvia, Bulgária e Espanha (Trótski); Estados Unidos (Trótski e Bukhárin); Dinamarca, Noruega e Suécia (Bukhárin).

guerra civil de 1918-1921. O curso épico da Revolução Russa nesses anos encontrou sua bússola teórica nos escritos de Lênin, em quem pensamento e ação políticos agora se fundiam rapidamente numa unidade sem precedente nem continuação. Desde as "Teses de abril", passando por *O Estado e a revolução* e *Marxismo e insurreição*, até *Esquerdismo, doença infantil do comunismo* e *Sobre o imposto em espécie**, as obras de Lênin daqueles anos estabeleceram novas normas dentro do materialismo histórico: nelas, a "análise concreta de uma situação concreta", que ele chamou de "alma viva do marxismo"**, adquiriu força tão dinâmica que o uso do termo *leninismo* para tal veio pouco depois. Nesse período heroico da revolução proletária na Rússia, está claro que o rápido desenvolvimento da teoria marxista não ficou de modo algum confinado à obra de Lênin. Trótski escreveu textos fundamentais sobre a arte da guerra (*Como fizemos a revolução*) e o destino da literatura (*Literatura e revolução*)***. Bukhárin tentou resumir o materialismo histórico como sociologia sistemática num tratado amplamente discutido (*Teoria do materialismo histórico*)[12]. Pouco depois, Preobrajiénski, com quem ele havia colaborado no popular manual bolchevique *ABC do comunismo*, começou a publicar o estudo econômico mais original e radical a respeito das tarefas que o Estado soviético tinha diante de si na transição para o socialismo – naturalmente, um campo até então não ultrapassado pela teoria marxista; as primeiras partes de *A nova economia**** apareceram em 1924. Ao mesmo tempo, deslocou-se para a Rússia o centro de gravidade internacional dos estudos históricos dedicados à descoberta e à edição dos escritos não publicados de Marx. Riazánov, que desde antes da Primeira Guerra Mundial havia firmado reputação na pesquisa de arquivos sobre Marx, agora se encarregava da primeira edição completa e científica das obras de Marx e Engels; o grosso desses manuscritos

---

* Eds. bras. ou port.: "Teses de abril", em Tariq Ali (org.), *Manifesto Comunista/Teses de abril* (trad. Daniela Jinkings et al., São Paulo, Boitempo, 2017); *O Estado e a revolução* (trad. Edições Avante! e Paula Vaz de Almeida, São Paulo, Boitempo, 2017); os demais em *Obras escolhidas em seis tomos*, 6 v., cit. (N. E.)

** Vladímir Ilitch Lênin, *Imperialismo, fase superior do capitalismo*, em *Obras escolhidas em seis tomos*, cit., v. 2, p. 160. (N. E.)

*** Eds. bras.: *Como fizemos a revolução* (São Paulo, Global, 1978); *Literatura e revolução* (trad. Luiz Antonio Moniz Bandeira. Rio de Janeiro, Zahar, 2007). (N. E.)

[12] O manual de sociologia de Bukhárin foi publicado em 1921 [ed. bras.: trad. Caio Prado Jr., São Paulo, Caramuru, 1933]; o estudo de Trótski sobre literatura, em 1914.

**** Eds. bras.: *ABC do comunismo* (São Paulo, Melso, 1963); *A nova economia* (Rio de Janeiro, Paz e Terra, 1979). (N. E.)

foi transferido para Moscou e depositado no Instituto Marx-Engels, do qual ele havia se tornado o diretor[13]. Todos esses homens tiveram, claro, posições de destaque na luta prática pelo triunfo da Revolução na Rússia e na construção do nascente Estado soviético. Durante a Guerra Civil, Lênin presidiu o Conselho dos Comissários do Povo; Trótski era o comissário da Guerra; Bukhárin, editor do jornal do partido; Preobrajiénski, efetivamente, o diretor-chefe do secretariado do partido; Riazánov, organizador dos sindicatos. A plêiade dessa geração, no auge quando a Guerra Civil foi travada e vencida, pareceu assegurar o futuro da cultura marxista na nova fortaleza dos trabalhadores que era a União Soviética.

No resto da Europa, entretanto, a grande onda revolucionária, que estourou em 1918, no final da Primeira Guerra, e durou até 1920, foi derrotada. O capital provou-se decisivamente mais forte em toda parte fora da Rússia. O cerco contrarrevolucionário internacional ao Estado soviético entre 1918 e 1921 não conseguiu derrubá-lo, embora a guerra civil tivesse infligido enorme dano à classe trabalhadora russa. Mas conseguiu isolar a Revolução Russa do resto da Europa durante os três anos da crise social mais aguda para a ordem imperialista em todo o continente e permitiu, assim, que os levantes proletários fora da União Soviética fossem debelados. A primeira e mais fundamental ameaça aos Estados capitalistas muito mais entrincheirados do continente foi a grande série de revoltas de massas na Alemanha em 1918-1919. Rosa Luxemburgo, observando da prisão o curso da Revolução Russa, discerniu certos perigos da ditadura instalada durante a Guerra Civil com mais clareza que qualquer líder bolchevique da época, embora ao mesmo tempo revelasse os limites de sua própria compreensão dessas questões (nacionalidade, campesinato), cujo significado era menos óbvio nas zonas altamente industrializadas da Europa[14]. Libertada com o colapso do Segundo Reich, Luxemburgo imediatamente se entregou à tarefa de organizar a esquerda revolucionária na Alemanha; um mês depois, como a figura de maior autoridade na formação do Partido Comunista da

---

[13] David [Borissóvitch] Riazánov (sobrenome verdadeiro: Goldendakh) nasceu em 1870. Foi uma disputa quanto a sua admissão ao II Congresso do POSDR que inicialmente afastou Mártov de Lênin, pouco antes do conflito entre os dois quanto às regras de organização do partido. Após a Revolução de 1905, Riazánov passou a publicar com frequência artigos na *Die Neue Zeit* e trabalhou na edição da correspondência de Marx e Engels.

[14] Seu ensaio *A Revolução Russa*, escrito em 1918, foi publicado pela primeira vez por Paul Levi em 1922 [ed. bras.: *A Revolução Russa*, trad. Isabel Loureiro, São Paulo, Fundação Rosa Luxemburgo, 2017].

Alemanha, ela redigiu o programa do partido e apresentou o relatório político em sua conferência de fundação. Duas semanas depois, foi assassinada quando um levante confuso e semiespontâneo, iniciado entre as multidões famintas de Berlim, foi sufocado pelos Freikorps a mando de um governo social-democrata. A repressão da insurreição de janeiro em Berlim foi logo seguida pela reconquista militar de Munique pela Reichswehr, depois que grupos comunistas e socialistas locais haviam criado ali uma efêmera República Soviética Bávara em abril. Nascida dos conselhos de trabalhadores e soldados de novembro de 1918, a Revolução Alemã acabou derrotada decisivamente em 1920.

Enquanto isso, no Império Austro-Húngaro, desdobrou-se uma sequência semelhante de acontecimentos. Na Hungria, Estado rural e mais atrasado, exigências da Entente haviam levado à abdicação voluntária do governo burguês instituído após o Armistício e à criação de uma breve república soviética sob a liderança conjunta de comunistas e social-democratas: seis meses mais tarde, tropas romenas reprimiram a Comuna Húngara e restauraram um regime branco. Na Áustria, o peso objetivo da classe trabalhadora industrial era muito maior do que na Hungria (como tinha sido na Prússia em comparação com a Baviera), mas o Partido Social-Democrata – detentor inconteste da lealdade do proletariado – optou por se opor a uma revolução socialista; em vez disso, ingressou num governo de coalizão burguesa e desmantelou gradualmente, de cima para baixo, os conselhos de trabalhadores e soldados, a pretexto de evitar uma intervenção da Entente. Em 1920, havia abandonado o governo, mas a estabilização capitalista já estava assegurada. Bauer, que logo se tornou a figura dominante dentro do Partido Social-Democrata Operário da Áustria, serviu como ministro das Relações Exteriores da República em 1919 e, mais tarde, em 1923, escreveu uma importante defesa teórica das ações do partido depois da guerra, num volume equivocadamente intitulado *A Revolução Austríaca**. Seu ex-colega Hilferding, por sua vez, foi duas vezes ministro das Finanças da República de Weimar. A unidade de teoria e prática característica dessa geração sustentou-se até mesmo nas fileiras reformistas do austromarxismo[15]. Mais ao sul, o último grande levante do proletariado no triênio pós-guerra aconteceu na Itália. A terra natal de Labriola sempre teve um partido socialista muito

---

* Otto Bauer, *Die österreichische Revolution* (Viena, Wiener Volksbuchhandlung, 1923). (N. E.)

[15] Nessa época, dois outros proeminentes economistas, um ex-marxista e um crítico do marxismo, tiveram cargos em governos da Europa Central e no Leste Europeu. Na Ucrânia, Túgan-Baranóvski foi ministro das Finanças na Rada contrarrevolucionária de 1917-1918; na Áustria, Joseph Schumpeter ocupou a mesma posição em 1919.

menor do que o da Alemanha ou o do Império Austro-Húngaro, porém mais militante: ele havia resistido ao social-patriotismo e alardeou um maximalismo exacerbado durante a guerra. Porém, a greve geral e a tumultuosa onda de ocupações de fábricas que tomou conta de Turim em 1920 também o encontraram completamente despreparado para uma estratégia revolucionária agressiva; as rápidas contramedidas do governo liberal e dos empregadores acabaram paralisando o movimento, na falta de uma liderança política clara. A maré da insurgência popular refluiu, deixando que os esquadrões armados da contrarrevolução preparassem o advento do fascismo na Itália.

Os terríveis reveses na Alemanha, na Áustria, na Hungria e na Itália – a clássica zona de influência do marxismo pré-guerra, juntamente com a Rússia – aconteceram antes que a Revolução Bolchevique estivesse suficientemente desvencilhada da intervenção imperialista para poder exercer influência organizacional ou teórica direta sobre o curso da luta de classes nesses países. A Terceira Internacional foi tecnicamente fundada em 1919, quando Moscou ainda era uma cidade cercada pelos exércitos brancos: sua real criação data de seu II Congresso, em julho de 1920. A essa altura, era tarde demais para que ela tivesse algum impacto nas batalhas fulcrais da conjuntura pós-guerra. O avanço do Exército Vermelho na Polônia, que por um breve momento pareceu prometer um vínculo material com as forças revolucionárias na Europa Central, foi rechaçado no mesmo mês; e, em poucas semanas, as ocupações de Turim haviam entrado em colapso, enquanto Lênin apelava via telégrafo ao PSI por uma ação nacional na Itália. É óbvio que essas derrotas não se deveram de modo primordial a erros subjetivos ou falhas: as últimas eram sinal da força objetivamente superior do capitalismo na Europa Central e Ocidental, onde sua ascendência histórica sobre a classe trabalhadora havia sobrevivido à guerra. Só depois que essas batalhas foram travadas e perdidas a Terceira Internacional se implantou solidamente nos mais importantes países continentais fora da União Soviética. Rompido finalmente o bloqueio do Estado soviético, é claro que o enorme contraste entre a debacle dos aparatos social-democratas e a derrota dos levantes espontâneos na Europa Central e Meridional, por um lado, e o sucesso do Partido Bolchevique na Rússia, por outro, asseguraram a formação relativamente rápida de uma Internacional revolucionária centralizada que tinha como base os princípios esboçados por Lênin e Trótski. Em 1920, Lênin compôs sua "mensagem" teórica fundamental para os novos partidos comunistas, fundados agora em praticamente todos os países do mundo capitalista avançado: *Esquerdismo, doença infantil do comunismo*. Nele, sintetizou as lições históricas da experiência bolchevique na Rússia para os socialistas do exterior e começou a tratar pela primeira vez dos problemas da estratégia marxista em meios mais avançados que o do império tsarista, nos quais o parlamentarismo burguês era bem mais forte e o reformismo da classe trabalhadora, muito mais profundo do que ele havia percebido antes da Primeira Guerra Mundial. Além disso, traduções sistemáticas revelaram aos militantes de toda a Europa, pela primeira vez, a obra de Lênin como um sistema teórico organizado que surgia como súbita iluminação política para milhares deles. Agora pareciam estar presentes as condições para a difusão e a fertilização internacionais da teoria marxista, numa escala inédita, e a Comintern dava a garantia de sua ligação material com as lutas diárias das massas.

Na realidade, essa perspectiva foi rapidamente anulada. Os golpes violentos infligidos pelo imperialismo contra a Revolução Russa haviam dizimado a classe trabalhadora soviética, apesar da vitória militar sobre as forças brancas na Guerra Civil. Depois de 1920, nenhum alívio imediato poderia ser esperado dos países mais desenvolvidos da Europa. A União Soviética estava condenada ao isolamento, com a indústria arruinada, o proletariado enfraquecido, a agricultura arrasada, o campesinato descontente. Na Europa Central, restabelecera-se a estabilidade capitalista, de modo que a Rússia revolucionária acabou segregada. Assim que o cerco foi rompido e o contato com o resto do continente, restabelecido, o Estado soviético – preso no torniquete do atraso russo, sem auxílio político externo – começou a correr riscos internos. A crescente usurpação do poder pelo aparato do partido, a subordinação cada vez mais opressora da classe trabalhadora e a maré montante do chauvinismo oficial tornaram-se evidentes para Lênin tarde demais, depois de ele ter sido acometido, em 1922, pela doença que o levaria à morte. Seus últimos escritos – de seu artigo a respeito da Rabkrin até seu "Testamento político"[16] – podem ser vistos como uma tentativa teórica desesperada de encontrar as formas de retomar a genuína prática política de massas que poderia derrubar o burocratismo do novo Estado soviético e restaurar a unidade e a democracia de Outubro, já perdidas.

---

[16] Vladímir Ilitch Lênin, *Collected Works*, v. 33, p. 481-502 [ed. port.: "Como devemos reorganizar a inspecção operária e camponesa (Proposta ao XII Congresso do Partido)", em *Obras escolhidas em três tomos*, v. 3, trad. Edições Avante!, Lisboa/Moscou, Avante!/Progresso, 1979]; idem, v. 36, p. 593-7 [ed. bras.: "Carta ao congresso", em *Últimos escritos e Diário das secretárias*, São Paulo, Sundermann, 2012].

No começo de 1924, Lênin morreu. Em três anos, a vitória de Stálin dentro do Partido Comunista da União Soviética (PCUS) selou o destino do socialismo — e do marxismo — na União Soviética nas décadas seguintes. O aparato político de Stálin sufocou ativamente as práticas revolucionárias de massas dentro da Rússia e crescentemente as desencorajou ou sabotou fora da União Soviética. A consolidação de uma camada burocrática privilegiada acima da classe trabalhadora era assegurada por um regime policial de ferocidade cada vez mais intensa. Nessas condições, foi inelutavelmente destruída a unidade revolucionária de teoria e prática que tornara possível o bolchevismo clássico. As massas, na base, foram barradas, sua autonomia e sua espontaneidade foram extintas pela casta burocrática que confiscara o poder no país. O partido, no alto, foi gradualmente expurgado dos últimos companheiros de Lênin. Todo o trabalho teórico sério cessou na União Soviética depois da coletivização. Trótski foi compelido ao exílio em 1929 e assassinado em 1940; Riazánov foi retirado de seus cargos em 1931 e morreu num campo de trabalhos forçados em 1938; Bukhárin, silenciado em 1929 e fuzilado em 1938; Preobrajiénski, anulado em 1930, morreu na prisão em 1937. O marxismo na Rússia foi reduzido em grande parte a uma recordação, à medida que o governo de Stálin alcançava o apogeu. O país mais avançado do mundo no desenvolvimento do materialismo histórico, que havia superado toda a Europa pela variedade e pelo vigor de seus teóricos, em uma década havia se transformado numa terra atrasada de semianalfabetos, impressionante apenas pelo peso de sua censura e pela vulgaridade de sua propaganda.

Fora da União Soviética, enquanto o stalinismo abafava a cultura soviética, a fisionomia política do capitalismo europeu se tornava cada vez mais violenta e convulsionada. Em todos os países, a classe trabalhadora tinha sofrido derrotas na grande crise revolucionária do pós-guerra, mas continuava sendo uma ameaça poderosa às burguesias do centro e do sul da Europa. A criação da Terceira Internacional e o crescimento de partidos comunistas disciplinados, sob o estandarte do leninismo, inspiravam medo nas classes governantes dos epicentros originais de 1918-1920. Além do mais, a recuperação econômica do imperialismo, que havia assegurado a estabilização política da ordem mundial criada em Versalhes, mostrou ter vida curta. Em 1929, o maior *crash* da história do capitalismo tomou de assalto o continente, disseminando o desemprego em massa e intensificando as lutas de classe. A contrarrevolução social agora se mobilizava em suas formas mais brutais e violentas, abolindo a democracia parlamentar em um país atrás do outro, para eliminar todas as organizações autônomas da classe trabalhadora. As ditaduras terroristas do fascismo foram a solução histórica do capital para os perigos do operariado nessa região: foram projetadas para reprimir cada traço de resistência e independência proletária, numa conjuntura internacional de antagonismos interimperialistas cada vez maiores. A Itália foi o primeiro país a experimentar a força plena da repressão fascista: em 1926 Mussolini havia acabado com toda e qualquer oposição legal dentro do país. O nazismo tomou o poder na Alemanha em 1933, depois que a Comintern impusera um rumo suicida ao KPD; o movimento operário alemão foi aniquilado. Um ano depois, o fascismo clerical desencadeou um ataque armado à Áustria que destruiu os baluartes partidários e sindicais da classe trabalhadora. Na Hungria, uma ditadura branca já havia sido instalada muito tempo antes. Ao sul, um golpe militar na Espanha inaugurou três anos de guerra civil, que terminou com o triunfo do fascismo espanhol, auxiliado pelo vizinho Portugal e pelos aliados da Itália e da Alemanha. A década se encerrou com a ocupação e o controle da Tchecoslováquia pelos nazistas e com a queda da França.

*

Nessa época catastrófica, qual foi o destino da teoria marxista na região central da Europa, que havia desempenhado papel tão importante no desenvolvimento do materialismo histórico antes da Primeira Guerra Mundial? Como vimos, assim que começou a se difundir fora da Rússia, o pensamento político leninista foi rapidamente esterilizado pela stalinização da Terceira Internacional, que progressivamente subordinou as políticas de seus partidos constituintes aos objetivos da política externa da União Soviética. Naturalmente, os partidos social-democratas ou centristas fora da Comintern também não ofereceram espaço para a aplicação ou a ampliação do leninismo. Com isso, no âmbito das organizações da classe trabalhadora de massas dessa região, a teoria marxista mais significativa do período entreguerras foi em grande parte confinada à análise econômica, numa linha que descendia diretamente dos grandes debates anteriores à Primeira Guerra. Na República de Weimar, foi criado em Frankfurt, em 1923, um Instituto de Pesquisa Social independente, financiado por um rico comerciante de grãos, para promover estudos marxistas com um enfoque quase acadêmico (o Instituto era formalmente vinculado à Universidade de Frankfurt)[17]. Seu primeiro diretor foi o historiador

---

[17] Para as origens do Instituto de Pesquisa Social de Frankfurt, ver a exposição acadêmica completa feita em Martin Jay, *The Dialectical Imagination* (Londres, Heinemann Educational, 1973), p. 4-12 [ed. bras.: *A imaginação dialética*, trad. Vera Ribeiro, Rio de Janeiro, Contraponto, 2008].

do direito Carl Grünberg, que tinha uma cadeira na Universidade de Viena antes da Primeira Guerra Mundial. Nascido na Transilvânia em 1861, Grünberg era um típico membro da geração mais antiga de acadêmicos marxistas do Leste Europeu; fundara e editara a primeira revista acadêmica importante sobre história do trabalho na Europa, *Archiv für die Geschichte des Sozialismus und der Arbeiterbewegung* [Arquivo para a História do Socialismo e do Movimento Operário], que ele então transferia para Frankfurt. Esse eminente representante da tradição austromarxista dali por diante construiu uma ponte para a geração mais jovem de intelectuais socialistas na Alemanha. Durante os anos 1920, o Instituto de Pesquisa Social por ele presidido tinha tanto comunistas quanto social-democratas em sua equipe, e mantinha ligação regular com o Instituto Marx-Engels de Moscou, despachando a Riazánov material de arquivo para a primeira edição científica das obras de Marx e Engels. O volume inaugural da *Marx-Engels Gesamtausgabe* (MEGA) [Obras completas de Marx e Engels] foi, de fato, publicado em Frankfurt em 1927 sob os auspícios conjuntos das duas instituições.

No mesmo período, o instituto também patrocinou a principal produção individual de teoria econômica marxista do entreguerras: a obra de Henryk Grossmann, outro emigrante das fronteiras orientais do continente. Nascido em 1881 em Cracóvia, filho de um proprietário de minas da Galícia, Grossmann tinha a mesma idade de Bauer e era sete anos mais velho que Bukhárin; em outras palavras, integrava a excepcional geração que alçara altos voos antes de 1914. Grossmann, entretanto, desenvolvera-se mais devagar: originalmente aluno de Böhm-Bawerk em Viena, entrou para o Partido Comunista da Polônia (KPP) depois da Primeira Guerra Mundial e ocupou uma cadeira de Economia na Universidade de Varsóvia. Em 1925 a repressão política o levou da Polônia à Alemanha, e entre 1926 e 1927 ele fez uma série de palestras no Instituto de Frankfurt que foram depois coligidas para formar um volume polpudo intitulado *A lei da acumulação e do colapso do sistema capitalista*[18]. Publicada bem no ano da Grande Depressão de 1929, a obra de Grossmann resumia os clássicos debates do pré-guerra a respeito das leis do movimento do modo de produção capitalista do século XX e apresentava a tentativa mais ambiciosa e sistemática até então de deduzir seu colapso objetivo a partir da lógica dos esquemas de reprodução de Marx. Suas teses centrais, que pareciam tão oportunas, foram

---

[18] Henryk Grossmann, *Die Akkumulations-und Zusammenbruchsgesetz des kapitalistischen Systems* (Leipzig, C. L. Hirschfeld, 1929); relançado em Frankfurt pela Neue Kritik em 1971.

prontamente contestadas por um economista mais jovem, Fritz Sternberg, um social-democrata de esquerda. A obra de 1926 do próprio Sternberg, *Imperialismo**, que em grande parte reafirmava a perspectiva de Rosa Luxemburgo, ampliando-a com uma análise inovadora das funções e flutuações do exército industrial de reserva do capitalismo, havia sido atacada antes por Grossmann. Ambas as partes foram, por sua vez, criticadas por outra marxista de origem polonesa, Natalie Moszkowska, num pequeno livro sobre as teorias modernas da crise, escrito depois da tomada do poder pelos nazistas na Alemanha[19]. No ano seguinte, Bauer, exilado na Tchecoslováquia, publicou sua última obra teórica, profeticamente intitulada *Entre duas guerras mundiais?*[20]. Nesse testamento político e econômico, o mais talentoso expoente da escola austromarxista rematou uma vida inteira de experimentação com os esquemas de reprodução de Marx para construir a argumentação mais sofisticada até então apresentada em favor de uma teoria subconsumista das crises capitalistas e registrou sua desilusão final com o reformismo gradualista que ele por tanto tempo havia praticado como líder de partido, convocando uma reunificação dos movimentos social-democratas e comunistas na luta contra o fascismo.

Em 1938, Bauer morreu em Paris, pouco depois de o Pacto de Munique tê-lo afastado de Bratislava. Em alguns meses, a Segunda Guerra Mundial irrompia, e a tomada da Europa pelo nazismo encerrou uma época do marxismo no continente. Em 1941, Hilferding morreu em Paris nas mãos da Gestapo. Agora, somente nos flancos do campo de batalha os pós-escritos da tradição que eles haviam encarnado poderiam ser escritos. Em 1943, na Suíça, Moszkowska publicou sua última e mais radical obra, *Sobre a dinâmica do capitalismo tardio*[21]. Enquanto isso, nos Estados Unidos, o jovem economista norte-americano Paul Sweezy reconstituía e resumia toda a história dos debates marxistas sobre as leis de movimento do capitalismo, de Túgan-Baranóvski a Grossmann, endossando a última solução de Bauer para o problema do subconsumo, numa obra de clareza exemplar, *Teoria do desenvolvimento capitalista*[22]. Entretanto, o livro

---

*   Fritz Sternberg, *Der Imperialismus* (Berlim, Malik-Verlag, 1926). (N. E.)
[19]   Natalie Moszkowska, *Zur Kritik moderner Krisentheorien* (Praga, M. Kasha, 1935). Moszkowska nasceu em Varsóvia em 1886 e emigrou para a Suíça em 1908, tendo vivido em Zurique até sua morte em 1968.
[20]   Otto Bauer, *Zwischen Zwei Weltkriegen?* (Bratislava, E. Prager, 1936).
[21]   Natalie Moszkowska, *Zur Dynamik des Spatkapitalismus* (Zurique/Nova York, Der Aufbruch, 1943).
[22]   Sweezy tinha 32 anos em 1942, quando ela foi publicada.

de Sweezy, escrito no ambiente do New Deal, renunciava implicitamente à suposição de que as crises de desproporcionalidade ou subconsumo não são superáveis dentro do modo capitalista de produção, e aceitava a potencial eficácia das intervenções contracíclicas keynesianas pelo Estado para garantir a estabilidade interna do imperialismo. A desintegração final do capitalismo era pela primeira vez confiada a um determinante puramente externo – o desempenho econômico superior da União Soviética e dos países que, esperava-se, seguissem seu caminho no fim da guerra, cujo "efeito de persuasão" acabaria por tornar possível uma transição pacífica para o socialismo nos próprios Estados Unidos[23]. Com essa concepção, *Teoria do desenvolvimento capitalista* marcava o fim de uma era intelectual.

---

[23] Paul M. Sweezy, *The Theory of Capitalist Development* (reed., Nova York, Monthly Review Press, 1968), p. 348-62 [ed. bras.: trad. Waltensir Dutra, São Paulo, Nova Cultural, 1986].

2
O ADVENTO DO MARXISMO OCIDENTAL

A maré da Segunda Guerra Mundial virou ao atingir o Volga. As vitórias do Exército Vermelho sobre a Wehrmacht em 1942 e 1943 asseguraram a libertação da Europa do domínio nazista. Em 1945, o fascismo havia sido derrotado por toda parte, exceto na Península Ibérica. A União Soviética, enormemente fortalecida em seu poder e prestígio internacionais, era senhora do destino do Leste Europeu, com exceção do extremo sul dos Bálcãs. Na Prússia, Tchecoslováquia, Polônia, Hungria, Romênia, Bulgária, Iugoslávia e Albânia rapidamente foram instalados regimes comunistas; as classes capitalistas locais foram expropriadas; iniciou-se a industrialização em estilo soviético. Um "campo socialista" integrado agora cobria metade do continente. A outra metade foi resgatada para o capitalismo pelos exércitos estadunidense e britânico. Na França e na Itália, entretanto, o papel dos partidos comunistas nacionais na liderança da Resistência converteu-os pela primeira vez nas organizações majoritárias da classe trabalhadora. Na Alemanha Ocidental, por outro lado, a ausência de uma experiência comparável de resistência e a divisão do país possibilitaram ao Estado burguês restaurado, sob a proteção da ocupação anglo-americana, eliminar com êxito a tradição comunista de antes da guerra em meio ao proletariado. Os vinte anos seguintes exibiram um padrão econômico e político diametralmente oposto ao do período entreguerras. Não houve retrocessos a ditaduras militares ou policiais nos principais países da Europa Ocidental. A democracia parlamentar, baseada no sufrágio universal pleno, se tornou estável e normal em todo o mundo industrial avançado pela primeira vez na história do capitalismo. Tampouco repetiram-se depressões catastróficas como a dos anos 1920 e 1930. Pelo contrário, o capitalismo mundial desfrutou de um longo período de crescimento, de dinamismo sem precedentes, a mais rápida e próspera fase de expansão em sua história. Enquanto isso, os regimes burocráticos repressivos que exerciam tutela sobre o proletariado na União Soviética e no Leste Europeu passaram por crises e ajustes sucessivos após a morte de Stálin, mas sem nenhuma modificação fundamental de sua estrutura. O terror foi abandonado como arma sistemática do Estado, porém, a coerção armada continuou a subjugar revoltas populares na região. O crescimento econômico foi rápido, considerando-se os pontos de partida comparativamente baixos, mas não representou nenhum desafio político à estabilidade do bloco capitalista.

Foi nesse universo alterado que a teoria revolucionária completou a mutação que produziu o hoje chamado, retrospectivamente, "marxismo ocidental". Afinal, o conjunto de obras composto pelos autores dos quais nos ocuparemos agora constituiu de fato uma configuração intelectual inteiramente nova dentro do desenvolvimento do materialismo histórico. Nas mãos deles, em certos aspectos importantes, o marxismo se tornou um tipo de teoria bastante distinto de tudo o que o havia precedido. Em particular, os temas e as preocupações característicos de todo aquele conjunto de teóricos que amadureceu politicamente antes da Primeira Guerra Mundial sofreram um deslocamento drástico, em uma mudança que foi ao mesmo tempo geracional e geográfica.

A história desse deslocamento foi longa e complexa: iniciou-se no próprio período entreguerras, sobrepondo-se ao declínio de uma tradição anterior. A maneira mais clara de abordar esse problema poderia ser mediante uma simples tabulação inicial das datas e da origem geográfica dos teóricos em discussão:

György Lukács	1885-1971	Budapeste
Karl Korsch	1886-1961	Tostedt (Saxônia Ocidental)
Antonio Gramsci	1891-1937	Ales (Sardenha)
Walter Benjamin	1892-1940	Berlim
Max Horkheimer	1895-1973	Stuttgart (Suábia)
Galvano Della Volpe	1897-1968	Ímola (Romanha)
Herbert Marcuse	1898-1979	Berlim
Henri Lefebvre	1901-1991	Hagetmau (Gasconha)
Theodor Adorno	1903-1969	Frankfurt
Jean-Paul Sartre	1905-1980	Paris
Lucien Goldmann	1913-1970	Bucareste
Louis Althusser	1918-1990	Bir Mourad Raïs (Argélia)
Lucio Colletti	1924-2001	Roma

As origens sociais desses pensadores não eram muito diferentes das de seus predecessores[1]. Do ponto de vista geográfico, entretanto, o padrão desse grupo apresenta-se em contraste radical com o dos intelectuais marxistas que se destacaram depois de Engels. Como já vimos, praticamente todo teórico importante das duas gerações seguintes à dos fundadores do materialismo histórico procedia da Europa Oriental ou Centro-Oriental; mesmo nos impérios germânicos, foram Viena e Praga, e não Berlim, que forneceram os maiores luminares da Segunda Internacional. Por outro lado, a partir do fim da Primeira Guerra Mundial a posição se inverteu. Com as importantes exceções de Lukács e de seu discípulo Goldmann, todas as figuras significativas dessa tradição indicadas anteriormente vinham de regiões mais ocidentais. O próprio Lukács teve grande parte de sua formação em Heidelberg e, culturalmente, sempre se mostrou mais alemão que húngaro, enquanto Goldmann passou toda sua vida adulta na França e na Suíça. Dos dois alemães que nasceram em Berlim, Benjamin era notável e conscientemente gálico em termos de orientação cultural, enquanto Marcuse recebeu a parte mais significativa de sua formação em Freiburg, na Suábia[2]. É possível estabelecer duas divisões geracionais dentro dessa tradição[3].

O primeiro grupo de intelectuais era composto por aqueles cuja experiência política formativa foi a própria Primeira Guerra Mundial ou a influência da Revolução Russa, que ocorreu antes do término do conflito. Biograficamente, Lukács era três anos mais velho que Bukhárin; Korsch, dois. Mas o que os

---

[1] Lukács era filho de um banqueiro; Benjamin, de um *marchand*; Adorno, de um comerciante de vinhos; Horkheimer, de um fabricante de tecidos; Della Volpe, de um fazendeiro; Sartre, de um oficial naval; Korsch e Althusser, de gerentes de banco; Colletti, de um bancário; Lefebvre, de um burocrata; Goldmann, de um advogado. Apenas Gramsci foi criado em condições de verdadeira pobreza; seu avô havia sido coronel de polícia, mas a carreira de seu pai como funcionário público de baixo escalão foi arruinada quando ele acabou preso por corrupção, e a família sofreu muitas dificuldades desde então.

[2] O sudoeste da Alemanha parece ter desempenhado papel importante como uma zona cultural eminente nessa tradição. Adorno e Horkheimer eram naturais dela; Lukács e Marcuse formaram-se lá. Heidelberg e Freiburg tiveram fortes vínculos filosóficos desde a época do Segundo Reich. Quanto à francofilia de Benjamin, ver seu comentário em 1927: "Na Alemanha, sinto-me bastante isolado em meus esforços e interesses em meio aos da minha geração, ao passo que na França existem certas forças [...] nas quais vejo em ação aquilo que também me ocupa". *Illuminations* (trad. ing. Harry Zohn, Londres, J. Cape, 1970), p. 22.

[3] Qualquer classificação geracional deve ser baseada em intervalos de aproximadamente vinte anos, obviamente: o problema é saber onde localizar os cortes históricos relevantes dentro do *continuum* biológico de vidas em qualquer época. Não há espaço aqui para explorar o tema adequadamente. Neste caso, porém, as linhas críticas de divisão estão bastante bem traçadas pelos sucessivos levantes políticos da época.

separava da geração de marxistas do pré-guerra era o fato de terem alcançado o socialismo revolucionário muito mais tarde; enquanto Bukhárin já era um lugar-tenente ativo e preparado de Lênin bem antes de 1914, eles foram radicalizados pela Primeira Guerra Mundial e pelos levantes de massa que se seguiram a ela, surgindo como marxistas somente depois de 1918. Gramsci, por outro lado, já militava no PSI às vésperas da Primeira Guerra Mundial, mas ainda era jovem e imaturo, e sua inexperiência o levou a cometer sérios erros no começo (quando chegou perto de defender a intervenção italiana naquele holocausto, quando seu partido a denunciava vigorosamente). Marcuse foi recrutado para o Exército alemão antes dos 21 anos, integrando por um breve período o Partido Social-Democrata Independente da Alemanha (USPD), entre 1917 e 1918; Benjamin conseguiu escapar do serviço militar, mas a guerra o empurrou para a esquerda. Por contraste, o segundo "conjunto" geracional da tradição do marxismo ocidental era composto de homens que chegaram à maturidade muito depois da Primeira Guerra Mundial e se formaram politicamente em meio ao avanço do fascismo e à Segunda Guerra Mundial. O primeiro deles a descobrir o materialismo histórico foi Lefebvre – figura incomum nesse grupo, sob vários aspectos –, que entrou para o Partido Comunista Francês (PCF) em 1928. Adorno, dez anos mais jovem que Marcuse e Benjamin, parece ter se voltado em direção ao marxismo somente depois da tomada nazista do poder, em 1933. Sartre e Althusser, embora de idades bem diferentes, parecem ter-se radicalizado ao mesmo tempo, em decorrência do impacto da Guerra Civil Espanhola, da derrocada francesa de 1940 e da prisão na Alemanha. Ambos completaram sua evolução política após 1945, nos primeiros anos da Guerra Fria: Althusser entrou para o PCF em 1948, enquanto Sartre se alinhou com o movimento comunista internacional em 1950. Goldmann foi enfeitiçado pela obra de Lukács antes e ao longo da Segunda Guerra Mundial, encontrando-o na Suíça em 1946, após seu término. Della Volpe constitui uma exceção cronológica que mesmo assim confirma o padrão político-geracional: pertencendo à primeira geração em termos etários, ele passou completamente em branco pela Primeira Guerra Mundial, envolveu-se depois com o fascismo italiano e só tardiamente se moveu na direção do marxismo, em 1944-1945, no final da Segunda Guerra Mundial, quando já contava mais de 45 anos. Por fim, é discernível um único caso fronteiriço de terceira geração: Coletti, que era jovem demais para ficar profundamente marcado pela Segunda Guerra Mundial, tornou-se discípulo de Della Volpe no período pós-guerra e entrou para o Partido Comunista Italiano (PCI) em 1950.

Essencialmente, como veremos, a partir dos anos 1920, o marxismo europeu tornou-se cada vez mais concentrado na Alemanha, na França e na Itália – três países que, antes ou depois da Segunda Guerra Mundial, combinaram um partido comunista de massas que dispunha da fidelidade de parte importante da classe trabalhadora com uma *intelligentsia* numerosa e radical. A ausência de uma ou outra dessas condições bloqueou a emergência de uma cultura marxista desenvolvida fora dessa zona. Na Grã-Bretanha, ocorreu ampla radicalização entre intelectuais no entreguerras, mas a massa da classe trabalhadora permaneceu firmemente leal ao reformismo social-democrata. Na Espanha, o proletariado provou ter temperamento mais revolucionário que o de qualquer outro no continente durante os anos 1930, mas havia poucos intelectuais no movimento de trabalhadores. Nenhum desses países produziu teoria marxista relevante naquele período[4].

---

[4] O caso espanhol, entretanto, continua sendo um importante enigma histórico. Por que a Espanha nunca produziu um Labriola ou um Gramsci, apesar da extraordinária combatividade de seu proletariado e de seu campesinato, superior ou igual à de seus pares da Itália, e uma herança cultural do século XIX que, embora certamente menor que a italiana, estava longe de ser desprezível? Muita pesquisa ainda precisa ser feita com relação a esse problema complexo. Sua solução seria fundamental para qualquer análise ampla das condições de emergência e desenvolvimento do materialismo histórico como teoria. Aqui podemos apenas notar, com relação ao problema das heranças culturais relativas, que, de maneira surpreendente, enquanto Croce estudava e propagandeava a obra de Marx na Itália durante a década de 1890, o intelectual espanhol mais próximo de ser seu análogo, Unamuno, também se convertia ao marxismo. De fato, Unamuno, ao contrário de Croce, participou ativamente da organização do Partido Socialista Operário Espanhol (PSOE) entre 1894 e 1897. Porém, enquanto o engajamento de Croce com o materialismo histórico teria profundas consequências para o desenvolvimento do marxismo na Itália, o de Unamuno não deixou vestígios na Espanha. O enciclopedismo do italiano, que tanto contrasta com o ensaísmo do espanhol, foi certamente um dos motivos da diferença de resultados dos dois episódios. Unamuno era um pensador de quilate bem menor. De modo mais geral, suas limitações eram um sintoma da ausência muito mais ampla, na Espanha, de qualquer grande tradição do pensamento filosófico sistemático – algo que faltou à cultura espanhola, apesar de todo seu virtuosismo em literatura, pintura ou música, desde o Renascimento até o Iluminismo. Foi talvez a ausência desse catalisador que impediu o surgimento de qualquer obra marxista notável no movimento de trabalhadores espanhol do século XX. Isso também poderia explicar o curioso fracasso do marxismo em desenvolver uma constelação teórica representativa na Inglaterra, com sua tradição nativa do empirismo (abrupta e fortemente acentuada depois de 1900), ao passo que produzia um corpo historiográfico notável. É clássica a ênfase dada por Engels à importância de um elemento filosófico dentro da complexa síntese social necessária para gerar um marxismo vívido no interior de qualquer formação nacional. A consciência dessa questão deveria amenizar a avaliação crítica quanto à predominância da filosofia no marxismo ocidental do resto da Europa, que examinaremos posteriormente; não cabe inibi-la.

As datas históricas e a distribuição geográfica do "marxismo ocidental" fornecem a estrutura formal preliminar para situá-lo no interior da evolução do pensamento socialista como um todo. Ainda falta identificar as características que o definem substancialmente e o demarcam como tradição integrada. A primeira e mais fundamental característica foi o divórcio estrutural entre esse marxismo e a prática política. A unidade orgânica de teoria e prática realizada na geração clássica dos marxistas anteriores à Primeira Guerra Mundial, que desempenharam inextricável função político-intelectual em seus respectivos partidos na Europa Oriental e Central, sofreria uma cisão cada vez maior na Europa Ocidental ao longo do meio século que vai de 1918 a 1968. A ruptura entre os dois aspectos não foi imediata nem espontânea no novo contexto geracional e geográfico do marxismo após a Primeira Guerra Mundial. Foi provocada lenta e progressivamente por pressões históricas enormes, que só levaram à quebra final do elo entre teoria e prática durante a década de 1930. Após a Segunda Guerra Mundial, entretanto, a distância entre as duas era tão grande que parecia consubstancial com a própria tradição. Na realidade, entretanto, os três primeiros teóricos importantes da geração pós-1920 – os verdadeiros originadores de toda a configuração do marxismo ocidental – eram inicialmente grandes líderes políticos de seus próprios partidos: Lukács, Korsch e Gramsci. Cada um também foi participante e organizador direto dos levantes revolucionários de massa de seu tempo; não se pode compreender a origem de sua teoria a não ser contra esse pano de fundo político.

Lukács era vice-comissário do Povo para Educação na República Soviética Húngara em 1919 e combateu com o exército revolucionário no *front* de Tisza contra o ataque da Entente. Exilado na Áustria durante os anos 1920, foi um dos principais membros do Partido Comunista Húngaro e, depois de uma década de luta de facções na organização, tornou-se secretário-geral do partido por um breve período em 1928. Korsch foi ministro comunista da Justiça no governo da Turíngia em 1923, encarregado dos preparativos paramilitares regionais para a insurreição do KPD na Alemanha central durante aquele ano, que foi frustrada pela Reichswehr. Depois, tornou-se um deputado proeminente do partido no Reichstag; foi editor da revista teórica do KPD e um dos líderes de sua facção mais à esquerda em 1925. Gramsci sem dúvida desempenhou papel bem mais significativo que qualquer um desses dois nas lutas de massas do imediato pós-guerra. Principal organizador e teórico dos conselhos de fábricas de Turim e editor de *L'Ordine Nuovo* em 1919 e 1920, foi um dos membros fundadores do PCI no ano seguinte e gradualmente ascendeu até se tornar o principal dirigente do partido em 1924, quando este travava difícil luta defensiva contra a consolidação do fascismo na Itália. O destino de cada um desses três homens simbolizou as forças que apartariam a teoria marxista de qualquer prática de classe nos anos seguintes. Korsch foi expulso do KPD em 1926 por negar que o capitalismo se tivesse estabilizado, exigir a retomada da ênfase na agitação dentro dos conselhos de trabalhadores e criticar a política externa soviética de conciliação com o capitalismo mundial. Tentou, então, manter um grupo político independente por dois anos, e mesmo após sua dissolução continuou ativo nos círculos intelectuais e proletários marxistas até 1933, quando a vitória do nazismo o afastou da Alemanha, levando-o ao exílio e ao isolamento na Escandinávia e nos Estados Unidos[5]. Lukács, por outro lado, esboçou as teses oficiais do Partido Comunista Húngaro em 1928, que rejeitavam implicitamente as perspectivas catastrofistas recém-adotadas no VI Congresso da Comintern: a notória linha do "terceiro período", com seus ataques violentos que classificavam as organizações de trabalhadores reformistas como "social-fascistas" e sua negação niilista de qualquer distinção entre regimes democráticos burgueses e ditaduras policial-militares como instrumentos de dominação capitalista[6]. A tentativa de Lukács de esboçar uma tipologia diferencial dos sistemas políticos capitalistas na nova conjuntura e sua ênfase na necessidade de palavras de ordem democráticas de transição na luta contra a tirania de Horthy na Hungria foram violentamente denunciadas pelo Secretariado da Comintern, e ele foi ameaçado de expulsão sumária do partido. Para evitá-la, publicou uma retratação (sem modificar sua perspectiva particular), mas o preço desse desmentido foi a renúncia permanente às responsabilidades organizacionais dentro de seu partido e da Internacional. A partir de 1929, Lukács deixou de ser militante político, restringindo-se à crítica literária e à filosofia em sua obra intelectual. Depois de um breve período em Berlim, também foi forçado pela tomada do poder pelos nazistas a se exilar – na direção oposta, rumo à União Soviética, onde permaneceu até o fim da Segunda Guerra Mundial.

---

[5] Para essa trajetória, ver Hedda Korsch, "Memories of Karl Korsch", *New Left Review*, n. 76, nov.-dez. 1972, p. 42-4.

[6] Ver as principais passagens das chamadas "Teses de Blum" (pseudônimo de Lukács na clandestinidade) em György Lukács, *Political Writings 1919-1929* (Londres, New Left Books, 1972), p. 240-51 [ed. bras.: "Teses de Blum (extratos)", em José Chasin (org.), *Temas de Ciências Humanas*, n. 7, São Paulo, Livraria Editora Ciências Humanas, 1980].

O destino de Gramsci foi mais sombrio. Preso em Roma por ordem de Mussolini, em 1926, quando o fascismo italiano concluía seu domínio ditatorial total sobre o país, ele passou nove anos terríveis no cárcere, em condições que acabaram por matá-lo em 1937. O isolamento, pela prisão, da participação na vida clandestina do PCI o poupou do confronto direto com as consequências da stalinização da Comintern. Mesmo assim, seu último ato político antes de ser preso foi escrever um vigoroso protesto a Togliatti, que se encontrava em Moscou, contra a supressão, por este último, da carta do partido italiano para o Comitê Central do PCUS defendendo maior tolerância em suas disputas internas, às vésperas da expulsão da Oposição de Esquerda na Rússia. De dentro da prisão, ele se opôs categoricamente à linha do "terceiro período" a partir de 1930, sustentando posições parecidas com as de Lukács em 1928, que ressaltavam a importância das reivindicações democráticas transitórias sob o fascismo e a necessidade vital de conquistar a aliança com o campesinato para derrubá-lo[7]. O clima na Terceira Internacional era tão sufocante nessa época que seu irmão, a quem ele confiara seus pontos de vista para transmissão à direção do partido fora da Itália, permaneceu em silêncio para preservá-lo do risco de expulsão. As duas grandes tragédias que, de maneiras tão diferentes, tomaram de assalto o movimento da classe trabalhadora europeia no período entreguerras, o fascismo e o stalinismo, combinaram-se assim para dispersar e destruir os potenciais porta-vozes de uma teoria marxista nativa unida à prática de massas do proletariado ocidental. A solidão e a morte de Gramsci na Itália e o isolamento e exílio de Korsch e Lukács nos Estados Unidos e na União Soviética marcaram o fim da fase em que o marxismo ocidental ainda se sentia à vontade entre as massas. Dali por diante, ele falaria sua própria linguagem cifrada, cada vez mais distante da classe cuja sorte ele formalmente buscava servir ou articular.

*

A profunda mudança que ocorreria então encontrou sua primeira expressão na Alemanha. Seu ponto central foi o Instituto de Pesquisa Social de Frankfurt, cujas origens e cujo desenvolvimento já foram vistos. Embora sua criação como centro acadêmico de pesquisa marxista dentro de um Estado capitalista representasse uma novidade na história do socialismo – implicando uma separação institucional da política que Rosa Luxemburgo, por exemplo, jamais teria

---

[7] Ver Giuseppe Fiori, *Antonio Gramsci* (Londres, New Left Books, 1970), p. 149-58 [ed. bras.: *A vida de Antonio Gramsci,* trad. Sergio Lamarão, Rio de Janeiro, Paz e Terra, 1979].

aceitado antes da guerra –, ele se dedicou ao longo dos anos 1920 a problemas tradicionais do movimento dos trabalhadores, combinando um sólido trabalho empírico com uma análise teórica séria. No discurso de abertura, seu diretor alertou especificamente dos perigos de que o instituto se tornasse uma escola para "mandarins"*, e entre seus integrantes havia membros ativos dos partidos proletários da República de Weimar, especialmente do KPD[8]. A revista do Instituto publicou obras de Korsch e Lukács, lado a lado com ensaios de Grossmann ou Riazánov. Assim, formou o ponto nodal de articulação entre as correntes "ocidental" e "oriental" do marxismo nos anos 1920. Sua trajetória foi, consequentemente, de crucial importância para a evolução da teoria marxista como um todo, na Europa do entreguerras. Em 1929, Grünberg, historiador austro-marxista que o dirigira desde a fundação, aposentou-se. Em 1930, Horkheimer tornou-se o novo diretor do instituto: um ano depois que Lukács havia sido silenciado, no ano em que Gramsci foi censurado para garantir sua própria segurança mesmo na prisão. Ao passo que Grünberg era historiador, Horkheimer, como filósofo, deu o tom para uma grande reorientação no trabalho do instituto já em seu discurso de posse, afastando-se da preocupação com o materialismo histórico como "ciência", rumo ao desenvolvimento de uma "filosofia social" complementada por investigações empíricas. Em 1932, o instituto parou de publicar o *Archiv für die Geschichte des Sozialismus und der Arbeiterbewegung* [Arquivo para a História do Socialismo e do Movimento dos Trabalhadores]; sua nova revista foi inocentemente intitulada *Zeitschrift für Sozialforschung* [Revista de Pesquisa Social]. No curto período anterior à contrarrevolução fascista de 1933, Horkheimer reuniu um grupo diversificado e talentoso de intelectuais mais jovens ao redor do instituto, dos quais os mais importantes seriam Marcuse e Adorno. Ao contrário de Grünberg ou Grossmann, Horkheimer nunca fora um membro assumido de qualquer partido da classe trabalhadora, embora tenha admirado Rosa Luxemburgo no passado e continuasse sendo politicamente radical, numa posição de crítica tanto ao SPD quanto ao KPD. Marcuse, que fora membro de um conselho de soldados em 1918, havia conservado alguns vínculos com o movimento organizado de trabalhadores, em especial com a esquerda do SPD; nos últimos anos antes da tomada do poder

---

* Termo de Fritz K. Ringer para caracterizar um setor da intelectualidade alemã de origem abastada e com postura de marcado distanciamento em relação à sociedade. Ver Fritz K. Ringer, *O declínio dos mandarins alemães: a comunidade acadêmica alemã, 1890-1933* (trad. Dinah de Abreu Azevedo, São Paulo, Edusp, 2000). (N. E.)

[8] Martin Jay, *The Dialectical Imagination*, cit., p. 11-7.

por Hitler, foi colaborador da revista teórica de Hilferding, *Die Gesellschaft* [Sociedade]. Adorno, por outro lado, como caçula do trio, não tinha nenhum vínculo pessoal com a vida política socialista. O ceticismo da nova equipe do instituto em relação às perspectivas da luta de classes na Alemanha, em um momento em que tanto o Partido Social-Democrata quanto o Partido Comunista apregoavam confiança no futuro, foi demonstrado desde o começo da gestão de Horkheimer, com a discreta transferência de seus recursos para a Holanda, em 1931, e o estabelecimento de escritórios externos na Suíça[9].

A vitória nazista em 1933, portanto, exilou o instituto, mas não o destruiu como centro. Horkheimer conseguiu negociar sua transferência formal para os Estados Unidos em 1934, onde se vinculou à Universidade Columbia, de Nova York; e, antes do início da Segunda Guerra Mundial, todos os seus colegas mais próximos haviam se juntado a ele nos Estados Unidos. Com a emigração para esse país, o instituto foi transferido para um ambiente político destituído de um movimento de massa da classe operária que fosse ao menos formalmente comprometido com o socialismo e de qualquer tipo de tradição marxista substancial. Em seu novo ambiente, o instituto gravitou firmemente na direção da adaptação à ordem burguesa local, censurando suas próprias obras passadas e presentes para se adequar às suscetibilidades acadêmicas ou corporativas locais e realizando investigações sociológicas de caráter positivista convencional. Para que se camuflasse em seu novo hábitat, foi posto em prática um afastamento quase completo da política. Horkheimer e Adorno continuaram a nutrir mordaz hostilidade à sociedade estadunidense no plano particular, revelada depois da guerra em sua obra conjunta *Dialética do esclarecimento** (prudentemente publicada na Holanda), cujo argumento básico efetivamente equiparava o liberalismo norte-americano ao fascismo alemão. O retorno do instituto para Frankfurt em 1949-1950, entretanto, não foi suficiente para alterar a mudança fundamental sofrida nos Estados Unidos em termos de orientação e função social. Isso porque a Alemanha Ocidental era, do ponto de vista político e cultural, o país capitalista central mais reacionário da Europa no pós-guerra: suas tradições marxistas haviam sido extirpadas pelo chauvinismo nazista e pela repressão anglo-americana, seu proletariado estava temporariamente passivo e adormecido. Nesse ambiente, no qual o KPD acabou banido e o SPD abandonou formalmente qualquer conexão com o marxismo, completou-se a

---

[9] Ibidem, p. 26.

* Ed. bras.: trad. Guido de Almeida, Rio de Janeiro, Zahar, 1985. (N. E.)

despolitização do instituto: se havia sido um enclave isolado no mundo acadêmico dos Estados Unidos, era oficialmente festejado e apoiado na Alemanha Ocidental. A "teoria crítica" defendida por Horkheimer nos anos 1930 agora renunciava explicitamente a qualquer vínculo com a prática socialista. O próprio Horkheimer acabou afundando em ignominiosas apologias ao capitalismo, após sua aposentadoria[10]. Adorno, por outro lado, que se tornou diretor do instituto em 1958 e produziu seu mais pujante conjunto de obras depois da Segunda Guerra Mundial, jamais tomou esse caminho; o alheamento que manteve em relação à política, sempre maior que o de seus colegas, preservou-o disso. Em compensação, Marcuse, que acabou ficando nos Estados Unidos, manteve uma posição intransigentemente revolucionária como indivíduo, em meio a um grande isolamento intelectual e institucional, nos anos 1950 e 1960. Mas a tensão objetiva daquela situação cobrou seu preço no pensamento dele. Comprometido com os ideais políticos do marxismo clássico e, no entanto, inteiramente afastado de qualquer força social ativa em luta por eles, Marcuse nos Estados Unidos passou a teorizar uma "integração" estrutural da classe trabalhadora no capitalismo avançado e, portanto, a impossibilidade de transpor o abismo entre o pensamento socialista – assim tornado inevitavelmente "utópico" mais uma vez – e a ação proletária na história contemporânea. A ruptura entre teoria e prática, que começara silenciosamente na Alemanha do final dos anos 1920, foi consagrada de modo clamoroso no plano teórico em meados dos anos 1960 com a publicação de *O homem unidimensional**.

Antes da vitória do nazismo, a Alemanha havia sido o único grande país europeu fora da Rússia com um Partido Comunista de massas. Depois disso, a França obteve pela primeira vez um movimento comunista de proporções de massa, no período da Frente Popular. Após a Segunda Guerra Mundial, enquanto o KPD foi praticamente eliminado da Alemanha Ocidental, o PCF tornou-se a organização majoritária da classe trabalhadora na França. Essa dupla mudança transformou totalmente o equilíbrio da cultura marxista dentro da Europa. Da época da Segunda Internacional em diante, o movimento de trabalhadores francês – que no começo do século XIX havia conduzido a militância política e a criatividade intelectual no continente – ficara bem para trás no âmbito teórico em relação a seus equivalentes da Europa Central e

---

[10] Ver a entrevista concedida por ele à revista alemã *Der Spiegel*, em 6 de janeiro de 1970.

* Ed. bras.: trad. Robespierre de Oliveira, Rafael Cordeiro Silva e Deborah Christina Antunes, São Paulo, Edipro, 2015. (N. E.)

Oriental, ou mesmo da Itália. O marxismo nunca havia penetrado fundo na Seção Francesa da Internacional Operária (SFIO) nem na Confederação Geral do Trabalho (CGT). As razões para esse atraso cultural na Terceira República eram essencialmente de dois tipos: por um lado, a força das tradições nativas pré-marxistas (proudhonismo, blanquismo, anarcossindicalismo) em meio ao proletariado e, por outro, o vigor persistente do radicalismo burguês (de um tipo jacobino tardio), que ainda ancorava firmemente a intelectualidade local a sua própria classe. Quando essas duas correntes confluíam, como num líder da natureza de Jean Jaurès, o resultado era uma doutrina social de idealismo e paroquialismo pronunciados. Nenhuma contribuição significativa aos grandes debates marxistas da época pré-1914 se originou na França. Para todos os fins, *O capital* era um livro fechado para o Partido Socialista Francês (PSF); é significativo que nenhuma grande obra teórica escrita em continuidade às de Marx e Engels tenha sido traduzida na França antes da Primeira Guerra Mundial. A vitória da Entente em 1918, que confirmou a primazia da burguesia francesa e poupou a classe trabalhadora francesa do calvário da derrota, fez com que houvesse um retardo ainda maior das condições para o crescimento do marxismo como força real no país. O Partido Comunista Francês, depois de um começo aparentemente triunfal em 1920, em pouco tempo minguou a proporções relativamente modestas, contando cerca de 50 mil membros durante o resto da década; os intelectuais que atraiu eram em sua grande maioria personalidades literárias que tinham uma relação mais sentimental que científica com a herança das ideias socialistas.

Foi só depois de 1928 que o primeiro grupo de jovens intelectuais com verdadeiro interesse pelo marxismo ingressou no Partido. Esse grupo – que incluía [Paul] Nizan, [Henri] Lefebvre, [Georges] Politzer, [Norbert] Guterman e [Georges] Friedmann – cristalizara-se em torno da revolta contra a esterilidade e o paroquialismo da filosofia oficial francesa e originalmente simpatizava com o surrealismo[11]. Contudo, sua entrada no PCF coincidiu com a stalinização final do movimento comunista internacional durante o Terceiro Período. Desde o começo, portanto, sua obra teórica esteve sujeita a limitações políticas estritas. Àquela altura, todas as questões centrais relativas à análise do desenvolvimento capitalista e à condução da luta de classes eram domínio reservado – não da liderança nacional do partido na França, e sim da Comintern, na Rússia.

---

[11] Para os antecedentes históricos deste grupo, ver Henri Lefebvre, *La Somme et le reste* (Paris, La Nef de Paris, 1959), p. 389-414.

O campo para atividade intelectual dentro do marxismo havia, assim, se contraído enormemente dentro das fileiras dos partidos comunistas europeus. Politzer, após uma tentativa pioneira de fazer uma crítica marxista da psicanálise[12], tornou-se pouco mais que um obediente funcionário cultural do PCF. A verve polêmica de Nizan foi constantemente sufocada por pressões organizacionais, até que ele por fim se rebelou contra o pacto nazi-soviético e foi expulso do partido[13]. Só Lefebvre manteve, ao mesmo tempo, uma produção escrita de nível e volume relativamente elevados e a fidelidade pública ao PCF. Conseguiu fazer isso graças a uma inovação tática que mais tarde se tornou característica de muitos teóricos marxistas posteriores na Europa Ocidental: pagar a César o que era de César – lealdade política, combinada com um trabalho intelectual suficientemente dissociado dos problemas centrais da estratégia revolucionária, a fim de fugir ao controle direto ou à censura. Os principais escritos de Lefebvre nos anos 1930 eram de caráter sobretudo filosófico, num nível de abstração no limite do cabível segundo a disciplina do partido. A publicação de sua obra mais importante, *Le Materialisme dialectique* [O materialismo dialético], com uma demora de três anos em relação a sua conclusão, foi recebida com desconfiança oficial[14]; seu tom e sua temática a situam em algum ponto entre a franqueza anterior de Lukács, com seus apelos explícitos à "história", e a esquivez contemporânea de Horkheimer, com seus apelos cada vez mais elusivos à "teoria crítica". Lefebvre, embora lido por Benjamin (com quem tinha em comum a simpatia pelo surrealismo) em Paris[15], permaneceu internacionalmente isolado no final dos anos 1930; na própria França, seu exemplo era solitário.

Foi a ocupação alemã entre 1940 e 1944 que virou todo o universo político e cultural da Terceira República de cabeça para baixo e pela primeira vez

---

[12] Georges Politzer, *Critique des fondements de la psychologie* (Paris, Rieder, 1928) [ed. port: *Crítica dos fundamentos da psicologia*, 2 v., trad. C. Jardim e E. L. Nogueira, Lisboa, Presença, 1973]. Na juventude, Politzer havia testemunhado a Comuna Húngara, o que sugere uma ligação tênue com o marxismo da Europa Central.

[13] Ver o vívido ensaio de Sartre na reedição de Paul Nizan, *Aden Arabie* (Paris, Maspero, 1960) [ed. bras.: *Áden, Arábia*, trad. Bernardette Lyra, São Paulo, Estação Liberdade, 2003]; os dois eram grandes amigos.

[14] Sobre esse episódio, ver o relato autobiográfico de Lefebvre em *La Somme et le reste*, cit., p. 47.

[15] Ver o ensaio de Walter Benjamin, "Eduard Fuchs, der Sammler und der Historiker", em *Angelus Novus. Ausgewählte Schriften 2* (Frankfurt, Suhrkamp, 1966), p. 326 e 341 [ed. bras.: "Eduard Fuchs, colecionador e historiador", em *O anjo da história*, trad. João Barrento, Belo Horizonte, Autêntica, 2012]. Os contatos de Benjamin em Paris constituem um objeto importante para futuras pesquisas.

produziu as condições para uma generalização do marxismo como moeda corrente teórica na França. O PCF, que havia crescido e se tornado um partido de massas com mais de 300 mil membros nos últimos anos da Frente Popular, tornou-se, a partir de 1941, a força popular dominante na Resistência e emergiu da guerra enormemente fortalecido. Após 1945, sua prevalência organizacional em relação à classe trabalhadora francesa era esmagadora. O resultado foi um rápido crescimento de seu poder de recrutamento e atração de intelectuais. Politzer havia sido executado na Resistência; Nizan morrera em Dunquerque. Lefebvre permaneceu como o mais eminente e prolífico filósofo do Partido durante a década seguinte. Nesse período, o aumento na quantidade de intelectuais atraídos para o PCF não trouxe consigo uma produção equivalente de novas obras teóricas, em grande parte como consequência da neutralização decorrente da intensificação extrema dos controles culturais dentro do partido com o começo da Guerra Fria e pela violenta aplicação do jdanovismo, no período de seu auge, pela liderança do PCF. Assim, o maior fenômeno novo da primeira década após a Segunda Guerra foi o impacto do marxismo no meio existencialista que emergira durante a Ocupação e depois teve ampla irradiação cultural com as obras de [Jean-Paul] Sartre, [Maurice] Merleau-Ponty e [Simone de] Beauvoir. Esse impacto foi mediado pela influência de [Alexandre] Kojève, o primeiro filósofo acadêmico a introduzir sistematicamente Hegel na França antes da guerra, e cuja interpretação "existencialista" de *Fenomenologia do espírito* possibilitou depois a passagem indireta de Sartre e Merleau-Ponty para o marxismo[16]. Em 1946, os dois últimos fundaram o periódico socialista independente *Les Temps Modernes*, cuja ampla variedade de colaborações filosóficas, políticas, literárias, antropológicas e psicanalíticas rapidamente o transformou na revista teórica mais influente no país. Nem Merleau-Ponty nem Sartre foram tentados a ingressar no PCF, mas ambos buscaram, sucessivamente, manter um compromisso revolucionário ativo paralelo a ele, articulando ideias políticas que o próprio partido se recusava a admitir sem com isso se oporem a ele ou atacá-lo. Essa relação ambígua, fundamentada na crença de que o grosso da classe trabalhadora

---

[16] As aulas dadas antes da guerra por Kojève foram publicadas em 1947, como *Introduction à la lecture de Hegel*. Alexandre Kojève (Aleksandr Kojiévnikov) nasceu na Rússia em 1902 e estudou filosofia na Alemanha de 1921 a 1927, sob a influência de Jaspers e Heidegger. Em seguida, foi para a França, onde Alexandre Koyré, outro emigrante russo, levou-o a interessar-se por Hegel, sobre o qual deu aulas depois de Koyré na École Pratique des Hautes Études (EPHE) de 1934 até a Segunda Guerra Mundial.

francesa era inabalavelmente organizado por um partido que sufocava o trabalho intelectual em seu interior, finalmente levou Sartre, entre 1952 e 1954, à extraordinária tentativa de fazer uma teorização direta da prática política do PCF a partir de fora, na série de ensaios intitulada *Les Communistes et la paix* [Os comunistas e a paz][17]. Naturalmente, tal unidade "excêntrica" de teoria e prática mostrou-se impossível. A revolta húngara de 1956 levou Sartre a um rompimento espetacular com o PCF, a partir do qual ele desenvolveu sua obra teórica longe de qualquer estrutura organizacional de referência, como filósofo individual e publicista declaradamente sem contato com as massas. Enquanto isso, no próprio Partido Comunista, as repercussões do XX Congresso do PCUS e da revolta húngara por fim levaram Lefebvre a exercer oposição ativa, que em 1958 resultou em sua expulsão. Viu-se, nesses anos, a passividade política do PCF atingir o extremo durante a Guerra da Argélia.

A tímida liberalização do regime interno do partido nos anos 1960, entretanto, revelou que novas forças intelectuais haviam estado em gestação oculta. A publicação da biografia serializada de Marx e Engels por [Auguste] Cornu, a partir de 1955, já havia estabelecido um deslocamento da tradição erudita de Mehring e Riazánov para a França[18]. Mas foi o surgimento da obra de Louis Althusser, de 1960 a 1965, que assinalou uma mudança decisiva no nível de debate intelectual dentro do partido. Pela primeira vez, articulava-se dentro do arcabouço organizacional do comunismo francês um grande *sistema* teórico cujas pujança e originalidade eram admitidas até mesmo por seus oponentes mais determinados. A influência de Althusser espalhou-se muito rapidamente após 1965, tanto dentro quanto fora das fileiras do PCF, conferindo ao autor uma posição única na história do partido[19]. Entretanto, o paradoxo dessa ascendência foi seu desenvolvimento em sentido contrário ao da evolução política do próprio PCF. De fato, o pronunciado moderantismo do comunismo ocidental nos anos 1960 atingiu sua expressão máxima no programa do partido

---

[17] Publicada em tradução inglesa como *The Communists and Peace* (Londres, H. Hamilton, 1969) [publicados em edições de *Les Temps Modernes*, os ensaios no idioma original foram reunidos em *Situations VI: Problèmes du marxisme*, v. 1, Paris, Gallimard, 1964 – N. E.].

[18] Auguste Cornu, *Karl Marx et Friedrich Engels* (Paris, PUF, 1955-1970). Até o momento em que escrevo, foram publicados quatro volumes, abrangendo o período que vai até 1846 [Cornu, falecido em 1981, não chegou a publicar mais volumes da série – N. E.].

[19] As duas grandes obras de Althusser, *Por Marx* (trad. Maria Leonor F. R. Loureiro, Campinas, Editora Unicamp, 2015) e *Ler "O capital"* (2 v., trad. Nathanael C. Caixeiro, Rio de Janeiro, Zahar, 1979), foram publicadas com poucos meses de intervalo em 1965.

por uma "democracia avançada" na França, enquanto no plano internacional o PCF se distinguia pelo grau de hostilidade em relação à China e por abraçar as posições russas no conflito sino-soviético. A obra de Althusser, em contraste, definia-se como explicitamente anti-humanista no momento em que a doutrina oficial do partido francês apregoava as virtudes do humanismo como laço comum entre parceiros contratuais (comunistas, socialistas, católicos) na construção de uma democracia avançada, e o partido soviético proclamava "Tudo pelo homem" como palavra de ordem para as massas. Ao mesmo tempo, as simpatias do filósofo pela China eram maldisfarçadas. Assim, houve mais uma vez uma torção marcante na relação entre a teoria e a prática partidária: se antes esta última impusera de modo estridente a "ortodoxia" contra as inclinações "liberais" daquela, os papéis agora se invertiam, e aquela fazia uma exigência tácita de rigor contra a lassidão desta. Na nova situação, entretanto, a própria liberalização do PCF, que visava dar garantias a seus aliados e parceiros, combinava-se com a premeditada cautela pessoal de Althusser em evitar qualquer confronto direto. Nesse sentido, a posição de Althusser dentro do partido francês acabou por se assemelhar à de Lukács no Partido Comunista Húngaro depois da intervenção soviética de 1956. Em ambos os casos, um grande intelectual que tinha profundos laços biográficos com o movimento comunista se recusara a deixá-lo ou a romper com ele, fazendo uma barganha tácita com o partido para manter silêncio sobre a política propriamente dita, contanto que sua obra teórica (fossem quais fossem, ao fim, as implicações práticas desta) ficasse relativamente incólume. A viabilidade dessa acomodação mútua pressupunha considerável prestígio independente da parte de cada teórico, possibilitando uma coexistência tática à qual a organização do partido não tinha interesse em pôr fim. A ambiguidade e a tensão inerentes a esse tipo de vínculo não eram menos evidentes: particularmente no caso de Althusser, em virtude da falta de restrições coercitivas no PCF.

A escala e a velocidade extraordinárias da difusão do marxismo na Itália depois da Libertação, abrangendo não apenas o crescimento do PCI, mas também do PSI e de amplos setores não organizados da intelectualidade, não tiveram equivalente em nenhum outro país europeu. Juntamente com a recepção pós-guerra do materialismo histórico na França, isso assegurou que depois de 1945 o eixo principal da cultura marxista dentro da Europa passasse, pela primeira vez no século, da região germânica para a latina. Mas, durante as duas décadas seguintes, o desenvolvimento do marxismo italiano tomaria um rumo notavelmente diferente do marxismo francês. A Itália tinha uma tradição marxista nativa que remontava ao tempo de Engels, no fim do século XIX. A obra de Labriola havia sido herdada e retomada na geração seguinte por [Rodolfo] Mondolfo, outro filósofo que havia sido hegeliano, o qual por sua vez exercera influência direta sobre a geração de Gramsci[20]. No longo interlúdio do fascismo tinham-se incubado os escritos do cárcere do próprio Gramsci. Estes foram então descobertos, e publicados pela primeira vez de 1947 a 1949. Seu impacto foi enorme, tanto dentro do PCI quanto fora. A presença dessa herança marxista local, que culminou na grande obra de Gramsci, ajudou a imunizar o comunismo italiano contra os desastres mais extremos da Guerra Fria: o PCI resistiu muito mais ao jdanovismo que o PCF. A liderança do partido, ainda em grande parte composta de homens que haviam sido contemporâneos e colegas de Gramsci, amenizou o pior da repressão cultural típica do período do Cominform* e permitiu certa liberdade de expressão intelectual dentro da organização, contanto que esta ficasse segregada da atividade política do partido. Por outro lado, a canonização póstuma de Gramsci pelo partido serviu, ironicamente, para esterilizar a vitalidade de seu legado teórico ao marxismo italiano. A figura de Gramsci foi convertida num ícone ideológico oficial do partido, invocada em cada ocasião pública, enquanto seus escritos reais eram manipulados ou negligenciados: 25 anos após o fim da guerra, o PCI não havia produzido sequer uma edição crítica séria de suas obras. A mistura dos aromas de incenso e poeira que cercou os *Cadernos do cárcere*** levou assim a um inesperado resultado: a mais importante tendência teórica desenvolvida dentro do marxismo italiano após a Segunda Guerra Mundial representou uma reação a toda a filiação filosófica que ia de Labriola a Gramsci.

O fundador da nova escola foi Galvano Della Volpe, filósofo que entrou para o PCI em 1944 e produziu, de 1947 a 1960, uma série de obras influentes. Della Volpe, como a maioria dos intelectuais acadêmicos italianos da época pré-guerra, havia se comprometido com o fascismo. Apesar de formalmente absolvido de seu

---

[20] Para o papel de Mondolfo, ver Christian Riechers, *Antonio Gramsci, Marxismus in Italien* (Frankfurt, Europäische Verlag Anst, 1970), p. 21-4.

* Sigla russa para Escritório de Informação dos Partidos Comunistas e Operários (Информационное бюро коммунистических и рабочих партий/ *Informatsiónnoie Biúro Kommunistítcheskikh i Rabótchikh Pártii*), fórum que reunia os principais partidos comunistas europeus no pós-guerra. (N. E.)

** Ed bras.: trad. Carlos Nelson Coutinho, Luiz Sérgio Henriques e Marco Aurélio Nogueira, Rio de Janeiro, Civilização Brasileira, 1999. (N. E.)

passado pela adesão ao PCI depois do golpe de Badoglio*, seu histórico o desqualificava para exercer qualquer autoridade política dentro do partido. No entanto, as mesmas características pessoais que um dia o levaram a aceitar e justificar o Estado corporativo fizeram com que se inclinasse depois à conformidade persistente às políticas da direção do PCI. Assim, enquanto a orientação teórica de Della Volpe era manifestamente divergente da ortodoxia que prevalecia em seu partido, sua obra era totalmente destituída de carga política autônoma. Era o filósofo mais eminente de seu partido, mas também, de muitas maneiras, o mais marginal. Não surgiu nenhum sério atrito entre Della Volpe e o PCI no decorrer das duas décadas de sua filiação; da mesma forma, pouca reverência lhe foi feita pelo aparato cultural do partido. Sob sua influência, entretanto, emergiu um grupo de intelectuais mais jovens que formaram a escola mais coerente e produtiva dentro do PCI: [Giulio] Pietranera, [Lucio] Colletti, [Pietro] Rossi, [Nicolao] Merker, [Umberto] Cerroni e outros. Destes, o mais talentoso e atuante foi Colletti, que entrou para o partido em 1950, com cerca de 25 anos. Depois do XX Congresso do PCUS e da revolta húngara, a revista teórica do PCI, *Società*, foi ampliada editorialmente em 1957 pela inclusão (entre outros) de Della Volpe e Pietranera, aos quais Colletti se juntou no ano seguinte. Nesse período, os temas filosóficos da escola começaram a adquirir conotações políticas entre alguns dos membros mais jovens do grupo. Em particular, a insistência filosófica na importância da "abstração científica determinada", característica da obra de Della Volpe, podia levar a sua interpretação como algo que implicava uma análise da sociedade italiana em termos de categorias "puras" do capitalismo desenvolvido, com os correspondentes objetivos políticos "avançados" a serem perseguidos pela classe trabalhadora. Isso contrastava com a ortodoxia do PCI, que enfatizava o caráter historicamente atrasado e híbrido da sociedade italiana, à qual eram politicamente apropriadas demandas mais limitadas de tipo "democrático", em vez de socialista[21]. As tensões teóricas dentro da *Società* acabaram levando à supressão da revista pelo PCI no começo de 1962, acompanhada de um debate filosófico amplo e geral no semanário do partido, *Rinascita*, que se

---

* Referência aos eventos ocorridos na Itália em julho de 1943, que resultaram na destituição e na prisão de Benito Mussolini e na posse de um ex-aliado seu, o marechal Pietro Badoglio, como primeiro-ministro, encerrando *de jure* o regime fascista. Essas condições permitiram o restabelecimento oficial do PCI. (N. E.)

[21] Ver Franco Cassano (org.), *Marxismo e filosofia in Italia* (Bari, De Donato, 1973), p. 7-8, 14-9, 180-1. Esse volume abrange os textos dos grandes debates teóricos dentro do PCI nos anos 1950 e 1960, incluindo a controvérsia de 1962 mencionada abaixo.

iniciou com um texto acusatório à escola de Della Volpe, ao qual Colletti respondeu com aspereza. Dois anos depois, ressentido com o fracasso de qualquer democratização real na União Soviética ou nos partidos comunistas ocidentais desde 1956, Colletti deixou o PCI[22]. Sua obra principal foi produzida na década seguinte fora de qualquer estrutura organizacional.

*

Assim, de 1924 a 1968, o marxismo não "parou", como Sartre afirmaria*, mas avançou contornando infindavelmente toda e qualquer prática política revolucionária. Esse divórcio foi determinado pelo conjunto da época histórica. Em seu nível mais profundo, o destino do marxismo na Europa estava enraizado na ausência de qualquer grande levante revolucionário após 1920, exceto em países da periferia cultural, como Espanha, Iugoslávia e Grécia. Isso foi também, de modo inextricável, resultado da stalinização dos partidos comunistas, herdeiros formais da Revolução de Outubro, o que tornou impossível um trabalho teórico genuíno dentro da política, mesmo na ausência de quaisquer levantes revolucionários – os quais esse processo, por sua vez, contribuiu para impedir. A marca registrada oculta do marxismo ocidental como um todo é, portanto, ser produto da *derrota*. O fracasso da revolução socialista em se espalhar além da Rússia – causa e consequência de sua corrupção dentro da Rússia – é o fundo comum de toda a tradição teórica desse período. Suas grandes obras foram, sem exceção, produzidas em situações de isolamento político e desesperança. *História e consciência de classe***, de Lukács, foi escrito em 1923, no exílio em Viena, enquanto o terror branco grassava na Hungria após a supressão da Comuna Húngara. Os *Cadernos* de Gramsci foram escritos na prisão perto de Bari, depois que o movimento da classe trabalhadora italiana foi reprimido em definitivo pelo fascismo triunfante. As duas obras mais importantes da Escola

---

[22] {Para essa história, ver agora o próprio relato de Colletti, em "A Political and Philosophical Interview", *New Left Review*, n. 86, jul.-ago. 1974, p. 3-9. Esse texto notável é de grande importância para toda a gama de problemas teóricos e políticos discutida neste ensaio. Numerosas conclusões do texto, aliás, são semelhantes a certas teses defendidas aqui, embora, naturalmente, investidas com seu próprio grau de autoridade. Nenhum outro grande pensador da tradição do marxismo ocidental revelou a mesma lucidez de Colletti em relação a sua natureza e seus limites. Escusado dizer que não há razão para supor que ele concordaria com muitos dos argumentos ou juízos deste ensaio.}

* Em "Questão de método", escrito em 1957 e reeditado como introdução a *Crítica da razão dialética*, de 1960. Ver Jean-Paul Sartre, *Crítica da razão dialética* (trad. Guilherme João de Freitas Teixeira, Rio de Janeiro, DP&A, 2002). (N. E.)

** Ed. bras.: trad. Rodnei Nascimento, São Paulo, WMF Martins Fontes, 2012. (N. E.)

de Frankfurt foram publicadas na pior fase da reação política na Alemanha Ocidental e nos Estados Unidos após a guerra: *Minima moralia* (1951), de Adorno, no ano em que se iniciou o processo formal de banimento do KPD na Alemanha Ocidental; *Eros e civilização* (1954), de Marcuse, durante a histeria do macarthismo nos Estados Unidos. Na França, a *Crítica da razão dialética** (1960) de Sartre foi publicada após o sucesso do golpe gaullista de 1958, no auge da Guerra da Argélia, quando a massa da classe trabalhadora francesa – liderada pelo PCF – jazia entorpecida e inerte, enquanto ataques terroristas da Organização Armada Secreta (OAS) atingiam os poucos indivíduos que resistiam ativamente à guerra. Foi também nesses anos que Althusser começou a produzir seus primeiros e mais originais estudos: *Contradição e sobredeterminação*** (1962), o mais significativo deles, coincidiu com a instalação autoritária do governo presidencial direto e da consolidação política total da Quinta República. Essa série ininterrupta de derrotas políticas – para a luta da classe trabalhadora, para o socialismo – não poderia deixar de ter efeitos profundos na natureza do marxismo formado nessa era.

Ao mesmo tempo, a stalinização dos partidos criada pela Terceira Internacional, a partir do fim dos anos 1920, burocraticamente organizada e ideologicamente subordinada às políticas da URSS, deixou outra marca distintiva nele. O resultado da Segunda Guerra Mundial, conforme visto, determinou uma mudança pronunciada na configuração geográfica do marxismo como cultura ativa na Europa, com o virtual desaparecimento do comunismo como força viva em meio à classe trabalhadora da Alemanha Ocidental e a emergência e o predomínio dos partidos comunistas de massa na França e na Itália. Essas situações diferenciadas originaram grande variedade de respostas ao problema de como relacionar a teoria marxista à política proletária nas zonas em questão, mas nenhuma solução. A incorporação formal nos partidos da classe trabalhadora (Lukács, Della Volpe, Althusser), a desfiliação de tais partidos (Lefebvre, Colletti), o diálogo fraterno com eles (Sartre) ou a renúncia explícita a qualquer ligação com eles (Adorno, Marcuse) eram atitudes igualmente incapazes de unir teoria marxista e luta de massas. Pode-se dizer que, para todos esses teóricos, o movimento comunista oficial representava o polo central ou único de relação com a

---

* Eds. bras.: Theodor Adorno, *Minima moralia* (trad. Gabriel Cohn, São Paulo, Azougue, 2009); Herbert Marcuse, *Eros e civilização* (6. ed., trad. Álvaro Cabral, Rio de Janeiro, Zahar, 1975); Jean-Paul Sartre, *Crítica da razão dialética*, cit. (N. E.)

** Ed. bras.: "Contradição e sobredeterminação", em *A favor de Marx* (trad. Dirceu Lindoso, Rio de Janeiro, Zahar, 1979), p. 75-103. (N. E.)

política socialista organizada, quer eles o aceitassem, quer o rejeitassem. Duas grandes opções poderiam ser adotadas no contexto dessa relação. Primeira: o teórico poderia entrar num Partido Comunista e aceitar o rigor de sua disciplina. Nesse caso, ele poderia manter certo nível de contato, ao menos em tese, com a vida da classe trabalhadora nacional (à qual, apesar de tudo, o partido estava inevitavelmente ligado) e uma continuidade ao menos filológica com os textos clássicos do marxismo e do leninismo (cujo estudo era obrigatório dentro do partido). O preço dessa proximidade, ainda que relativa, com as realidades da luta da classe trabalhadora no cotidiano era o silêncio quanto a sua real condução. Nesse período, nenhum intelectual (ou trabalhador) ligado a um partido comunista de massas sem estar integrado a sua liderança poderia fazer o menor pronunciamento independente sobre grandes questões políticas, a menos que fosse da forma mais ambígua possível. Lukács e Althusser exemplificam essa escolha. A outra opção era permanecer fora de toda e qualquer organização partidária, como um intelectual independente. Nesse caso, não havia controle institucional sobre formas políticas de expressão, mas em compensação também não havia ancoragem na classe social que seria a beneficiária e o motivo final do trabalho teórico do marxismo. Sartre e Marcuse representam, de maneiras diferentes, variantes dessa posição. O primeiro manteve um recorde imbatível de intervenções individuais na causa do socialismo internacional – escrevendo importantes ensaios sobre França, Hungria, Argélia, Cuba, Congo, Vietnã, Tchecoslováquia –, mas sem ter nem conhecimento íntimo da herança clássica do marxismo nem impacto sobre o movimento da classe trabalhadora de seu próprio país. O segundo possuía embasamento superior nas primeiras tradições marxistas e escreveu livros extensos que, em sua forma algo oblíqua, tratavam tanto dos Estados Unidos quanto da União Soviética (*O homem unidimensional* e *Marxismo soviético: uma análise crítica**); no entanto, desenvolveu uma teoria que negava efetivamente à classe trabalhadora industrial qualquer potencial socialista ativo. Uma última alternativa foi abandonar tanto a militância quanto o discurso dentro da política: essa foi a postura de Adorno na Alemanha do pós-guerra.

A consequência desse impasse seria o silêncio premeditado do marxismo ocidental nas áreas mais fundamentais para as tradições clássicas do materialismo histórico: escrutínio das leis econômicas do movimento do capitalismo como modo de produção, análise da maquinaria política do Estado burguês, estratégia da luta de classes necessária para derrubá-lo. Gramsci é a única exceção a essa

---

* Ed. bras.: Rio de Janeiro, Saga, 1969. (N. E.)

regra, e é essa a prova de sua grandeza, aquilo que o separa de todas as outras figuras dessa tradição. E isso é lógico, pois só ele incorporava em sua pessoa uma unidade revolucionária de teoria e prática, do tipo que havia definido a herança clássica. A experiência da insurgência dos trabalhadores italianos de 1919-1920 e da liderança organizacional dentro do PCI de 1924 a 1926 permaneceu como fonte criativa de seu pensamento durante a longa prisão que o resguardou das consequências intelectuais da stalinização fora da Itália ao passo que o matou lentamente. Mesmo seus escritos, entretanto, revelam as rupturas e os limites das lutas da classe a partir da qual nasceram, bem como as circunstâncias materiais de seu cativeiro. Depois de Gramsci, nenhum outro marxista na Europa ocidental repetiria o mesmo nível de realização. A redução do espaço da obra teórica às restritas alternativas da obediência institucional ou do isolamento individual prejudicou qualquer possibilidade de relacionamento dinâmico entre o materialismo histórico e a luta socialista e impediu o desenvolvimento direto dos principais temas do marxismo clássico. Dentro dos partidos comunistas, toda discussão das economias imperialistas do pós-guerra, dos sistemas estatais do Ocidente e da condução estratégica da luta de classes era estritamente reservada à cúpula burocrática dessas organizações, ela mesma condicionada pela obediência total às posições soviéticas oficiais. Fora das fileiras do comunismo organizado, não havia dentro da massa da classe trabalhadora um ponto de apoio claro a partir do qual se pudesse desenvolver qualquer análise ou estratégia revolucionária inteligível, em decorrência fosse da predominância comunista no proletariado local (França/Itália), fosse de suas esmagadoras lealdades reformistas (Alemanha/Estados Unidos). A geração de teóricos formados pelas experiências do fascismo e da Segunda Guerra Mundial permaneceu paralisada por elas, fosse por terem tirado suas esperanças da classe trabalhadora (alemães, que não conheceram a Resistência), fosse por terem identificado essa classe, de modo inescapável, com sua representação comunista (franceses ou italianos, que haviam conhecido a Resistência). É provavelmente significativo que o membro mais jovem do grupo aqui discutido, Colletti, o único cuja formação principal data de depois do fascismo e da Resistência, também tenha sido o único teórico dessa tradição que se mostrou capaz de escrever sobre problemas políticos e econômicos da era do pós-guerra tanto com liberdade intelectual quanto com rigor profissional, após sair do PCI[23]. Mas

---

[23] Ver em especial seus ensaios "The Question of Stalin", *New Left Review*, n. 61, maio-jun. 1970; e "Introduzione", em Claudio Napoleoni e Lucio Colletti (orgs.), *Il futuro del capitalismo: crollo o sviluppo?* (Bari, Laterza, 1970), p. lxxi-cxii.

mesmo as contribuições de Colletti consistiram essencialmente em recapitulações dos balanços dos debates clássicos, e não em inovações substanciais de pleno direito. Por mais de vinte anos depois da Segunda Guerra Mundial, o histórico intelectual do marxismo ocidental em termos de teoria política ou econômica propriamente dita – na produção de grandes obras em ambos os campos – foi praticamente nulo.

As interdições institucionais representadas pelos efeitos retardados do fascismo ou pelas coações do comunismo pós-guerra, entretanto, não foram de modo nenhum a única razão para a esterilidade da teoria marxista nesses domínios, dentro da cena europeia ocidental. Isso porque foi também a época de uma consolidação objetiva sem paralelo do capital por todo o mundo industrial avançado. Economicamente, o dinamismo global do longo *boom* dos anos 1950 e 1960 foi maior que o de qualquer período anterior da história do capitalismo. O crescimento geral e maciço registrado nesse período de fato inaugurou uma nova fase no desenvolvimento do modo de produção como tal, aparentemente frustrando previsões clássicas de sua iminente decadência ou crise e apresentando problemas radicalmente novos para análise científica. A tradição da economia marxista, que encontrou seu ponto final em *Teoria do desenvolvimento capitalista*, de [Paul] Sweezy, em 1942*, havia sido efetivamente relegada ao passado no fim dessa obra, em virtude do sucesso visível da renovação keynesiana da economia dos Estados Unidos. Quando Sweezy e [Paul A.] Baran voltaram ao assunto com uma obra de fôlego vinte anos depois – *Capitalismo monopolista* –, já haviam renunciado em grande parte às categorias econômicas marxistas de feição ortodoxa[24]. A escala e a força da expansão imperialista das forças

---

* Ed. bras.: trad. Waltensir Dutra, Rio de Janeiro, Zahar, 1973. (N. E.)

[24] É bem conhecida a renúncia de Baran e Sweezy ao conceito de mais-valor, pedra angular de *O capital*, de Marx. Entretanto, menos que examinar e rejeitar conceitos como mais-valor ou composição orgânica do capital por meio de uma crítica direta, *Monopoly Capital* (Nova York, New York University Press, 1966) [ed. bras.: *Capitalismo monopolista*, trad. Waltensir Dutra, Rio de Janeiro, Zahar, 1966] se afasta tacitamente deles em direção a analogias mais vagas, frequentemente de origem um tanto keynesiana. É nesse sentido que essa obra se situa em grande parte fora dos termos e procedimentos do marxismo clássico. Deve-se observar que Baran passou um ano de formação (1930) no ambiente do Instituto de Pesquisa Social em Frankfurt; as últimas seções de *Capitalismo monopolista* revelam sinais evidentes da influência disso. Sweezy, por sua vez, já enfatizou posteriormente que em *Capitalismo monopolista* não considera a ideia de "excedente" em contradição com a de "mais-valor" em *O capital*. Ver sua declaração direta a esse respeito em *Monthly Review*, jan. 1974, p. 31-2. De modo geral, pode-se dizer que, desde a publicação de *Capitalismo monopolista* (Baran morreu pouco depois), as análises de Sweezy sobre o capitalismo dos Estados Unidos na *Monthly Review* passaram a ser feitas numa linguagem mais ortodoxa.

de produção tanto na região do Atlântico quanto na do Pacífico representaram um desafio teórico tremendo ao desenvolvimento do materialismo histórico: essa tarefa, em todas as suas dimensões, nunca foi assumida por inteiro na tradição do marxismo ocidental[25]. Ao mesmo tempo, após a Segunda Guerra Mundial também se assistiu ao estabelecimento, pela primeira vez na história do domínio burguês, da democracia representativa baseada no sufrágio universal como estrutura normal e estável do Estado em todos os principais países capitalistas – Alemanha Ocidental, Japão, França, Estados Unidos, Inglaterra, Itália. A novidade dessa ordem política como sistema duradouro e uniforme em escala internacional é muitas vezes esquecida no mundo anglo-saxão, em decorrência da relativa longevidade de sua tradição na Inglaterra e nos Estados Unidos[26]. Pode-se julgar pela ausência de qualquer teorização aprofundada ou convincente sobre ela dentro do marxismo clássico: o Estado burguês democrático como tal nunca foi objeto de nenhuma grande obra de Marx, que não viveu para ver sua realização, nem de Lênin, cujo inimigo era um tipo de Estado totalmente distinto na Rússia dos tsares. Os problemas implicados no desenvolvimento de

---

[25] A carreira enigmática de Michal Kałecki, polonês, talvez represente a maior aproximação do marxismo europeu da época às grandes transformações do capitalismo avançado. Nascido em Lodz em 1899, Kałecki – engenheiro de formação, sem qualificação formal em economia – antecipou a maioria das ideias de Keynes com seu "Esboço de uma teoria do ciclo econômico" [ed. bras.: em *Crescimento e ciclo das economias capitalistas*, org. e trad. Jorge Miglioli, São Paulo, Hucitec, 1977], em 1933, dois anos antes da publicação de *Teoria geral do emprego, do juro e do dinheiro*. Tendo emigrado para a Inglaterra via Suécia em 1935, mais tarde se tornou o primeiro economista a prever o padrão de gestão anticíclica da demanda no pós-guerra no Ocidente, com seu artigo sobre "Os aspectos políticos do pleno emprego" – ver "The Political Aspects of Full Employment", *The Political Quarterly*, n. 4, 1943 [ed. bras.: em *Crescimento e ciclo das economias capitalistas*, cit.]. Em 1955, voltou à Polônia, onde ocupou cargos acadêmicos e governamentais até pouco antes de sua morte em 1970. A ambiguidade da obra de Kałecki estava, claro, na natureza indeterminada de sua relação com o marxismo. Ainda falta realizar uma pesquisa biográfica mais profunda a esse respeito. Escritor anônimo em revistas socialistas na Polônia semiditatorial dos coronéis nos anos 1930, Kałecki parece ter sido criticado por "luxemburguismo" pelo Partido Comunista polonês, em razão de sua preocupação com os problemas da demanda efetiva e dos níveis de investimento. Na Inglaterra e nos Estados Unidos, sua obra – nunca incluída em categorias do marxismo clássico – foi recebida como uma espécie de keynesianismo de esquerda. Ainda se está por chegar a um veredicto final. As realizações de Kałecki levantam a questão da possível existência de uma tradição especificamente polonesa de economia marxista no século XX, descendente de Rosa Luxemburgo, à qual Grossmann, Moszkowska e Kałecki podem ter pertencido indiretamente, cada um a sua maneira.

[26] Na Inglaterra, o advento do sufrágio universal data somente de 1929. Na França, na Itália e no Japão, ele foi introduzido em 1945.

uma teoria política capaz de captar e analisar a natureza e os mecanismos da democracia representativa, como forma madura do poder burguês, não eram, portanto, tão menos numerosos que os apresentados pelo avanço rápido da economia capitalista mundial nas primeiras duas décadas após a guerra. Estes também foram dados como evidentes no interior da corrente principal da obra marxista no Ocidente.

3
Mudanças formais

O abandono progressivo de estruturas econômicas ou políticas como preocupações centrais da teoria foi acompanhado por uma mudança básica de todo o centro de gravidade do marxismo europeu em direção à *filosofia*. O fato mais surpreendente com relação a toda a tradição de Lukács a Althusser, de Korsch a Coletti, é a predominância esmagadora de filósofos profissionais. Socialmente, essa mudança significava que a teoria produzida na nova época se localizava cada vez mais na academia. No tempo da Segunda Internacional, Rosa Luxemburgo e Kautsky estavam unidos no desprezo pelos *Kathedersozialisten* – "socialistas de cátedra" que lecionavam nas universidades sem compromisso partidário. Os intelectuais marxistas da geração anterior à Primeira Guerra Mundial nunca estiveram integrados nos sistemas universitários da Europa Central ou Oriental. A forma de unidade política entre teoria e prática que eles representavam era incompatível com qualquer posição acadêmica. Em vez disso, eles costumavam lecionar no partido ou em escolas voluntárias para trabalhadores, como uma dentre outras atividades de uma vida de militância. Hilferding e Rosa Luxemburgo lecionavam economia política na escola do SPD em Berlim, enquanto Lênin e Riazánov davam palestras para trabalhadores bolcheviques em Longjumeau, e Bauer ministrava cursos no centro do SDAPÖ em Viena. Os primeiros teóricos do marxismo ocidental ainda conheciam essa configuração tradicional. Lukács lecionou no radical Círculo Galileu de Budapeste durante a Primeira Guerra Mundial; Korsch lecionou na escola experimental Karl-Marx em Berlim nos anos 1920. A criação do Instituto de Pesquisa Social em Frankfurt – instituição independente, porém afiliada à universidade pública local – marcou uma fase de transição na República de Weimar. Após o fim da Segunda Guerra Mundial, entretanto, a teoria marxista havia migrado praticamente em sua totalidade para as universidades – redutos de refúgio e exílio das lutas políticas do mundo exterior. Nesse período, Lukács, Lefebvre, Goldmann, Korsch, Marcuse, Della Volpe, Adorno, Colletti e Althusser ocuparam cargos de docência universitária[1]; Sartre, que ascendeu numa carreira acadêmica, abandonou-a depois que alcançou sucesso como escritor. Em todos os casos, a disciplina das cátedras que assumiram era filosofia.

*

Os determinantes externos que agiram para deslocar o foco principal da teoria marxista da economia e da política para a filosofia, e também para transferir seu local formal de assembleias de partido para departamentos na universidade, estavam inscritos na história sombria do período. Mas essa mudança nunca poderia ter ocorrido de modo tão geral e drástico se não tivesse havido também a ação de um poderoso determinante interno à própria cultura marxista. O evento decisivo no caso foi a revelação tardia da obra mais importante do jovem Marx: os manuscritos de Paris de 1844. Eles foram publicados pela primeira vez em Moscou em 1932. Seu impacto imediato foi amortecido pela vitória do nazismo em 1933 na Alemanha – país onde sua recepção provavelmente teria sido a maior na época – e pelo começo dos expurgos na Rússia em 1934. (Riazánov, que havia preparado os manuscritos para publicação em sua edição crítica das obras de Marx e Engels, foi dispensado do Instituto em Moscou pouco antes de sua publicação.) Mesmo assim, os textos provocaram profunda e duradoura impressão em três pensadores da época, de modo independente. No exílio em Moscou, Lukács trabalhou pessoalmente, sob a direção de Riazánov, na decifração dos manuscritos em 1931: a experiência, segundo seu próprio relato, transformou permanentemente sua interpretação do marxismo[2]. Em Berlim, Marcuse saudou essa publicação com um ensaio publicado em 1932 na revista *Die Gesellschaft*, que começava com a declaração retumbante de que eles colocavam "toda a teoria do 'socialismo científico' em novo patamar", e reforçou em especial sua visão de que eles demonstravam a importância crucial das

---

[1] Lukács em Budapeste; Korsch em Nova York; Marcuse em Brandeis e La Jolla; Lefebvre, Goldmann e Althusser em Paris; Adorno em Frankfurt; Della Volpe em Messina; Colletti em Roma. Só Gramsci e Benjamin – as duas vítimas do fascismo – permaneceram fora de qualquer universidade.

[2] Ver a entrevista "Lukacs on His Life and Work", *New Left Review*, n. 68, jul.-ago. 1971, p. 56-7; e o prefácio de 1967 a *History and Class Consciousness* [*História e consciência de classe*] (trad. ing. Rodney Livingstone, Londres, Merlin, 1971), p. xxxvi.

fundações filosóficas do materialismo histórico ao longo de todos os estágios da obra de Marx[3]. Em Paris, Lefebvre foi o responsável pelas primeiras traduções dos *Manuscritos* para uma língua estrangeira: sua edição, preparada em colaboração com Guterman, foi publicada em 1933; já a primeira grande obra teórica para promover uma nova reconstrução da obra de Marx como um todo, à luz dos Manuscritos de 1844, foi *Le Matérialisme dialectique* [Materialismo dialético] de Lefebvre, escrito em 1934-1935[4]. Foi no período sucessivo à Segunda Guerra Mundial, entretanto, que o efeito da descoberta das primeiras obras de Marx e sua incorporação no acervo de seu pensamento repercutiu com tudo na configuração do marxismo contemporâneo. Na Itália, Della Volpe realizou sua estreia teórica no materialismo histórico com a primeira tradução para o italiano, dos textos do jovem Marx, acompanhada de uma discussão sobre eles – não só dos *Manuscritos de Paris*, como também, mais especialmente, da *Crítica à filosofia do direito de Hegel* (1947-1950)[5]. Nesse caso também, toda a visão de Della Volpe sobre o marxismo – que veio a inspirar uma grande escola – girava em torno de uma seleção e uma interpretação particulares dos primeiros escritos filosóficos de Marx, embora muito diferente daquela de Lukács, Marcuse ou Lefebvre. Na França, foram também os novos textos do jovem Marx os responsáveis, em grande parte, por conduzir Merleau-Ponty e Sartre ao marxismo depois da Libertação: a primeira abordagem relevante de Sartre aos problemas da teoria marxista, "Matérialisme et révolution"* [Materialismo e revolução] (1947), usava essencialmente como fonte os *Manuscritos de Paris*[6]. O pico da influência dos escritos filosóficos do primeiro Marx foi

---

[3] Ver Herbert Marcuse, *Studies in Critical Philosophy* (Londres, New Left Books, 1972), p. 3-4, cujo primeiro ensaio é uma tradução do texto essencial "Fundamentos do materialismo histórico" [ed. bras.: "Fundamentos do materialismo histórico", *Ideias sobre uma teoria crítica da sociedade*, trad. Fausto Guimarães, Rio de Janeiro, Zahar, 1972].

[4] Publicado pela primeira vez em Paris, 1939; a tradução inglesa é *Dialectical Materialism* (Londres, Jonathan Cape, 1968), p. 61-167 [ed. bras.: "Materialismo dialético", *Lógica formal/Lógica dialética*, trad. Carlos Nelson Coutinho, Rio de Janeiro, Civilização Brasileira, 1975].

[5] Ver Galvano Della Volpe, *La teoria marxista dell'emancipatione umana* (1945) [A teoria marxista da emancipação humana] e *La libertà communista* (1946) [A liberdade comunista], que se concentram principalmente nos *Manuscritos de Paris*, e *Per la teoria d'un umanesimo positivo* (1947) [Por uma teoria do humanismo positivo], centrado na *Crítica à filosofia do direito de Hegel*. As traduções de Della Volpe para ambos os textos de Marx foram publicadas em 1950.

[*] Em *Situations III: lendemains de guerre* (Paris, Gallimard, 1949). (N. E.)

[6] Ver Jean-Paul Sartre, *Literary and Philosophical Essays* (trad. ing. Annette Michelson, Londres, Hutchinson, 1955), p. 123.

atingido no fim dos anos 1950, quando seus temas foram difundidos em escala mais ampla por toda a Europa Ocidental. Tanto que a primeira recusa inequívoca desses textos como constitutivos do materialismo histórico – os ensaios iniciais de Althusser – ainda os aceitavam forçosamente como ponto de partida para qualquer discussão dentro do marxismo contemporâneo[7]. Mesmo que pela via da negação, eles definiam o campo preliminar de discussão. Além disso, a própria maneira pela qual os primeiros escritos de Marx foram rechaçados então permaneceu sujeita à alteração, no longo prazo, dos pontos cardeais do marxismo que sua descoberta possibilitara. Note-se que a teoria positiva desenvolvida por Althusser, contra interpretações anteriores de Marx baseadas neles, continuou a se situar num plano tecnicamente filosófico desconhecido antes do advento desses escritos.

*

O marxismo ocidental como um todo, portanto, paradoxalmente inverteu a trajetória do desenvolvimento do próprio Marx. Enquanto o fundador do materialismo histórico avançou progressivamente da filosofia para a política e depois para a economia como terreno central de seu pensamento, os sucessores da tradição que emergiu após 1920 voltaram-se cada vez mais da economia e da política para a filosofia, abandonando o engajamento direto com as grandes preocupações do Marx maduro quase tão completamente quanto ele havia abandonado a investigação direta das questões discursivas empreendida em sua juventude. A roda, nesse sentido, parecia ter completado um ciclo. Na verdade, não ocorreu nenhuma reversão simples, nem poderia ocorrer. A própria empreitada filosófica de Marx havia sido efetuada primordialmente para ajustar contas com Hegel e seus grandes herdeiros e críticos na Alemanha, em especial Feuerbach. O objeto teórico de seu pensamento era essencialmente o sistema hegeliano. Para o marxismo ocidental, porém – apesar da importante retomada dos estudos hegelianos –, o principal objeto teórico tornou-se o pensamento do próprio Marx. Evidentemente, essa discussão nunca se restringiu aos primeiros escritos filosóficos. A presença imperiosa das obras econômicas e políticas de Marx impediu que isso ocorresse. Mas todo o conjunto de sua obra era em regra tratado como a fonte a partir da qual a análise filosófica extrairia os princípios epistemológicos de um uso sistemático do marxismo para interpretar (e transformar) o mundo – princípios que o próprio Marx nunca definiu explícita

---

[7] Em particular, "Feuerbach's 'Philosophical Manifestoes'", "On the Young Marx" e "The 1844 Manuscripts of Karl Marx", em *For Marx* (trad. ing. Ben Brewster, Londres, New Left Books, 1969).

ou completamente. Nenhum filósofo da tradição marxista ocidental jamais afirmou que o objetivo principal ou final do materialismo histórico era uma teoria do conhecimento. O pressuposto comum de praticamente todos eles, no entanto, era o de que a tarefa *preliminar* da pesquisa teórica dentro do marxismo consistia em destrinchar as regras da investigação social descobertas por Marx, mas enterradas na particularidade tópica de sua obra, e, se necessário, completá--las. O resultado foi que considerável parcela da produção do marxismo ocidental se tornou um prolongado e intrincado "Discurso do método". A primazia conferida a essa empreitada era estranha a Marx em qualquer fase de sua trajetória. O grau de preeminência dos temas epistemológicos em toda essa tradição pode ser visto nos títulos de suas obras representativas. *Marxismo e filosofia*, de Korsch, definiu a rubrica básica logo de saída. O manual publicado por Lukács no mesmo ano inicia-se com um ensaio intitulado "O que é o marxismo ortodoxo?", cuja conclusão confiante é a de que o termo se refere "exclusivamente a *método*"[8]. Esse preceito depois se refletiu fielmente no metodologismo obsessivo das obras do cânone subsequente: livros intitulados *Razão e revolução* (Marcuse), *Die Zerstörung der Vernunft* [A destruição da razão] (Lukács), *A lógica como ciência positiva* (Della Volpe), *Questão de método* e *Crítica da razão dialética* (Sartre), *Dialética negativa* (Adorno), *Ler O capital* (Althusser)*.

A natureza indireta do discurso desenvolvido por essas obras – sobre o marxismo, e não no marxismo – teve outro corolário. A linguagem na qual foram escritas veio a adquirir um tom cada vez mais especializado e inacessível. A teoria se tornou, por todo um período histórico, uma disciplina esotérica cujo jargão altamente técnico se distanciava bastante da política. A própria obra de Marx, claro, já não fora nada fácil conceitualmente, para leitores de sua época ou da posteridade. Contudo, tanto seus primeiros textos filosóficos quanto suas obras econômicas tardias (as duas partes mais difíceis de sua obra) colheram seu sistema terminológico inicial em conjuntos teóricos preexistentes – essencialmente os de Hegel e Ricardo –, procurando criticá-los e superá-los, mediante a produção de conceitos mais claros e mais próximos da realidade material: menos "hipostasiados" (no vocabulário do jovem Marx), menos "teológicos"

---

[8] Ver György Lukács, *History and Class Consciousness*, cit., p. I.

* Eds. bras. ou port.: Herbert Marcuse, *Razão e revolução* (Rio de Janeiro, Saga, 1969); Galvano Della Volpe, *A lógica como ciência positiva* (trad. António J. Pinto Ribeiro, Lisboa, Edições 70, 1984); Jean-Paul Sartre, "Questão de método", cit., e *Crítica da razão dialética*, cit.; *Dialética negativa* (trad. Marco Antonio Casanova, Rio de Janeiro, Zahar, 2009); Louis Althusser, *Ler O capital* (trad. Nathanael C. Caixeiro, Rio de Janeiro, Zahar, 1979). (N. E.)

(na linguagem do Marx maduro). Além disso, embora jamais ocultasse as dificuldades intrínsecas para o domínio de qualquer disciplina científica por parte do leitor, o Marx pós-1848 sempre procurava apresentar seu pensamento da forma mais simples e lúcida possível, a fim de maximizar sua inteligibilidade para a classe trabalhadora à qual ele se destinava. É famoso o cuidado dele, nesse sentido, com a tradução francesa de *O capital*.

Em contrapartida, a extrema dificuldade de linguagem, característica de grande parte do marxismo ocidental no século XX, nunca foi regulada pela tensão de uma relação direta ou ativa com um público proletário. Ao contrário, sua exacerbação acima do quociente mínimo necessário de complexidade lexical era o sinal de seu divórcio de qualquer prática popular. O esoterismo peculiar da teoria marxista ocidental assumiria múltiplas formas: em Lukács, dicção abstrusa e desajeitada, carregada de academicismo; em Gramsci, fragmentação dolorosa e críptica, imposta pela prisão; em Benjamin, brevidade gnômica e pouco direta; em Della Volpe, sintaxe impenetrável e autorreferência circular; em Sartre, labirinto hermético e implacável de neologismos; em Althusser, retórica sibilina e evasiva[9]. A maioria desses autores era capaz de se comunicar com clareza e de forma direta. Alguns deles – Sartre, Adorno, Benjamin – foram grandes artistas literários. Ainda assim, praticamente nenhum deles usou uma linguagem simples ou sem rodeios nas grandes obras teóricas pelas quais são normalmente lembrados. Explicações individuais ou subjetivas não dão conta desse fenômeno recorrente e coletivo. O caso de Gramsci simboliza, até mesmo por sua excepcionalidade, a regra histórica que governava esse movimento geral de afastamento da teoria em relação à linguagem marxista clássica. Os *Cadernos do cárcere*, a maior obra de toda essa tradição, foram escritos por um líder revolucionário da classe trabalhadora, e não um filósofo profissional, que vinha de uma origem social muito mais pobre e baixa que a de qualquer importante intelectual marxista da Europa, ocidental ou oriental, antes ou depois da Primeira Guerra Mundial. E no entanto eles contêm numerosos enigmas, muitos

---

[9] A dificuldade literária desses autores seria frequentemente criticada em seu próprio tempo. A edição de *Ordine Nuovo* de Gramsci foi atacada pela sua "dificuldade" pelo jornal socialista francês *L'Humanité* em 1920, acusação à qual Gramsci respondeu com uma extensa justificativa de sua prosa em *Ordine Nuovo*, 10 jan. 1920. Lukács foi acusado de "aristocratismo de estilo" por Révai em 1949: ver József Révai, *Lukacs and Socialist Realism* (Londres, Fore Publications, 1950), p. 18-9. A terminologia de Sartre foi atacada com especial vigor por Lucien Sève, em "Jean-Paul Sartre et la dialectique", *La Nouvelle Critique*, n. 123, fev. 1961, p. 79-82.

dos quais ainda não resolvidos pelos estudiosos contemporâneos, em razão da brutalidade da censura e das privações impostas pela prisão, que forçaram Gramsci a recorrer a códigos alusivos em vez de exposições coerentes[10]. Essa reclusão física, consequência da derrota na luta de classes, seria um prenúncio do isolamento que cercaria os teóricos seguintes – mais livres que Gramsci, porém mais distantes das massas. A linguagem do marxismo ocidental, nesse sentido, foi submetida a um censor histórico mais amplo: o abismo de quase cinquenta anos entre o pensamento socialista e o solo da revolução popular.

*

Esse longo divórcio, que moldou a *forma* teórica do marxismo ocidental, teve outro efeito geral impressionante. Tudo aconteceu como se a ruptura da unidade política entre a teoria marxista e a prática de massas resultasse num irresistível *deslocamento*, em direção a outro eixo, da tensão que devia tê-las ligado. Na ausência do polo magnético de um movimento revolucionário de classe, a agulha de toda a tradição tendia a oscilar cada vez mais para a cultura burguesa contemporânea. A relação original entre a teoria marxista e a prática proletária foi substituída de maneira sutil, mas firme, por uma nova relação entre teoria marxista e teoria burguesa. Sem dúvida as razões históricas dessa reorientação não se situavam apenas no déficit da prática revolucionária de massas no Ocidente. Em vez disso, o bloqueio de qualquer avanço socialista nas nações de capitalismo avançado por si determinou, de algumas maneiras fundamentais, a configuração cultural total no interior dessas sociedades. Acima de tudo, o sucesso da estabilização do imperialismo, associado à stalinização do movimento comunista, significou que grandes setores do pensamento burguês recuperaram vitalidade e superioridade relativas sobre o pensamento socialista. A ordem burguesa no Ocidente não havia exaurido seu tempo de vida histórico: sua aptidão para sobreviver a duas guerras mundiais e emergir nas duas décadas seguintes com maior dinamismo econômico que nunca se refletiu de modo inevitável em sua capacidade para a mudança e o desenvolvimento culturais. Ela ainda tinha a lealdade dos estratos intelectuais mais amplos e mais bem formados do mundo, cujo desempenho criativo continuava (com grandes variações nacionais) a ser substancial em um campo após o outro. Esse êxito

---

[10] No entanto, as condições da prisão não dão conta de justificar todas as dificuldades dos cadernos de Gramsci. Sua linguagem, como já vimos, havia sido criticada pela complexidade indevida até mesmo em Turim; além do mais, ao menos alguns dos enigmas dos *Cadernos* devem ser atribuídos às próprias contradições e incertezas intelectuais do autor, ao lidar com problemas para os quais ele nunca encontrou resposta inequívoca ou satisfatória.

naturalmente tinha certos limites fixos, ditados pela posição descendente do capitalismo em escala global, numa época em que, apesar de tudo, um terço do mundo lutou para se livrar dele. A fraqueza global da cultura socialista, contudo, prejudicada ou paralisada pelas repressões oficiais do stalinismo e pelo confinamento da revolução internacional às zonas atrasadas da Eurásia, acabou sendo muito maior. Após 1920, o marxismo como um todo avançou menos rapidamente que a cultura não marxista em grande número de disciplinas. Essa amarga realidade exerceu uma pressão fundamental e irresistível sobre o caráter do trabalho realizado no interior do materialismo histórico na Europa Ocidental.

A característica mais notável do marxismo ocidental como tradição comum é, talvez, a presença e a influência constantes de sucessivos tipos de idealismo europeu. A gama de inter-relações entre os dois sempre foi complexa, implicando ao mesmo tempo assimilação e rejeição, empréstimo e crítica. A mistura exata da resposta variava de caso a caso. Mas a configuração básica permaneceu misteriosamente semelhante dos anos 1920 até os anos 1960. Lukács escreveu *História e consciência de classe* quando ainda estava sob profundo impacto da sociologia de [Max] Weber e [Georg] Simmel e da filosofia de [Wilhelm] Dilthey e [Emil] Lask. Em particular, suas categorias-chave de "racionalização" e "consciência atribuída" derivavam de Weber; seu tratamento da "reificação" estava fortemente marcado por Simmel; enquanto sua hostilidade para com as ciências naturais – algo inteiramente estranho a toda a literatura marxista anterior – era largamente inspirada em Dilthey e na perspectiva geral do vitalismo alemão (*Lebensphilosophie*)[11]. Gramsci construiu seus *Cadernos do cárcere* em grande parte como um diálogo constante com Croce e uma crítica sistemática dele, adotando a terminologia e as preocupações do filósofo idealista que então dominava o cenário cultural na Itália, em especial sua preocupação com a história ético-política[12]; ao mesmo tempo, secundariamente, desenvolveu ideias e abordagens do crítico literário [Francesco] De Sanctis, de uma geração anterior. A obra coletiva da Escola de Frankfurt foi permeada, a partir dos anos 1930, por

---

[11] Essas influências são amplamente demonstradas no ensaio de Gareth Stedman Jones "The Marxism of the Early Lukács", *New Left Review*, n. 70, nov.-dez. 1971. Weber era amigo pessoal e colega de Lukács antes da Primeira Guerra Mundial.

[12] Sobre a complexidade da posição de Gramsci em relação a Croce e sua admiração parcial pela categoria "história ético-política" deste último, que, acreditava ele, deveria ser tomada como um "cânone empírico" para pesquisa histórica, ver Antonio Gramsci, *Il materialismo storico e la filosofia di Benedetto Croce* (Turim, Einaudi, 1966), p. 201-2, em que Gramsci chega a comparar Croce a Lênin como dois teóricos da hegemonia, tendo ambos, cada um a sua maneira, rejeitado o economicismo.

conceitos e teses da psicanálise de Freud como referência organizadora de grande parte de sua pesquisa teórica. O principal estudo de Marcuse, *Eros e civilização*, seria expressamente designado uma "interpretação filosófica do pensamento de Freud", e todo seu vocabulário de "repressão" e "sublimação", "princípio de realidade" e "princípio de desempenho", "eros" e "tânatos" movia-se dentro do universo de discurso deste último. O caso de Sartre é especial, pois, antes de sua passagem para o marxismo, ele próprio era o mais eminente filósofo existencialista na França, tendo sido formado por Heidegger e Husserl. Levou, assim, para os escritos marxistas seu próprio passado intelectual, com instrumentos e invenções característicos. O resultado foi uma passagem de muitos conceitos de *O ser e o nada** para os de *Crítica da razão dialética*: entre outros, da ideia de "facticidade" para a de "escassez", de "inautenticidade" para "serialidade", da instabilidade do "para-si/em-si" para a do "grupo em fusão"[13]. Ao mesmo tempo, entretanto, as duas principais fontes do sistema existencialista original de Sartre continuaram sendo influências ativas em seu pensamento tardio: referências ou alusões a Husserl e Heidegger abundam em seu longo estudo de Flaubert, publicado uma década depois de *Crítica da razão dialética*. A obra de Althusser foi concebida como uma polêmica aberta e radical contra seus principais predecessores – acima de tudo, Gramsci, Sartre e Lukács. Seu sistema teórico, no entanto, também devia muitos de seus termos organizadores a três pensadores idealistas díspares: os conceitos de "corte epistemológico" e "problema" foram tomados de empréstimo a [Gaston] Bachelard e [Georges] Canguilhem, um filósofo e um historiador da ciência, ambos de pronunciada tendência ao psicologismo; as ideias de "leitura sintomática" e "estrutura descentrada" foram tiradas de [Jacques] Lacan, psicanalista que combinou ortodoxia freudiana e traços heideggerianos; enquanto a cunhagem do termo "sobredeterminação", claro, foi importada diretamente de Freud[14]. Esses

---

* Ed. bras.: *O ser e o nada: ensaio de ontologia fenomenológica*, trad. Paulo Perdigão, Petrópolis, Vozes, 2015. (N. E.)

[13] Para uma exposição completa das continuidades conceituais entre *O ser e o nada* e *Crítica da razão dialética*, ver a admirável discussão em Fredric Jameson, *Marxism and Form* (Princeton, Princeton University Press, 1971), p. 230-74, a melhor análise crítica do assunto [ed. bras.: *Marxismo e forma: teorias dialéticas da literatura no século XX*, trad. Iumna Maria Simon, Ismail Xavier e Fernando Oliboni, São Paulo, Hucitec, 1985].

[14] Para as declarações do próprio Althusser em relação a suas dívidas para com Bachelard, Canguilhem e Lacan, ver, de Louis Althusser, *For Marx*, cit., p. 257, e *Reading Capital* (trad. ing. Ben Brewster, Londres/Nova York, New Left Books, 1997), p. 16. Bachelard foi orientador de doutorado de Althusser.

respectivos correlatos culturais – governando a posição topográfica do pensamento de Lukács, Gramsci, Marcuse, Sartre e Althusser – são apenas os mais importantes e proeminentes na tradição do marxismo ocidental. Podem-se encontrar relações paralelas em quase todos os seus representantes[15]. O papel central desempenhado, na obra de Goldmann, pela psicologia de [Jean] Piaget (com quem ele trabalhou na Suíça durante a guerra) é um exemplo típico. Mesmo fora do âmbito dessa tradição propriamente dita, a mesma regra tendia a manter-se: a relação de Sweezy com [Joseph] Schumpeter na teoria econômica é um caso[16]. Igualmente, a influência de um único pensador idealista podia se estender a diversos teóricos marxistas. Bachelard, por exemplo, não apenas inspirou Althusser, como era também admirado por Lefebvre, Sartre e Marcuse, que tiraram lições bem diferentes de sua obra[17]. Freud, acima de todos, foi uma descoberta comum, não só de Adorno e Marcuse, mas também de Althusser e Sartre, embora, também nesses casos, cada um adaptasse ou interpretasse seu legado em direções bem diferentes[18]. Essa afluência constante de sistemas de pensamento contemporâneos exteriores ao materialismo histórico, muitas vezes explicitamente antagônicos a ele, era algo desconhecido da teoria marxista de antes da Primeira Guerra Mundial[19]. Tratava-se de uma novidade específica e definidora do marxismo ocidental como tal.

---

[15] A principal exceção é a escola de Della Volpe na Itália. O próprio Della Volpe tomou muitos empréstimos da linguística de [Louis] Hjelmslev para sua teoria estética em *Crítica do gosto*, mas a escola como um todo permaneceu relativamente livre de influências não marxistas, se comparada a homólogos em outras partes. Essa ausência provavelmente se ligava à falta de grandes inovações temáticas que também a distinguiu, como veremos adiante.

[16] Ver Paul M. Sweezy, *The Theory of Capitalist Development*, cit., p. ix.

[17] Ver Henri Lefebvre, *La Somme et le reste*, cit., p. 142-3; Jean-Paul Sartre, *Being and Nothingness* (trad. ing. Hazel E. Barnes, Londres, Methuen & Co. Ltd., 1957), p. 600-3; Herbert Marcuse, *Eros and Civilization* (Londres, Beacon, 1956), p. 166 e 209, e *One-Dimensional Man* (Londres, Routledge & Kegan Paul, 1964), p. 249-50. Esses autores foram atraídos essencialmente pela poética de Bachelard, e não por sua epistemologia.

[18] Comparem-se Theodor Adorno, "Sociology and Psychology", *New Left Review*, n. 4-7, nov. 1967-fev. 1968; Herbert Marcuse, *Eros and Civilization*, cit., passim; Louis Althusser, "Freud and Lacan" em *Lenin and Philosophy and Other Essays* (trad. ingl. Ben Brewster, Londres, New Left Books, 1971); Jean-Paul Sartre, *Between Existentialism and Marxism* (Londres, New Left Books, 1974), p. 35-42.

[19] O impacto do darwinismo na época da Segunda Internacional talvez represente o equivalente mais próximo. Entretanto, a autoridade do evolucionismo era a de uma ciência natural, que não incidia diretamente no domínio social do materialismo histórico. Ele podia, portanto, ser aprovado ou adotado sem nenhuma modificação interna real deste último. Mesmo no caso de Kautsky, provavelmente o teórico mais suscetível à influência do darwinismo, as

A série de relações recorrentes entre grandes teóricos dessa tradição e pensadores modernos na arena da cultura não marxista constituiu, por assim dizer, o eixo horizontal de referência intelectual para o marxismo ocidental. Ao mesmo tempo, entretanto, havia também um eixo vertical de referência a distingui-lo, de um tipo em grande parte igualmente estranho às primeiras tradições marxistas. Esse eixo vertical era a construção invariável de uma ancestralidade filosófica que remontava a *antes de Marx*. Todos os principais sistemas teóricos do marxismo ocidental revelam o mesmo mecanismo espontâneo nesse aspecto. Sem exceção, eles recorreram a filosofias pré-marxistas – para legitimar, explicar ou suplementar a filosofia do próprio Marx. Este retorno compulsivo a antes de Marx em busca de uma posição estratégica, a partir da qual fosse possível interpretar o sentido da própria obra dele, foi mais uma vez um índice sugestivo da situação histórica básica do marxismo ocidental. O novo predomínio de filósofos dentro da tradição foi, conforme vimos, um dos traços da guinada que acometeu a cultura marxista depois de 1920. As linhas verticais de descendência que o marxismo ocidental agora reivindicava, para Marx e para si mesmo, deviam muito a essa ascendência profissional em seu interior. Isso porque o próprio Marx não deixara nenhuma obra sistemática de filosofia, no sentido clássico. Relegando suas primeiras teses filosóficas a manuscritos engavetados, na maturidade ele nunca mais voltou a aventurar-se em terreno puramente filosófico. Mesmo a mais importante exposição de método de sua fase madura, a introdução aos *Grundrisse*, de 1857, ficou como um fragmento programático, nunca completado nem editado para publicação. Para os sucessores imediatos de Marx, a natureza latente e parcial de sua produção filosófica havia sido compensada pelos escritos tardios de Engels, sobretudo o *Anti-Dühring*. Eles caíram, no entanto, em descrédito geral depois de 1920, quando se tornou cada vez mais óbvia a incompatibilidade de alguns de seus temas fundamentais com os problemas e as descobertas das ciências naturais. O marxismo ocidental, na verdade, começaria com duas rejeições decisivas à herança filosófica de Engels:

importações diretas não são características de seus principais trabalhos anteriores à guerra. Um episódio mais extremado desse tipo foi, claro, o recurso a Ernst Mach por parte de certos intelectuais bolcheviques, acima de tudo Bogdánov, o que incitou Lênin a escrever *Materialismo e empiriocriticismo* [ed. port.: Lisboa/Moscou, Avante!/Progresso, 1982]. Nesse caso, também, foram desdobramentos nas ciências físicas que exerceram uma atração – temporária – sobre tendências internas do marxismo. Nenhuma grande figura da terceira geração do marxismo clássico, porém, chegou a ser afetada por eles.

de Korsch e Lukács, em *Marxismo e filosofia* e *História e consciência de classe*, respectivamente. Portanto, a aversão aos últimos textos de Engels seria comum em praticamente todas as suas correntes, de Sartre a Colletti, de Althusser a Marcuse[20]. Uma vez eliminada a contribuição de Engels, entretanto, as limitações do próprio legado de Marx mostraram-se mais evidentes que antes, e a necessidade de suplementá-lo, mais urgente. O recurso, para tanto, a fontes filosóficas anteriores no interior do pensamento europeu pode ser visto, em certo sentido, como uma regressão teórica para antes de Marx. Não é acidental que a frase peremptória com a qual Marx acertou as contas com seus antepassados intelectuais – "Os filósofos apenas interpretaram o mundo de diferentes maneiras; o que importa é transformá-lo" – tenha ecoado tão pouco no marxismo ocidental, cujos filósofos estavam terminantemente afastados da unidade revolucionária de teoria e prática exigida pela 11ª tese sobre Feuerbach*. Por outro lado, uma única frase não pode derrubar séculos de pensamento. O simples ditame de Marx jamais poderia bastar para fornecer, por si só, uma nova filosofia ao materialismo histórico, nem para traçar o balanço das filosofias que o precederam. Além do mais, a própria cultura filosófica de Marx não era de modo algum exaustiva. Essencialmente fundada em Hegel e Feuerbach, não se caracterizava por qualquer tipo de proximidade com Kant ou Hume, Descartes ou Leibniz, Platão ou Tomás de Aquino, para não falar de outras figuras menores. Assim, em outro sentido, um retorno cronológico para antes de Marx não era necessariamente um recidivismo filosófico, pelo fato mesmo de que o próprio Marx nunca avaliou nem superou, de forma direta, todas as éticas, metafísicas e estéticas anteriores, nem sequer tocou em numerosas questões básicas da filosofia clássica. Havia, em outras palavras, certa legitimidade nas sucessivas tentativas empreendidas pelo marxismo ocidental para estabelecer uma ancestralidade intelectual que remontasse a antes de Marx. Pois *qualquer* desenvolvimento criativo da filosofia marxista como tal teria inevitavelmente de

---

[20] A única exceção a essa regra é o marxista italiano Sebastiano Timpanaro, que defendeu o legado filosófico de Engels com dignidade e fundamentação em seu livro *Sul Materialismo* (Pisa, Nistri-Lischi, 1970, p. 1-122). O calibre da obra de Timpanaro mais que o habilita a ser considerado em qualquer investigação abrangente do marxismo ocidental dessa época. No entanto, essa obra foi tão expressamente dirigida contra todas as demais escolas do marxismo ocidental, e representa uma posição tão à parte, que sua simples inclusão aqui poderia parecer gratuita. No entanto, nem mesmo essa obra intransigentemente original escapou a certas determinações comuns ao marxismo ocidental. Ver abaixo, cap. 4, nota 40.

* Ed. bras.: "Ad Feuerbach", em *A ideologia alemã* (trad. Rubens Enderle, Nélio Schneider e Luciano Cavini Martorano, São Paulo, Boitempo, 2007), p. 535. (N. E.)

passar por uma reconsideração da complexa história cognitiva que o próprio Marx ignorava ou evitou tratar. Os pontos de partida presentes na obra de Marx eram muito poucos e muito exíguos para que isso não fosse necessário. Ao mesmo tempo, nem é preciso ressaltar os perigos implicados no recurso prolongado às tradições filosóficas pré-marxistas: o peso terrível dos motivos idealistas ou religiosos nelas existentes já é suficientemente conhecido.

A primeira grande reinterpretação do marxismo a fazer uso central de um sistema pré-marxista para construir seu próprio discurso teórico foi o tratamento que Lukács deu a Hegel em *História e consciência de classe*. Hegel nunca fora amplamente estudado na Segunda Internacional: como regra, seus principais pensadores o consideravam um precursor remoto, porém já não relevante, de Marx, menos significativo que Feuerbach[21]. Lukács mudou radicalmente essa avaliação, elevando Hegel pela primeira vez a uma posição de total ascendência na pré-história do pensamento de Marx. A influência dessa reavaliação de Hegel seria profunda e duradoura em toda a tradição subsequente do marxismo ocidental – quer os pensadores posteriores concordassem com ela, quer não. Mas o recurso de Lukács a Hegel ia muito além dessa atribuição genealógica. Duas das mais básicas teses de *História e consciência de classe* derivavam de Hegel, e não de Marx: a noção do proletariado como o "sujeito-objeto idêntico da história", cuja consciência de classe superava, portanto, o problema da relatividade social do conhecimento; e a tendência a conceber "alienação" como objetivação externa da objetividade humana, cuja reapropriação seria um retorno a uma subjetividade interior prístina – o que permitiu a Lukács identificar a obtenção, pela classe trabalhadora, da verdadeira consciência de si mesma com a realização de uma revolução socialista. Quarenta anos depois, Lukács descreveria essas teses distintivas de *História e consciência de classe* como uma "tentativa de ser mais hegeliano que Hegel"[22]. No entanto, a reavaliação da importância de Hegel para o marxismo, iniciada por *História e consciência de classe*, encontrou muitos sucessores. Lukács procurou adiante redescobrir categorias fundamentais do pensamento de Marx no de Hegel, em vez de introduzir categorias hegelianas no marxismo. Seu estudo *O jovem Hegel* (1938) era uma empreitada muito mais acadêmica para estabelecer uma continuidade

---

[21] Ver os comentários de Lukács em *History and Class Consciousness*, cit., p. xxi. A grande exceção foi Labriola, que tinha sido um filósofo hegeliano antes de conhecer o marxismo. Daí a súbita revelação da "descoberta" de Hegel por Lênin, depois do descrédito da Segunda Internacional, em 1916.

[22] György Lukács, *History and Class Consciousness*, cit., p. xxiii.

direta entre Hegel e Marx, com base na leitura de Lukács dos *Manuscritos de 1844* em Moscou e no papel de conceitos econômicos, como o de trabalho, nos escritos iniciais de Hegel[23].

Três anos depois, Marcuse publicou *Razão e revolução* em Nova York, com o subtítulo *Hegel e o advento da teoria social** – a primeira tentativa marxista de analisar todo o desenvolvimento do pensamento de Hegel, em todas as suas fases, como preparação e precondição da obra de Marx. A fidelidade de Marcuse a essa concepção de Hegel nunca vacilou. Adorno, apesar de muito mais crítico que Lukács ou Marcuse ao idealismo objetivo como uma "filosofia de identidade", baseou explicitamente sua grande obra nos procedimentos da *Fenomenologia do espírito*: "O método de Hegel instruiu o de *Minima moralia*", declarou[24]. Na França, por outro lado, embora Sartre aceitasse atribuir a Hegel importância central na formação de Marx, acabou por reverter sua avaliação e exaltar a contribuição antitética de Kierkegaard como corretivo filosófico a Hegel dentro do marxismo. Ao mesmo tempo que sustentava que o próprio Marx havia sobrepujado a antinomia de Kierkegaard e Hegel, ele alegava que o marxismo no século XX tendera a tornar-se um neo-hegelianismo petrificado, revalidando, assim, o protesto do existencialismo em nome da experiência individual contra um sistema objetivista universalizante, o que Kierkegaard havia enunciado primeiro[25]. A própria reconstrução que Sartre faz do processo histórico como tal em *Crítica da razão dialética* assumiu como ponto de partida irredutível o indivíduo concebido nesse sentido, como termo final de qualquer classe social. Depois da *Crítica*, o único filósofo ao qual ele dedicou um estudo especial foi Kierkegaard[26].

Na Itália, Della Volpe e sua escola eram decididamente anti-hegelianos desde o começo: categoricamente negativos em sua apreciação da filosofia de Hegel e positivos em sua avaliação de que o pensamento de Marx representava um rompimento completo com Hegel. O próprio Della Volpe concebeu Marx

---

[23] *Der Junge Hegel* só foi publicado em 1948, em consequência da guerra [ed. bras.: *O jovem Hegel*, trad. Nélio Schneider, São Paulo, Boitempo, 2018].

* Ed. bras.: trad. Marília Barroso, Rio de Janeiro, Paz e Terra, 1978. (N. E.)

[24] Theodor Adorno, *Minima moralia* (trad. ing. E. F. N. Sephcott, Londres, New Left Books, 1974), p. 16.

[25] Jean-Paul Sartre, *The Problem of Method* (trad. ing. Hazel E. Barnes, Londres, Methuen, 1963), p. 8-14.

[26] Ver o importante ensaio "Kierkegaard: The Singular Universal", em Jean-Paul Sartre, *Between Existentialism and Marxism* (trad. ing. John Matthews, New Left Books, 1974) p. 146-69.

em uma linha de descendência direta de Aristóteles, passando por Galileu e Hume – todos, afirmava ele, em seu tempo tinham feito críticas a hipóstases semelhantes às de Marx em relação a Hegel[27]. Foi, no entanto, seu discípulo Colletti quem escreveu o maior ataque sistemático ao hegelianismo produzido no marxismo ocidental: *Il marxismo e Hegel* [O marxismo e Hegel]. Essa obra foi projetada como uma demonstração cabal de que Hegel era um filósofo intuitivo cristão, cujos objetivos teóricos básicos eram aniquilar a realidade objetiva e depreciar o intelecto, a serviço da religião; e que, portanto, era o exato oposto de Marx. Em contrapartida, Colletti argumentava que o verdadeiro predecessor filosófico de Marx era Kant, cuja insistência na realidade independente do mundo objetivo, para além de todos os conceitos cognitivos sobre ela, prefigurava a tese materialista da irredutibilidade do ser ao pensamento. Portanto, a epistemologia de Kant antecipou a de Marx, embora este último nunca tivesse se dado conta do tamanho de sua dívida para com ela[28]. Da mesma forma, tanto para Della Volpe quanto para Colletti, a teoria política de Marx tinha um antecedente decisivo do qual ele não se dera conta: a obra de Rousseau. Os limites filosóficos de Kant residiam em sua aceitação dos princípios de troca da sociedade liberal capitalista: era precisamente isso que Rousseau repudiava, numa crítica radicalmente democrática do Estado burguês representativo que Marx mais tarde, na essência, faria pouco mais que repetir[29].

Realinhamento não menos drástico, mas muito discrepante, de Marx ocorreu na obra de Althusser e sua escola. Menos explícita em termos filológicos, ela foi, em substância, a mais ampla assimilação retroativa de uma filosofia pré-marxista ao marxismo. Nesse caso o ancestral atribuído a Marx foi Espinosa. Para Althusser, de fato, "a filosofia de Espinosa introduziu uma revolução teórica sem precedentes na história da filosofia, provavelmente a maior revolução filosófica de todos os tempos"[30]. Quase todos os novos conceitos e ênfases

---

[27] Galvano Della Volpe, *Logica come scienza positiva* (Messina/Florença, D'Anna, 1950).

[28] Lucio Colletti, *Hegel and Marxism* (Londres, New Left Books, 1973), especialmente p. 113-38. Na época da Segunda Internacional, Mehring e outros (Adler) foram atraídos pela ética de Kant, mas nenhuma construção filosófica sistemática do tipo apresentado por Colletti havia ligado a epistemologia de Kant à de Marx.

[29] Ver Galvano Della Volpe, *Rousseau e Marx* (Roma, Editori Uniti, 1964), p. 72-7; e, para a declaração mais radical dessa visão, a introdução de Lucio Colletti a Karl Marx, *Early Writings* (trad. ingl. Rodney Livingstone e Gregor Benton, Londres, Penguin/New Left Review, 1973).

[30] Louis Althusser, *Reading Capital*, cit., p. 102. A ascendência implícita conferida a Espinosa sobre Marx teve um grande precedente, nesse caso, na Segunda Internacional. Plekhánov acreditava que o marxismo era essencialmente "uma variedade de espinosismo", escrevendo

do marxismo de Althusser, à parte os importados de disciplinas contemporâneas, foram na realidade retirados diretamente de Espinosa. A distinção categorial entre "objetos de conhecimento" e "objetos reais" é traçada a partir da famosa separação estabelecida por Espinosa entre *idea* e *ideatum* [ideia e ideado][31]. O monismo oculto que unia os dois polos desse dualismo era da mesma forma uma derivação fiel de Espinosa: a "essência geral de produção" althusseriana, comum tanto ao pensamento quanto à realidade, não passava de tradução da máxima espinosana *ordo et connexio idearum rerum idem est, ac ordo et connexio rerum* ("a ordem e a conexão das ideias é a mesma que a ordem e conexão das coisas")[32]. A radical eliminação, por Althusser, do problema filosófico das garantias de conhecimento ou verdade mais uma vez seguia o ditame espinosano *veritas norma sui et falsi* – consequência lógica de qualquer monismo rigoroso[33]. Da mesma forma, o conceito central de "causalidade estrutural" de um modo de produção em *Ler O capital* era uma versão secularizada do conceito de Deus de Espinosa como *causa immanens*[34]. Acima de tudo, o ataque apaixonado de Althusser às ilusões ideológicas da experiência imediata como algo oposto ao

---

que "O espinosismo de Marx e Engels é materialismo em forma moderna": Gueórgui Plekhánov, *Fundamental Problems of Marxism* (Londres, Lawrence & Wishart, 1929), p. 10-1 [ed. bras.: *Questões fundamentais do marxismo*, trad. J. B. Lima e Silva, Rio de Janeiro, Vitória, 1956]. Essas formulações foram fortemente atacadas por Colletti, para quem "Plekhánov era um daqueles que consideravam Marx mera extensão e aplicação de Espinosa"; ver Lucio Colletti, *From Rousseau to Lenin* (trad. ing. John Merrington e Judith White, Londres, New Left Books, 1972), p. 71. Na União Soviética dos anos 1920, [Abram] Deborin e discípulos seguiram Plekhánov ao considerarem Espinosa um "Marx sem barba". Um ponto a ser notado é que Marx, que era muito pouco familiarizado com a obra de Kant e de Descartes, havia lido Espinosa atentamente na juventude: entretanto, não há muitos sinais de que tenha sido influenciado por ele em algum aspecto relevante. Apenas um punhado de referências a Espinosa, de tipo banal, pode ser encontrado na obra de Marx.

[31] Louis Althusser, *Reading Capital*, cit., p. 40, é peremptório nesse ponto. Para Espinosa, *Idea vera est diversum quid a suo ideato: nam aliud est circulus, aliud idea circuli* [A ideia verdadeira é algo diverso de seu ideado, porque uma coisa é o círculo, outra, a ideia do círculo]; em *De Emendatio Intellectus* [ed. bras.: *Tratado da emenda do intelecto*, trad. Cristiano Novaes de Rezende, Campinas, Editora Unicamp, 2015].

[32] Comparem-se Louis Althusser, *For Marx*, cit., p. 169, e *Reading Capital*, cit., p. 216, a Espinosa, *Ética*, II, proposição VII [ed. bras.: trad. Tomaz Tadeu, Belo Horizonte, Autêntica, 2009].

[33] Louis Althusser, *Reading Capital*, cit., p. 59-60. "A verdade é o critério tanto de si mesma quanto da falsidade": Espinosa, *Ética*, II, prop. XLIII, *scholium*.

[34] Louis Althusser, *Reading Capital*, p. 187-9. *Deus est omnium rerum causa immanens, non vero transiens* ("Deus é a causa imanente, não transiente, de todas as coisas"): Espinosa, *Ética*, I, prop. XVIII.

conhecimento científico próprio da teoria e a todos os conceitos de homens ou de classes como sujeitos conscientes da história, em vez de "suportes" involuntários de relações sociais, era uma reprodução exata da denúncia de Espinosa da *experientia vaga* como fonte de todo erro e de sua insistência implacável em que a ilusão arquetípica é a crença dos homens de que são livres em sua volição, quando na verdade são permanentemente governados por leis das quais não têm consciência: "Sua ideia de liberdade é simplesmente sua ignorância de qualquer causa para suas ações"[35]. O determinismo implacável de Espinosa terminava com a conclusão de que mesmo na sociedade menos opressora o poder da ilusão nunca poderia ser abandonado: "Aqueles que acreditam que um povo ou que homens divididos em decorrência de questões públicas podem ser induzidos a viver somente pela razão estão sonhando com a idade de ouro do poeta ou com um conto de fadas"[36]. Althusser também adaptaria esse último princípio: mesmo numa sociedade comunista, os homens ainda estariam imersos nas fantasias da ideologia como o meio necessário de sua experiência espontânea. "Todas as sociedades humanas secretam ideologia como elemento e atmosfera indispensáveis a sua respiração e sua vida histórica."[37] A inclusão sistemática de Espinosa no materialismo histórico por Althusser e seus discípulos foi a mais ambiciosa tentativa intelectual de construir uma ascendência filosófica anterior para Marx e, a partir dela, desenvolver bruscamente novas direções teóricas para o marxismo contemporâneo[38]. Em um único aspecto importante Althusser voltou-se para outra direção em busca de relações significativas na história da filosofia. A relativa indiferença de Espinosa à história levou Althusser a complementar a ancestralidade de Marx com uma linha

---

[35] *Haec ergo est eorum libertatis idea, quod suarum actionum nullam cognoscant causam*: ver Espinosa, *Ética*, II, prop. XXXV, *scholium*. A quarta parte da *Ética* é, claro, intitulada *De servitute humana, seu de affectum viribus* – "Sobre a servidão do homem, ou o poder das emoções", tema central na obra de Althusser, na qual se faz a transcrição de "emoções" para "ideologia". Ver Louis Althusser, *For Marx,* cit., p. 232-5, e *Reading Capital*, cit., p. 180.

[36] Espinosa, *Tratado teológico-político*, I, 5 [ed. bras.: trad. Diogo Pires Aurélio, São Paulo, Martins, 2008].

[37] Louis Althusser, *For Marx,* cit., p. 232.

[38] {Após a escrita deste parágrafo, Althusser reconheceu pela primeira vez sua dívida para com Espinosa. Ver *Elements d'Autocritique* (Paris, Hachette, 1974), p. 65-83. Entretanto, sua exposição a respeito é vaga e genérica, caracteristicamente carente de referências textuais e correspondências específicas. Portanto, não consegue revelar a real extensão da transposição do mundo de Espinosa para sua obra teórica. Estudos filológicos mais aprofundados não teriam muita dificuldade para documentar isso.}

secundária de descendência desde Montesquieu, numa relação muito semelhante à de Kant com Rousseau na genealogia de Colletti. O *Espírito das leis* de Montesquieu foi creditado por Althusser com a importantíssima descoberta do conceito de totalidade social "determinada em última instância" por um nível preponderante em seu interior, que mais tarde seria cientificamente fundamentado por Marx em *O capital*[39].

Esses retornos sucessivos para além de Marx têm sido os casos mais pronunciados e influentes no marxismo ocidental. Mas eles não esgotam a lista. Goldmann, como se sabe, selecionou Pascal como precursor fundamental da teoria dialética em *Le Dieu caché* [O deus escondido][40]. Lefebvre, na juventude, optou por Schelling como progenitor filosófico[41]. De forma mais profunda e mais subterrânea, Adorno e Horkheimer provavelmente também foram inspirados por Schelling, em sua introdução do conceito de "natureza caída" no marxismo[42]. Marcuse, por sua vez, recorreu ao esteticismo de Schiller para sua concepção de uma futura sociedade comunista[43]. Em alguns casos, novamente, um único filósofo podia ser respeitado por diversos pensadores da tradição marxista ocidental. Nietzsche, por exemplo, que era anátema para Lukács, seria paradoxalmente saudado por Adorno e Sartre, Marcuse e Althusser[44]. Contudo, a mais eloquente evidência de uma regularidade invisível a atravessar todo o campo do

---

[39] Louis Althusser, *Politics and History* (trad. ingl. Ben Brewster, Londres, New Left Books, 1973), p. 52-3 e seg.

[40] Lucien Goldmann, *The Hidden God* (trad. ingl. Philip Thody, Londres, Routledge and Kegan Paul, 1964), p. 243-4, 251-2, 300-2. Goldmann antes havia selecionado Kant como o principal precursor da ideia marxista de totalidade; ver Lucien Goldmann, *Immanuel Kant* (trad. ingl. Robert Black, Londres, New Left Books, 1971).

[41] Henri Lefebvre, *La Somme et le reste*, cit., p. 415-24; esse episódio, em si de pouca importância para a obra posterior de Lefebvre, é de outras maneiras bastante revelador quanto à conformação mais ampla dessa tradição. Lefebvre relata que ele e Politzer sentiram muita falta de ancestrais adequados e, por isso, se dispuseram conscientemente a tentar achar um que lhes fosse adequado; ao fim, acabaram se decidindo por Schelling.

[42] A ressurgência dessa noção oculta na cultura da esquerda alemã é ainda um problema para pesquisa. Provavelmente o primeiro a se interessar por ele foi Ernst Bloch.

[43] Herbert Marcuse, *Eros and Civilization*, cit., p. 185-93.

[44] Compare-se György Lukacs, *Der Zerstorund der Vernunft* (Berlim, Aufbau, 1953), p. 244-317 (o único tratamento extenso), aos comentários de Theodor Adorno, "Letters to Walter Benjamin", *New Left Review*, n. 81, set.-out. 1973, p. 11; de Jean-Paul Sartre, *Saint Genet: Actor and Martyr* (trad. ingl. Bernard Frechtman, Londres, W. H. Allen, 1964), p. 346-50 [ed. bras.: *Saint-Genet, ator e mártir*, trad. Lucy Magalhães, Petrópolis, Vozes, 2002]; de Herbert Marcuse, *Eros and Civilization*, cit., p. 119-24; e de Louis Althusser, *Lenin and Philosophy*, cit., p. 181 [ed. port: *Lenine e a filosofia*, Lisboa, Estampa, 1974].

marxismo ocidental, por mais agudos que sejam os contrastes e as oposições em seu interior, talvez seja o caso de Gramsci. Gramsci, afinal, foi o grande teórico do Ocidente que não era filósofo, mas político. Nenhum interesse puramente profissional poderia tê-lo impelido a buscar uma linhagem para Marx. Entretanto, ele também organizou sua obra mais original em torno de um precursor: Maquiavel. Para Gramsci, o mais convincente ancestral do passado pré-marxista não era necessariamente um filósofo clássico, e sim um teórico político como ele próprio. A extensão e o tipo de empréstimos que Gramsci extrai de Maquiavel, contudo, são totalmente homólogos aos de outros pensadores do marxismo ocidental. Ele também levou termos e temas diretamente do sistema estabelecido anteriormente pelo florentino para seu trabalho. Nos *Cadernos do cárcere*, o próprio partido revolucionário se tornava uma versão moderna do "Príncipe", cujo poder unitário era exortado por Maquiavel. O reformismo é interpretado como uma visão "corporativa" semelhante à das cidades italianas, cuja estreiteza divisionista Maquiavel havia atacado. O problema do "bloco histórico" entre proletariado e campesinato é visto por intermédio da prefiguração dos planos de Maquiavel para uma "milícia" popular florentina. Os mecanismos da dominação burguesa são analisados do princípio ao fim nos disfarces de "força" e "fraude", as duas formas do Centauro de Maquiavel[45]. A tipologia de sistemas de Estado deriva da tríade "território", "autoridade" e "consentimento". Para Gramsci, o pensamento de Maquiavel "também poderia ser chamado de 'filosofia da práxis'"[46], sua nomenclatura que adotou para se referir ao marxismo enquanto esteve na prisão. Assim, até mesmo o maior, e menos típico, de seus representantes confirma as regras generativas do marxismo ocidental.

*

A unidade operacional que delimitava o campo do marxismo ocidental como um todo, com seu deslocamento geral de eixos, não impediu, claro, divisões subjetivas e grandes antagonismos em seu interior. Estes, na verdade, contribuíram em grande medida para a variedade e a vitalidade interna dessa tradição, depois que suas fronteiras externas foram historicamente demarcadas. É característico do marxismo ocidental, entretanto, o fato de nunca ter produzido uma cartografia adequada ou precisa de sua própria paisagem intelectual. Essa lacuna é consequência lógica de um dos traços mais marcantes e paradoxais da nova

---

[45] Antonio Gramsci, *Prison Notebooks* (org. e trad. Quintin Hoare e Geoffrey Nowell Smith, Londres, Lawrence and Wishart, 1971), especialmente p. 125-43, 147-8, 169-75.
[46] Ibidem, p. 148.

cultura teórica que se desenvolveu depois de 1920: a *falta de internacionalismo*. Também esse padrão marcou um afastamento radical dos cânones do marxismo clássico. Já vimos como mesmo Marx e Engels trocavam correspondência e polemizavam com socialistas de toda a Europa e de fora dela. Seus sucessores teóricos da Segunda Internacional estavam muito mais enraizados em seus contextos políticos nacionais que os fundadores do materialismo histórico; eles, contudo, também formaram, ao mesmo tempo, uma arena integrada de debate socialista internacional. Na geração seguinte a Marx e Engels, a recepção da obra de Labriola talvez constitua o exemplo mais eloquente da comunicação continental daquela época. Sendo o primeiro teórico marxista a emergir na zona politicamente atrasada e esquecida do Sul da Europa, Labriola tornou-se conhecido com extraordinária velocidade, de Paris a São Petersburgo. De fato, seu grande primeiro ensaio foi encomendado na França por [Georges] Sorel para *Le Devenir Social* em 1895; em menos de um ano, a revista alemã *Die Neue Zeit*, sob Kautsky, registrava a publicação do artigo e o louvava; em 1897, Plekhánov publicou uma longa resenha dos escritos de Labriola na *Nóvoie Slovo*, na Rússia; alguns meses depois, Lênin pedia à irmã que o traduzisse para o russo; e, em 1898, foi publicada uma tradução russa. A geração seguinte de marxistas formou uma comunidade ainda mais internacionalista de pensadores e militantes, cujos apaixonados debates teóricos eram em grande medida informados pelo estudo completo e minucioso das obras uns dos outros. A controvérsia sobre *A acumulação de capital*, de Rosa Luxemburgo, é um exemplo impressionante. Foi sem dúvida esse pano de fundo que fez da criação disciplinada da Terceira Internacional o ponto culminante e disruptivo da experiência histórica anterior do movimento da classe trabalhadora do continente.

Com a vitória do "socialismo de um só país" na URSS, entretanto, seguida pela progressiva burocratização da Comintern e pelas perspectivas nacionalistas finais adotadas pelo comunismo europeu durante e após a Segunda Guerra Mundial, o esquema dominante da discussão marxista passou por uma mudança fundamental. A partir de então, ela prosseguiu a distância cada vez maior não só da militância política, mas também de qualquer horizonte internacional. A teoria contraiu-se gradualmente em compartimentos nacionais, isolados uns dos outros por relativa indiferença ou ignorância. Esse desdobramento foi mais estranho pelo fato de que a esmagadora maioria dos novos teóricos – como vimos – eram especialistas acadêmicos situados nos níveis mais elevados de seus respectivos sistemas universitários, em princípio dotados tanto de competências linguísticas como de tempo disponível para o estudo sério e o conhecimento dos sistemas intelectuais existentes fora de seu próprio país. Na verdade, porém, os filósofos dessa tradição – complexos e abstrusos como nunca em seus respectivos idiomas – eram, quase sem exceção, profundamente provincianos e desinformados a respeito das culturas teóricas dos países vizinhos. O espantoso é que, em todo o *corpus* do marxismo ocidental, não haja uma única avaliação séria nem sequer uma crítica consistente da obra de um grande teórico por outro que revele conhecimento textual minucioso ou cuidado analítico mínimo em seu tratamento. Na melhor das hipóteses, existem acusações infundadas e apressadas ou elogios ocasionais, sempre fruto de leituras desatentas e superficiais. Exemplos típicos desse descaso mútuo são os poucos e vagos comentários direcionados por Sartre a Lukács; as observações dispersas e anacrônicas de Adorno sobre Sartre; a invectiva virulenta de Colletti contra Marcuse; a confusão amadorista que Althusser fez entre Gramsci e Colletti; o repúdio peremptório de Althusser por Della Volpe[47]. Todos esses foram comentários meramente incidentais em obras cujo objetivo principal é outro. Não há um caso sequer no marxismo ocidental de pleno engajamento ou conflito teórico de um pensador ou de uma escola com outro, muito menos o controle de todo o raio de ação internacional da tradição como tal. Isso ocorre até nos casos de relação entre mentor e discípulo: a ligação de Goldmann aos primeiros trabalhos de Lukács, por exemplo, nunca foi acompanhada pelo menor interesse crítico ou pelo estudo de sua obra mais tardia. O resultado desse paroquialismo e dessa indiferença generalizada em relação a *corpora* de pensamento extranacionais foi o impedimento de qualquer autopercepção coerente ou lúcida do plano geral do marxismo ocidental como um todo. A falta de familiaridade de cada teórico com o próximo manteve em opaca obscuridade o real sistema de relações e distinções entre eles.

*

Isso não quer dizer que não tivesse havido tentativas de traçar linhas de batalha claras dentro do campo do marxismo ocidental. Pelo menos duas delas foram feitas nos anos 1960, respectivamente por Althusser e Colletti. Ambas se basearam em formar um amálgama indiscriminado de todos os sistemas que não fossem seu próprio num único bloco filosófico e rejeitá-lo como um conjunto derivado de Hegel e por ele viciado, além da afirmação de que apenas o trabalho

---

[47] Jean-Paul Sartre, *The Problem of Method*, cit., p. 21, 37-9, 52-4; Theodor Adorno, *Negative Dialectics* (trad. ing. E. B. Ashton, Londres, Routledge and Kegan Paul, 1973), p. 49-51; Lucio Colletti, *From Rousseau to Lenin*, cit., p. 128-40; Louis Althusser, *Reading Capital*, cit., p. 134-8; Galvano Della Volpe, *Critica dell'ideologia contemporanea* (Roma, Editori Riuniti, 1967), p. 25-6n, 34-5n, 37n.

deles mesmos estava diretamente ligado a Marx. Afora isso, entretanto, as duas exposições do desenvolvimento do marxismo desde os anos 1920 eram mutuamente incompatíveis, visto que as categorias de Althusser incluíam explicitamente Colletti na tradição hegeliana que ele repudiava, enquanto a lógica de Colletti integrava Althusser na herança hegeliana que ele denunciava. Dessas duas construções retrospectivas, a interpretação de Althusser era mais ampla e abrangente. Para ele, as obras de Lukács, Korsch, Gramsci, Sartre, Goldmann, Della Volpe e Colletti eram todas classificáveis como variantes do "historicismo": ideologia em que a sociedade se torna uma totalidade "expressiva" circular; a história, um fluxo homogêneo de tempo linear; a filosofia, uma autoconsciência do processo histórico; a luta de classes, um combate de "sujeitos" coletivos; o capitalismo, um universo essencialmente definido pela alienação; o comunismo, um estado de verdadeiro humanismo para além da alienação[48]. Essas teses – argumentava Althusser – derivavam, na maioria, de Hegel, mediadas por Feuerbach e pelos escritos do jovem Marx: a teoria científica do materialismo histórico fundamentou-se numa ruptura radical com esses textos, realizada por Marx em *O capital*. O foco da reconstrução de Colletti, em contrapartida, era mais estreito, ainda que seu alcance fosse mais longo: para ele, o primeiro Lukács, Adorno, Marcuse, Horkheimer e Sartre estavam unidos pelo ataque comum à ciência e pela negação do materialismo, inerente à afirmação de que a contradição é um princípio da realidade, e não da razão – ao passo que o materialismo dialético ao qual aderiam o Lukács tardio e Althusser era meramente uma versão naturalista do mesmo idealismo velado. Ambos derivavam da crítica metafísica do intelecto feita por Hegel, cujo objetivo era a aniquilação filosófica da matéria[49]. Essa crítica havia sido mal compreendida e adotada por Engels em *Anti-Dühring*, fundando uma linha de descendência que constituiria um afastamento completo do materialismo racional e científico de Marx, exemplificado no método lógico de *O capital*.

Que validade pode ser atribuída a qualquer uma dessas duas apresentações? Está bastante claro que tanto a escola dellavolpeana quanto a althusseriana se distinguiram por certas características em comum que as separavam de outros sistemas do marxismo ocidental. Sua hostilidade para com Hegel – desenvolvida

---

[48] Ver Louis Althusser, *Reading Capital*, cit., p. 119-43.

[49] Lucio Colletti, *Marxism and Hegel* (trad. ing. Lawrence Garner, Londres, New Left Books, 1973), p. 181-98. Ao aceitar a dialética da natureza como único elemento de Hegel a ser salvo por seu valor, rebatizando-o de "processo sem sujeito", Althusser se situa exatamente no campo da crítica de Colletti; ver Louis Althusser, *Lenin and Philosophy*, cit., p. 117-9.

antes e mais completamente no sistema de Della Volpe – demarca de maneira óbvia sua diferença em uma tradição predominantemente mais próxima de Hegel. Ao lado disso, tinham em comum uma nova e agressiva ênfase no caráter científico do marxismo, na preeminência de *O capital* dentro da obra de Marx e na subsequente importância cardeal do pensamento político de Lênin. Ambas representaram uma reação veemente a tendências teóricas anteriores que negavam ou ignoravam muitas das afirmações da tradição clássica. Essas características não são suficientes, porém, para dividir em dois campos antitéticos todo o campo do marxismo europeu desde 1920. As polaridades simples propostas por Althusser ou Colletti são muito rudimentares e presunçosas, baseiam-se muito pouco em estudos comparativos, para representar um guia sério à complexa constelação de tendências filosóficas no marxismo ocidental, inclusive suas próprias. Não seria sequer exato falar de um espectro mais sutil ou contínuo de sistemas, em vez de uma polaridade aguçada. Isso porque as atitudes de teóricos, tomadas individualmente, com frequência coincidiram ou se sobrepuseram de maneiras desconcertantes, partindo de pontos muito diversos, o que impede seu alinhamento exclusivo a uma única posição filosófica. A própria impossibilidade de conciliar as tipologias apresentadas por Colletti e Althusser indica a aporia lógica de ambas. Assim, o tema da alienação foi tachado de arqui-hegeliano por Althusser, e a rejeição dele foi considerada precondição do materialismo científico; já Colletti, cujo ataque a Hegel foi mais radical e mais documentado que o de Althusser, preservou a centralidade do conceito de alienação na obra do Marx maduro e no materialismo histórico como ciência. Contrariamente, Colletti concentrou suas baterias na dialética da matéria em Hegel, vista como pedra de toque religiosa do idealismo deste e seu legado mais odioso ao pensamento socialista posterior; Althusser, no entanto, de fato isolou o mesmo aspecto da obra de Hegel como o único cerne viável de perspicácia científica herdado pelo marxismo.

Ademais, o entrecruzamento de linhas se estende muito além desses dois protagonistas. Grande parte do sistema de Althusser foi construída contra o de Sartre, dominante na França na virada dos anos 1960, ao passo que a maior parte da polêmica de Colletti se dirigiu contra a Escola de Frankfurt, dominante por algum tempo na Itália no fim dos anos 1960. Nenhum deles parece ter conhecido intimamente o principal adversário do outro, e o resultado foi que ambos passaram batido por certas semelhanças diagonais que tinham com eles. A crescente preocupação de Colletti com a dualidade do marxismo como "ciência ou revolução", teoria tanto das leis objetivas do capitalismo quanto da capacidade subjetiva do proletariado de derrubar o modo de produção do qual ele próprio é parte estrutural[50], estava de fato muito próxima do ponto de partida metodológico básico da investigação de Sartre. Mais impressionantes ainda eram as correspondências involuntárias entre Althusser e Adorno – os dois teóricos que aparentemente guardariam maior distância possível um do outro. A Escola de Frankfurt, desde o começo de sua formação, estava mais saturada de influência hegeliana que qualquer outra na Europa. O marxismo de Adorno, nos anos 1960, representava uma versão radical da renúncia a qualquer discurso sobre classe ou política – precisamente os objetos que receberam primazia formal no marxismo de Althusser. No entanto, a *Dialética negativa* de Adorno, primeiramente desenvolvida em conferências dadas em Paris em 1961 e completada em 1966, reproduz toda uma série de motivos que são encontrados em *A favor de Marx* e *Ler O capital*, publicados em 1965, para não falar de outros presentes em *Il marxismo e Hegel*, de Colletti, publicado em 1969. Assim, entre outros temas, Adorno afirmou explicitamente a absoluta primazia epistemológica do objeto, a ausência de qualquer sujeito geral na história, a vacuidade do conceito de "negação da negação". Atacou o foco da filosofia sobre a alienação e a reificação como ideologia da moda, passível de uso religioso; o culto das obras do jovem Marx às expensas de *O capital*; as concepções antropocêntricas de história e a suavizadora retórica do humanismo que as acompanhava; os mitos do trabalho como única fonte da riqueza social, abstraído da natureza material que é componente irredutível dele[51]. Adorno chegaria a repetir exatamente os preceitos althusserianos de que a teoria é um tipo específico de prática ("prática teórica") e de que a noção de prática deve ser definida pela teoria. "A teoria é uma forma de prática" e "a própria prática é um conceito eminentemente teórico", escreveu Adorno[52]. O teoricismo desafiador desses pronunciamentos, que de fato suprime todo o problema material da unidade de teoria e prática como vínculo dinâmico entre o marxismo e a luta revolucionária de massas ao proclamar sua identidade léxica desde o começo, pode ser tomado como lema geral do marxismo ocidental no período posterior

---

[50] Ver, por exemplo, Lucio Colletti, *From Rousseau to Lenin*, cit., p. 229-36.

[51] Ver Theodor Adorno, *Negative Dialectics*, cit., p. 183-4, 304, 158-60; 190-2, 67, 89, 177-8. Deve-se notar que a insistência de Adorno na primazia do objeto é no mínimo tão vigorosa quanto a de Colletti, o que torna um tanto fúteis os ataques genéricos deste último à Escola de Frankfurt nesse aspecto.

[52] Theodor Adorno, *Stichworte: Kritische Modelle 2* (Frankfurt, Suhrkamp, 1968), p. 171, e *Negative Dialectics*, cit., p. 144.

à Segunda Guerra Mundial. Eles indicam o terreno subjacente compartilhado pelas posições intelectuais mais disparatadas em seu interior.

É claro, aliás, que os sistemas teóricos de Althusser e Adorno eram, afora isso, notoriamente diferentes em termos de problemática e de orientação. A curiosa interseção de certos temas significativos na obra dos dois é só evidência de que um vago contraste binário entre escolas hegeliana e anti-hegeliana é inteiramente inadequado para definir as posições exatas das diferentes escolas dentro do marxismo ocidental ou as inter-relações entre elas. A própria multiplicidade de filiações filosóficas discutidas acima – que inclui não só Hegel, mas também Kant, Schelling, Espinosa, Kierkegaard, Pascal, Schiller, Rousseau, Montesquieu e outros – impede qualquer alinhamento polar desse tipo. Os vínculos colaterais de cada teórico com setores variantes da cultura burguesa contemporânea complicam ainda mais o problema das afinidades e dos antagonismos entre eles. Estes, por sua vez, foram condicionados e regulados por diversas situações políticas nacionais. Em outras palavras, é perfeitamente evidente que cada sistema dessa tradição recebeu a marca de uma *pluralidade* de determinações derivadas de horizontes e níveis diferentes das estruturas sociais e ideológicas de seu próprio tempo e do passado, produzindo uma ampla heterogeneidade de teorias, dentro dos parâmetros da conjuntura histórica básica que delimita a tradição como tal. Não cabe aqui explorar a real distribuição de relações dentro desse campo em toda sua complexidade. Para os fins deste livro, é mais importante considerar a originalidade mais pronunciada de cada sistema em relação à herança clássica do materialismo histórico da época anterior. Pois, em qualquer balanço que se faça do marxismo ocidental, o desenvolvimento de novos conceitos ou o surgimento de novos temas representam o melhor indicador crítico de sua natureza e de sua pujança como tradição.

4
Inovações temáticas

Podemos, enfim, distinguir algumas facetas gerais. A partir dos anos 1920, conforme vimos, o marxismo ocidental foi pouco a pouco inibido do confronto teórico de grandes problemas econômicos ou políticos. Gramsci foi o último de seus pensadores cujos escritos abordaram diretamente questões fundamentais da luta de classes. Contudo, nem mesmo ele escreveu a respeito da economia capitalista propriamente dita, no sentido clássico de analisar as leis de movimento do modo de produção como tais[1]. Depois dele, como regra geral, um silêncio equivalente cobriu a ordem política do domínio burguês e também os meios de derrubá-lo. O resultado foi que o marxismo ocidental como um todo, ao deixar para trás as questões de método para ocupar-se de questões de substância, passou a concentrar-se de forma esmagadora no estudo das *superestruturas*. Além disso, as ordens superestruturais pelas quais ele demonstrou interesse maior e mais constante eram as que ocupavam posições mais "elevadas" na hierarquia da distância em relação à infraestrutura econômica,

---

[1] O silêncio de Gramsci com relação a problemas econômicos foi total. No entanto, irônica e misteriosamente, um de seus amigos mais próximos e duradouros foi Piero Sraffa, que intermediou sua correspondência com o PCI fora da Itália durante seus últimos anos de prisão e foi provavelmente a última pessoa a falar de política internacional com ele, alguns meses antes de sua morte em 1937. Há certo simbolismo nessa estranha relação entre o maior pensador político marxista do Ocidente e o teórico econômico mais original do pós-guerra, com sua combinação de intimidade pessoal e distância intelectual. Parece não ter havido sequer uma ligação remota entre os universos de suas respectivas obras. A crítica que Sraffa mais tarde fez à economia neoclássica foi mais rigorosa e danosa que qualquer coisa empreendida no campo do próprio marxismo. No entanto, esse feito se deve a um retorno a antes de Marx – a Ricardo –, e o sistema que dele emergiu não foi menos inclemente para com a teoria do valor apresentada em *O capital*.

para usar a expressão de Engels. Em outras palavras, não eram o Estado ou a Lei que constituíam os objetos típicos de sua pesquisa. Era a cultura que detinha o foco de sua atenção.

Acima de tudo, no âmbito da cultura, era a *Arte* que atraía as principais energias intelectuais e os melhores dotes do marxismo ocidental. A consistência do padrão nesse sentido é impressionante. Lukács dedicou a maior parte de sua vida a trabalhos sobre literatura, produzindo uma densa lista de estudos críticos sobre o romance europeu e alemão – de Goethe e Scott a Mann e Soljenítsyn, culminando numa grande *Estética* geral –, a obra mais longa e mais ambiciosa que publicou[2]. Adorno escreveu uma dúzia de livros sobre música, entre os quais análises globais das transformações musicais do século XX e interpretações de compositores como Wagner e Mahler, além de três volumes de ensaios sobre literatura; também completou sua obra com uma *Teoria estética* geral[3]. O legado teórico mais significativo de Walter Benjamin no âmbito do marxismo foi o ensaio *A obra de arte na era de sua reprodutibilidade técnica**, e sua grande realização crítica nos anos 1930 foi um estudo de Baudelaire[4]. Além disso, ele acompanhou passo a passo os trabalhos de Brecht[5]. A obra principal de Goldmann

---

[2] György Lukács, *Aesthetik* (Berlim/Neuwied, Luchterhand, 1963). Suas obras mais importantes da crítica literária marxista traduzidas até agora para o inglês (todas, exceto a primeira, pela Merlin, de Londres) são: *Studies in European Realism* (1950) [Estudos sobre o realismo europeu]; *The Historical Novel* (1962) [ed. bras.: *O romance histórico*, trad. Rubens Enderle, São Paulo, Boitempo, 2011]; *The Meaning of Contemporary Realism* (1963) [O sentido do realismo contemporâneo]; *Essays on Thomas Mann* (1964) [Ensaios sobre Thomas Mann]; *Goethe and His Age* (1967) [ed. bras.: *Goethe e sua época*, trad. Nélio Schneider, São Paulo, Boitempo, no prelo]; *Solzhenitsyn* (1970); além do pré-marxista *Theory of the Novel* (1971) [ed. bras.: *A teoria do romance*, trad. José Marcos Mariani de Macedo, São Paulo, Editora 34/Duas Cidades, 2000].

[3] Theodor Adorno, *Aesthetische Theorie* (Frankfurt, Suhrkamp, 1970) [ed. port.: *Teoria estética*, trad. Artur Mourão, Lisboa, Edições 70, 2008]. Dos grandes estudos musicais, o único traduzido para o inglês foi *Philosophy of Modern Music* (Londres, Sheed & Ward, 1973) [ed. bras.: *Filosofia da nova música*, trad. Magda França, São Paulo, Perspectiva, 1974]. Os três volumes de *Noten zur Literatur* [Notas sobre literatura] foram publicados na Alemanha (Berlim/Frankfurt, Suhrkamp, 1958-1961).

* Ed. bras.: trad. Sergio Paulo Rouanet e outros, em *Obras escolhidas*, v. 1: *Magia e técnica, arte e política* (São Paulo, Brasiliense, 2012). (N. E.)

[4] Ver Walter Benjamin, *Illuminations*, cit., p. 219-53, e *Charles Baudelaire: A Lyric Poet in the Era of High Capitalism* (trad. ing. Hary Zohn, Londres, New Left Books, 1973) [ed. bras.: trad. Sergio Paulo Rouanet e outros, em *Obras escolhidas*, v. 3: *Charles Baudelaire, um lírico no auge do capitalismo*, São Paulo, Brasiliense, 2012].

[5] Benjamin foi, claro, um interlocutor próximo de Brecht no exílio. O pensamento estético do próprio Brecht, embora obviamente de grande importância intrínseca na história do marxismo europeu em seu tempo, sempre esteve subordinado a sua prática autoral como

foi uma análise de Racine e do jansenismo – *Le Dieu caché* –, que ao mesmo tempo expôs um cânone geral de crítica literária para o materialismo histórico; seus outros escritos exploraram o teatro moderno e o romance (Malraux)[6]. Lefebvre, por sua vez, escreveu uma *Contribution a l'esthétique* [Contribuição à estética][7]. Della Volpe produziu outra teoria estética geral, *Crítica do gosto*, além de ensaios sobre filmes e poesia[8]. Marcuse não escreveu nenhuma obra dedicada a algum artista específico, mas apresentou sistematicamente a estética como categoria central de uma sociedade livre, na qual a "arte como forma de realidade" enfim moldaria os contornos objetivos do mundo social propriamente dito[9], tema comum tanto a *Eros e civilização* quanto a *Um ensaio sobre a libertação**. O primeiro encontro de Sartre com o marxismo coincidiu com sua publicação de *Que é a literatura?***; durante a transição para um trabalho próprio no âmbito da teoria marxista, sua produção mais importante foi sobre Genet, numa época em que também escreveu sobre Mallarmé e Tintoretto[10]; e, depois que finalmente completou sua passagem para o marxismo, passou a década seguinte num estudo monumental de Flaubert – concebido numa escala maior que a soma de todas as suas obras filosóficas anteriores reunidas[11]. Nessa galeria,

---

dramaturgo e, por isso, foge ao escopo deste ensaio. Para o relacionamento de Brecht com Benjamin e com Lukács, ver Walter Benjamin, *Understanding Brecht* (trad. ing. Anna Bostock, Londres, New Left Books, 1973), p. 105-21 [ed. bras.: *Ensaios sobre Brecht*, trad. Claudia Abeling, São Paulo, Boitempo, 2017], e os ensaios traduzidos na *New Left Review*, n. 84, mar.-abr. 1974 ("Against Georg Lukacs"). As críticas que Adorno fez a Benjamin e a Brecht, por sua vez, podem ser encontradas nos textos traduzidos na *New Left Review* n. 81, set.-out. 1973 ("Letters to Walter Benjamin") e na *New Left Review*, n. 87/8, set.-dez. 1974 ("Commitment"). Esses intercâmbios complexos formam um dos debates mais fundamentais do desenvolvimento cultural do marxismo ocidental.

[6] Lucien Goldmann, *Pour une sociologie du roman* (Paris, Gallimard, 1964).
[7] Henri Lefebvre, *Contribution à l'esthétique* (Paris, Éditions Sociales, 1953).
[8] Galvano Della Volpe, *Critica del gusto* (Milão, Feltrinelli, 1960) [ed. port.: *Crítica do gosto*, trad. António Ribeiro, Lisboa, Presença, 1960]; *Il verosimile filmico* (Roma, Filmcritica, 1954).
[9] Sua declaração mais explícita pode ser encontrada no ensaio "Art as a Form of Reality", *New Left Review*, n. 74, jul.-ago. 1972.
* Ed. port.: trad. Maria Ondina Braga, Lisboa, Bertrand, 1969. (N. E.)
** Ed. bras.: trad. Carlos Felipe Moisés, Petrópolis, Vozes, 2015. (N. E.)
[10] Os estudos sobre Mallarmé e Tintoretto, dos quais só foram publicados fragmentos, tinham na verdade tamanho de livros! Ver Michel Contat e Michel Rybalka, *Les Ecrits de Sartre* (Paris, Gallimard, 1970), p. 262, 314-5.
[11] Jean-Paul Sartre, *L'idiot de la familie* (Paris, Gallimard, 1971-1972), v. 1-3 [ed. bras.: *O idiota da família*, trad. Julia da Rosa Simões (v. 1) e Ivone Benedetti (v. 2 e 3), Porto Alegre, L&PM, 2013-2015]. Existe uma estranha semelhança entre a obra de Sartre sobre Flaubert

Gramsci representa, como de costume, um caso relacionado, porém distinto. Escreveu longamente sobre literatura italiana em seus *Cadernos do cárcere*[12], mas o principal objetivo de sua investigação teórica não era o terreno da arte, e sim a estrutura total e a função da cultura para sistemas de poder político na Europa a partir do Renascimento. Assim, suas investigações mais profundas e originais foram análises institucionais da formação histórica e da divisão dos intelectuais, da natureza social da educação e do papel de ideologias intermediárias em cimentar blocos entre classes. Toda a obra de Gramsci foi incansavelmente centrada em objetos superestruturais, mas, ao contrário de qualquer outro teórico do marxismo ocidental, considerou a autonomia e a eficácia das superestruturas culturais um problema *político*, para ser explicitamente teorizado como tal, em sua relação com a manutenção ou com a subversão da ordem social. Por fim, Althusser, também, trocou o terreno do método pelo da análise substantiva para explorar questões exclusivamente superestruturais: seu ensaio mais longo desse tipo foi sobre ideologia e educação e seu ponto de partida em grande parte derivava de Gramsci; seus textos mais curtos discutiam teatro ou pintura (Brecht e Cremonini) e a natureza da arte; a única aplicação desenvolvida de suas ideias fora do campo da filosofia propriamente dita, publicada sob o selo de seu crédito pessoal, foi uma teoria da literatura[13]. O foco cultural e ideológico do marxismo ocidental predominou, portanto, uniformemente do começo ao fim. A estética, que desde o Iluminismo é a ponte mais próxima entre a filosofia e o mundo concreto, exerceu atração especial e constante sobre

---

e a de Benjamin sobre Baudelaire, apesar de todo o contraste entre o gigantismo de um e o miniaturismo do outro. O estudo de Benjamin deveria ser dividido em três partes: Baudelaire como alegorista; o mundo social de Paris, no qual ele escreveu; e a mercadoria como objeto poético, sintetizando o sentido tanto do poeta quanto do capital. O estudo de Sartre também foi projetado num esquema tripartite: a formação subjetiva da personalidade de Flaubert; o Segundo Império como campo objetivo de sua recepção como artista; e *Madame Bovary* como unidade histórica singular dos dois.

[12] O volume *Letteratura e vita nazionale* é o maior da edição da Einaudi dos *Cadernos do cárcere*, mas inclui a crítica teatral de Gramsci, antes da prisão [ed. bras.: *Literatura e vida nacional*, trad. Carlos Nelson Coutinho, Rio de Janeiro, Civilização Brasileira, 1968].

[13] Ver Louis Althusser, "Ideology and Ideological State Apparatuses" [ed. bras.: *Ideologia e aparelhos ideológicos do Estado*, trad. Joaquim José de Moura Ramos, São Paulo, Martins Fontes, 1970], "Cremonini, Painter of the Abstract", "A Letter on Art", em *Lenin and Philosophy and Other Essays*, cit.; "The 'Piccolo Teatro': Bertolazzi and Brecht", em *For Marx*, cit.; e Pierre Macherey, *Pour une théorie de la production littéraire*, na série *Théorie* (Paris, Maspero, 1966) [ed. bras.: *Para uma teoria da produção literária*, trad. Ana Maria Alves, São Paulo, Mandacaru, 1989].

seus teóricos[14]. A grande abundância e variedade do *corpus* produzido nesse domínio, bem mais rico e sutil que qualquer outra coisa da herança clássica do materialismo histórico, pode afinal mostrar-se como o proveito coletivo mais permanente dessa tradição.

*

Ao mesmo tempo, entretanto, os principais sistemas intelectuais do marxismo ocidental também geraram novos temas teóricos de maior importância para o materialismo histórico como um todo. A marca dessas concepções é sua novidade radical em relação ao legado clássico do marxismo. Elas podem ser definidas pela ausência de qualquer indicação ou previsão a seu respeito nos escritos de Marx, tanto os da juventude quanto os da maturidade, bem como na obra de seus herdeiros da Segunda Internacional. O critério pertinente aqui não é a validade dessas inovações nem sua compatibilidade com os princípios básicos do marxismo: é sua originalidade. A avaliação crítica do mérito de cada uma delas não é tarefa destas considerações – isso excederia seus limites. Por ora, será suficiente identificar as distinções conceituais mais significativas em relação às anteriores no desenvolvimento do marxismo ocidental. Qualquer tentativa desse tipo deve inevitavelmente partir de uma seleção até certo ponto arbitrária: sobretudo dentro dos limites estreitos deste ensaio, não é possível realizar nenhuma investigação exaustiva[15]. Certos temas distintivos destacam-se, no entanto, de modo inconfundível na série de questões teóricas em discussão. Eles podem ser encarados como uma enumeração mínima das contribuições *sui generis* da tradição em questão.

Nesse sentido, a primeira e mais destacada noção é a de *hegemonia*, de Gramsci. O termo propriamente dito foi retirado do movimento socialista russo; Plekhánov e Akselrod haviam sido os primeiros a empregá-lo, em discussões estratégicas da futura liderança de uma revolução na Rússia pela classe trabalhadora[16]. A adoção por Gramsci na realidade transformou esse termo em algo

---

[14] É significativo que o único trabalho de qualidade real que abarca o marxismo ocidental como um todo seja um estudo de estética: *Marxismo e forma*, de Fredric Jameson.

[15] Veremos que os grandes sistemas que não apresentaram nenhuma distinção radical em relação ao cânone da teoria marxista anterior são os fundados por Della Volpe e Lukács. Em ambos os casos, isso se deve à maior fidelidade textual aos escritos do próprio Marx (para o bem ou para o mal?). O desenvolvimento de temas como os da alienação ou da reificação no jovem Lukács não se qualificam como inovações genuínas, por mais que tenham se disseminado no marxismo ocidental que viria muito depois, pois permeiam as obras do jovem Marx.

[16] A evolução e o significado do conceito de hegemonia serão discutidos com mais vagar em futuro ensaio sobre Gramsci na *New Left Review*. [Trata-se do já citado "As antinomias de Gramsci" – N. E.]

como um conceito completamente novo no discurso marxista, com o propósito claro de teorizar as estruturas políticas do poder capitalista que não existiam na Rússia tsarista. Retomando as análises de Maquiavel sobre a força e o engano e invertendo-as tacitamente, Gramsci formulou o conceito de hegemonia para designar a força e a complexidade decisivamente maiores do domínio da classe burguesa na Europa Ocidental, que haviam impedido a repetição da Revolução de Outubro nas regiões de capitalismo avançado do continente. Esse sistema hegemônico de poder era definido pelo grau de consentimento que obtinha das massas populares que dominava e pela consequente redução na medida de coerção necessária para reprimi-las. Seus mecanismos de controle para assegurar esse consentimento residem numa rede ramificada de instituições culturais – escolas, igrejas, jornais, partidos, associações –, inculcando a subordinação passiva das classes exploradas mediante um conjunto de ideologias urdidas a partir do passado histórico e transmitidas por grupos de intelectuais auxiliares das classes dominantes. Esses intelectuais, por sua vez, poderiam ser cooptados pela classe dominante a partir de modos anteriores de produção ("tradicionais") ou gerados em suas próprias fileiras sociais ("orgânicos") como uma nova categoria. O domínio burguês também seria reforçado pela adesão de classes aliadas secundárias, fundidas num bloco social compacto sob sua liderança política. A hegemonia flexível e dinâmica exercida pelo capital sobre o trabalho no Ocidente mediante essa estrutura consensual estratificada representava uma barreira muito mais dura para o movimento socialista transpor que a encontrada na Rússia[17]. As crises econômicas, do tipo que os primeiros marxistas haviam considerado a principal alavanca da revolução sob o capitalismo, podiam ser contidas e suportadas por essa ordem política. Ela não possibilitava ataques frontais por parte de proletariado, como os havidos no modelo russo. Seria necessária uma longa e difícil "guerra de posição" para combatê-la. Com esse conjunto de conceitos, Gramsci foi o único entre os pensadores marxistas de então a buscar encontrar diretamente uma explicação teórica para o impasse histórico básico que foi origem e matriz do marxismo ocidental.

    A teoria de hegemonia de Gramsci também possuía outra peculiaridade nessa tradição. Ela se baseava não somente na participação pessoal em conflitos políticos contemporâneos, mas também numa investigação comparativa extremamente cerrada do passado europeu. Em outras palavras, era produto do

---

[17] Entre as principais passagens de Gramsci em que essas ideias são definidas, veja-se, em tradução inglesa, *Prison Notebooks*, cit., p. 229-39, 52-8, 5-14.

estudo científico de material empírico, no sentido clássico com que este era praticado pelos fundadores do materialismo histórico. Isso não ocorreria com nenhuma outra grande inovação temática do marxismo ocidental. Todas as demais seriam construções especulativas no sentido filosófico mais antigo: esquemas conceituais *a priori* para o entendimento da história, não necessariamente incongruentes com a evidência empírica, mas nunca demonstrados por meio dela em seu modo de apresentação. É característico que essas concepções careceram de qualquer periodização concreta que as articulasse a categorias historiográficas claras, do tipo que Gramsci tanto respeitava. A mais interessante e abrangente teoria desse tipo era a visão da relação entre *homem* e *natureza* desenvolvida pela Escola de Frankfurt. Suas origens remontam à filosofia de Schelling, que no meio de sua carreira havia adotado uma metafísica contraevolucionista, segundo a qual toda a história conhecida era uma regressão de um estado mais elevado para um mais baixo, de "natureza decaída", depois de uma "contração" original da divindade para longe do mundo e antes de haver, por fim, a "ressurreição" da natureza com a reunificação de divindade e universo[18]. Essa doutrina religioso-mística foi adaptada e transformada por Adorno e Horkheimer numa "dialética do esclarecimento" de cunho secular. A visão marxista clássica da marcha da história, das comunidades primitivas ao capitalismo, havia enfatizado o controle cada vez maior da natureza pelo homem, com o desenvolvimento das forças de produção como uma emancipação progressiva da sociedade humana da tirania da necessidade natural (*Naturnotwendigkeit*); os frutos dessa libertação foram confiscados por sucessivas classes exploradoras por meio da divisão social do trabalho, mas, com o advento do comunismo, os próprios produtores se reapossariam deles para criar finalmente uma sociedade de abundância generalizada, cujo domínio final da natureza seria o símbolo do "reino da liberdade". Adorno e Horkheimer converteram essa concepção afirmativa numa radicalmente interrogativa, ou até mesmo negativa. Para eles, a ruptura original do homem com a natureza e o posterior processo da crescente

---

[18] Schelling: "Será que tudo não anuncia uma vida submersa? Será que estas montanhas cresceram até o ponto em que agora estão? Será que o chão que nos suporta se elevou até chegar ao seu nível atual, ou caiu até ele? [...] Ah, não são esses escombros de magnificência humana primeva, pelos quais o viajante curioso visita as vastidões desoladas da Pérsia ou os desertos da Índia, as verdadeiras ruínas! Toda a Terra é uma enorme ruína, seus animais a habitam como fantasmas, e os homens, como espíritos, e nela muitas forças e tesouros ocultos estão guardados como que por poderes ou feitiços mágicos invisíveis". Friedrich W. J. von Schelling, *Werke*, IV Erg. Bd. (Munique, Beck, 1927), p. 135.

ascendência humana sobre ela não trouxeram necessariamente progresso na emancipação humana. O preço da dominação sobre a natureza, da qual o próprio homem era parte inseparável, foi, isso sim, uma divisão social e psíquica do trabalho que infligiu pressão ainda maior sobre os homens, ao mesmo tempo que criava um potencial cada vez maior para sua libertação. A subordinação da natureza avançou *pari passu* com a consolidação das classes e, portanto, com a subordinação da maioria dos homens a uma ordem social imposta como segunda natureza implacável, acima deles. O avanço da tecnologia até aqui não fez mais que aperfeiçoar a maquinaria da tirania.

Ao mesmo tempo, a estrutura da razão como precondição da civilização foi erigida sobre a repressão da natureza no próprio homem, criando a cisão psicológica entre ego e id que tornou possível o controle racional de seus impulsos espontâneos. O refinamento instrumental da razão na lógica e na ciência reduziu constantemente o mundo natural exterior ao homem a meros objetos quantificados de manipulação, apagando a distinção entre coisas subsistentes e conceitos cognitivos até que ela se torne uma identidade operacional. O retorno do recalcado, consequência fatal dessa supressão da natureza, acabou por atingir forma filosófica no Iluminismo, quando a própria Natureza se tornou inversamente identificada com a Razão, e, finalmente, forma política no fascismo, quando a barbárie bruta desforrou-se da civilização que a preservara secretamente, numa vingança selvagem da natureza degradada sobre a razão[19]. O refinamento da tecnologia industrial culminaria igualmente na possibilidade da autodestruição planetária: todos os seus artefatos estavam sujeitos à aniquilação por explosão ou poluição dos elementos. Assim, uma sociedade liberada deixaria de lado qualquer missão presunçosa: seu objetivo histórico seria não a dominação da natureza, mas a *reconciliação* com ela. Isso significaria o abandono da tentativa cruel e inútil de impor uma identidade entre homem e natureza por meio da subjugação desta àquele, em favor do reconhecimento tanto da distinção quanto da relação entre ambos – em outras palavras, a *afinidade* vulnerável entre eles[20]. A "queda" da natureza seria então finalmente redimida, fora e dentro do homem: mas a não identidade entre eles ainda impediria qualquer harmonia isenta de contradição entre ambos.

---

[19] Theodor Adorno e Max Horkheimer, *Dialectic of Enlightenment* (trad. ing. John Cumming, Londres, Allen Lane, 1973), esp. p. 81-119, 168-208 [ed. bras.: *Dialética do esclarecimento*, trad. Guido Antônio de Almeida, Rio de Janeiro, Jorge Zahar, 2006].

[20] Theodor Adorno, *Minima Moralia*, cit., p. 155-7; *Negative Dialectics*, cit., p. 6, 191-2, 270.

Esta temática básica era comum à Escola de Frankfurt como um todo. Marcuse, entretanto, imprimiu-lhe uma inflexão especial. Em sua obra, a natureza e a sociedade adquiriram referências mais precisas e programáticas. Para ele, na esteira de Freud, a natureza instintiva do homem era essencialmente libido sexual – Eros. Acima e além da repressão original necessária para o homem primitivo lutar contra o desejo e atingir a civilização, postulada por Freud, a estrutura da sociedade de classes gerou sucessivas formas históricas de "mais-repressão" [*surplus repression*] derivada da desigualdade e da dominação. A riqueza tecnológica do capitalismo avançado, entretanto, agora possibilitou o fim da mais-repressão, por meio da inauguração de um socialismo da abundância[21]. Com isso, o princípio do prazer (aliado a seu princípio obverso de evitar a dor, chamado por Freud de Tânatos) poderia finalmente concordar com o princípio de realidade do mundo exterior, assim que as restrições do trabalho alienado forem abolidas. A emancipação humana e a natural então coincidiriam na liberação erótica. Isso não significaria meramente uma liberação polimorfa da sexualidade, mas uma difusão do investimento libidinal no trabalho e nas relações sociais, o que conferiria a cada prática de uma existência pacificada as qualidades sensuais do jogo estético. Nesse mundo órfico para além do "princípio de desempenho" do capitalismo, a sublimação deixaria de ser repressiva; a gratificação erótica fluiria livremente por toda a vida social; e homem e natureza estariam finalmente sintonizados numa unidade harmoniosa de sujeito e objeto[22]. Essa afirmação distinguia claramente Marcuse de Adorno, cuja obra não continha essa solução sensual. Para Marcuse, contudo, o curso real da história negava esse resultado possível: o capitalismo contemporâneo realizava exatamente o inverso da verdadeira emancipação libidinal – a "dessublimação repressiva" de uma sexualidade comercializada e pseudopermissiva, represando e arrefecendo qualquer rebelião de impulsos eróticos num nível mais profundo. Destino semelhante sofrera a arte; antes crítica, agora incorporada e neutralizada numa cultura celebrada pela realidade estabelecida. A tecnologia, por sua vez, havia cessado de conter em si a possibilidade oculta de uma sociedade alternativa: o próprio avanço das forças modernas de produção havia se tornado uma involução, perpetuando relações existentes de produção. A abundância por ela criada agora meramente permite que o capitalismo integre o proletariado numa ordem social monolítica de opressão e conformismo, na qual essa classe

---

[21] Herbert Marcuse, *Eros and Civilization*, cit., p. 35-7, 151-3.
[22] Ibidem, p. 164-7, 194-5, 200-8, 116.

perdeu toda a consciência de si como classe à parte e explorada[23]. A democracia, portanto, agora é o disfarce normal da dominação, e a tolerância é um instrumento suave de manipulação em um sistema homogêneo no qual as massas – privadas de qualquer dimensão de consciência negativa – elegem mecanicamente seus próprios senhores para que as dominem.

O uso central de Freud para desenvolver uma nova perspectiva teórica dentro do marxismo, evidente na obra de Marcuse, paradoxalmente caracterizava também a de Althusser. No entanto, a seleção e a transformação de conceitos da psicanálise nesse caso foram muito diferentes. Enquanto Marcuse adaptou a metapsicologia de Freud para formular uma nova teoria dos instintos, Althusser tomou o conceito freudiano de inconsciente para construir uma nova teoria da *ideologia*. A ruptura radical de Althusser com as concepções tradicionais do materialismo histórico reside em sua afirmação sem rodeios de que "ideologia não tem história", pois, assim como o inconsciente, é "imutável" em sua estrutura e sua operação nas sociedades humanas[24]. A fonte para esse ditame era, por analogia, a obra de Freud, para quem o inconsciente era "eterno". A ideologia, para Althusser, consistia em um conjunto de representações míticas ou ilusórias da realidade, que expressa a relação imaginária dos homens com suas condições reais de existência e é inerente a sua experiência imediata: como tal, é um sistema inconsciente de determinações, e não uma forma de consciência como normalmente se concebe. A permanência da ideologia como um meio vivenciado de delusão é, por sua vez, consequência necessária de sua função social, qual seja, a de *vincular* os homens uns aos outros em sociedade, adaptando-os às posições objetivas que lhes são atribuídas pelo modo de produção dominante. A ideologia é, portanto, o cimento indispensável da coesão social, em cada período histórico. Para Althusser, a razão de ela ser inescapável como conjunto de falsas crenças e representações é que todas as estruturas sociais, por definição, são opacas para os indivíduos que ocupam um lugar dentro delas[25]. De fato, a

---

[23] Herbert Marcuse, *One-Dimensional Man*, cit., p. 60-78, xvi, 19-52.
[24] Louis Althusser, *Lenin and Philosophy*, cit., p. 151-2.
[25] Ver, em particular, "Théorie, pratique théorique et formation théorique: idéologie et lutte idéologique", texto até agora publicado em forma de livro apenas na tradução espanhola: *La filosofía como arma de la revolución* (trad. esp. Oscar del Barco e Enrique Román, Córdoba, PYP, 1968), p. 21-73 [ed. bras.: "Teoria, prática teórica e formação teórica: ideologia e luta ideológica", em Thiago Barisson (org.), *Teoria marxista e análise concreta: textos escolhidos de Louis Althusser e Étienne Balibar*, São Paulo, Expressão Popular, 2017]. Suas teses são inequívocas: "Numa sociedade sem classes, assim como numa sociedade de classes, a ideologia tem a função de assegurar o *elo* entre os homens no conjunto das formas de sua existência, a

estrutura formal de toda ideologia era uma inversão invariante dessa relação real entre as formações sociais e os indivíduos que estão dentro delas: pois o mecanismo-chave de qualquer ideologia sempre foi o de constituir indivíduos como "sujeitos" imaginários – centros de livre iniciativa – *da* sociedade, para assim assegurar sua real sujeição *à* ordem social, como apoios cegos ou vítimas dela. A religião em geral (a "vinculação" do homem a Deus) e o cristianismo em particular fornecem a esse respeito o modelo arquetípico dos efeitos de toda ideologia – instilar as ilusões de liberdade para melhor assegurar os mecanismos da necessidade. Espinosa fizera uma exposição completa dessa operação característica da ideologia, precisamente com relação à religião, antes e de modo mais completo que Marx. No entanto, a natureza inconsciente da ideologia poderia hoje ser relacionada e articulada ao conceito científico de Freud do inconsciente psíquico, ele próprio "iniciado" pelas formas de ideologia peculiares à família como estrutura objetiva[26]. Por fim, o estatuto trans-histórico da ideologia como meio inconsciente da experiência vivida significava que, mesmo numa sociedade sem classes, seu sistema de erros e ilusões sobreviveria para conferir coesão vital à estrutura social do próprio comunismo. Afinal, essa estrutura também será invisível e impermeável para os indivíduos que vivem em seu interior[27]. A ciência do marxismo jamais coincidirá com as ideias e crenças vivenciadas das massas sob o comunismo.

As conclusões da obra de Sartre têm certas curiosas semelhanças subliminares com as de Althusser. O tema definidor do sistema de Sartre, no entanto, que o distingue de qualquer outro, é estabelecido pela categoria da *escassez*. O termo propriamente dito foi cunhado pelo *philosophe* italiano [Ferdinando] Galiani durante o Iluminismo, o primeiro a formular o valor como razão entre utilidade e escassez (*rarità*) em qualquer sistema econômico[28]. Esse conceito

---

relação dos indivíduos com as tarefas que lhes são estabelecidas pela estrutura social. [...] a deformação da ideologia é socialmente necessária em função da própria natureza do todo social, mais precisamente em função de sua *determinação por sua estrutura*, que esse todo social torna opaca para os indivíduos que nele ocupam um lugar determinado por essa estrutura. A opacidade da estrutura social torna necessariamente *mítica* a representação do mundo indispensável para a coesão social". Ibidem, p. 54-5.

[26] Louis Althusser, *Lenin and Philosophy*, cit., p. 160-5.
[27] Idem, *For Marx*, cit., p. 212, e *La filosofía como arma de la revolución*, cit., p. 55.
[28] "O valor, portanto, é uma razão que expresso com os seguintes nomes: utilidade (*utilità*) e escassez (*rarità*)." Ferdinando Galiani, *Della moneta* (Milão, Feltrinelli, 1963), p. 39. O uso que ele faz desse termo foi subsequentemente adotado por Condillac. Para Ricardo: "Possuindo utilidade, as mercadorias derivam seu valor de troca de duas fontes: de sua escassez e

técnico de escassez passou marginalmente para Ricardo, foi praticamente ignorado por Marx e acabou por reemergir como categoria central em economias neoclássicas depois dele. O uso que Sartre fez desse termo, entretanto, quase nada tinha em comum com o de Galiani, pois este acreditava que a condição original da humanidade era de abundância: os objetos mais úteis também eram os mais abundantes na natureza[29]. Marx foi mais ambíguo em suas alusões a essa questão. Mas, embora ocasionalmente sugerisse um estado primitivo de escassez[30], ele no mais das vezes pressupunha uma profusão original da natureza relativamente à exiguidade das necessidades humanas antes do advento da civilização[31]. Além do mais, sua teoria do valor não continha nenhuma referência à escassez, nem mesmo uma menção como a feita por Ricardo. Para Sartre, por outro lado, a escassez era a "relação fundamental" e a "condição de possibilidade" da história humana, tanto o ponto de partida contingente quanto o "móbil passivo" de todo o desenvolvimento histórico. Não existia nenhuma

---

da quantidade de trabalho exigida para obtê-las". David Ricardo, *The Principles of Political Economy and Taxation* (Londres, Penguin Books, 1971), p. 56 [ed. bras.: *Princípios de economia política e tributação*, trad. Paulo Henrique Ribeiro Sandroni, São Paulo, Nova Cultural, 1982]. Na prática, porém, Ricardo em grande parte ignorou a escassez em sua teoria do valor, pois a considerava pertinente apenas a categorias muito restritas de artigos de luxo (estátuas, quadros, vinhos).

[29] "Com maravilhosa providência, este mundo é constituído de tal modo para nosso bem que a utilidade, de modo geral, nunca anda junto com a escassez [...] As coisas de que necessitamos para sustentar-nos estão espalhadas com tanta profusão por toda a terra que ou não têm nenhum valor ou seu valor é bem módico." Ferdinando Galiani, *Della moneta*, cit., p. 47.

[30] Em *A ideologia alemã*, Marx escreveu que o "desenvolvimento das forças produtivas [...] é um pressuposto prático absolutamente necessário, pois, sem ele, apenas se generaliza a *escassez* (*nur der Mangel verallgemeinert*), e, portanto, com a carestia (*Notdurft*), as lutas pelos gêneros necessários recomeçariam e toda a velha imundície acabaria por se restabelecer". Ver Karl Marx e Friedrich Engels, *A ideologia alemã*, cit., p. 38n. Esse trecho seria lembrado por Trótski em sua análise das razões para a ascensão do stalinismo na Rússia, que tornava a escassez (*nujda*) uma categoria fundamental de sua explicação. Ver Leon Trótski, *The Revolution Betrayed* (trad. ing. Max Eastman, Nova York, Merit, 1965), p. 56-60 [ed. bras.: *A revolução traída*, São Paulo, Global, 1980].

[31] A declaração mais representativa talvez possa ser encontrada nos *Grundrisse*: "Originariamente as dádivas gratuitas da natureza são abundantes, ou ao menos só precisam ser apropriadas. Há desde o princípio uma associação que emerge naturalmente (a família) e sua correspondente divisão do trabalho e da cooperação. Porque, da mesma forma, originariamente, as necessidades são pobres". Ver Karl Marx, *Grundrisse*, cit., p. 510. Ao mesmo tempo, claro, tanto para Marx quanto para Engels o "reino da liberdade" era definido pela superabundância material acima do "reino da necessidade" que governava tanto a sociedade pré-classes quanto a de classes.

unidade original entre homem e natureza: pelo contrário, o fato absoluto da escassez determinava a natureza como "negação do homem" desde o começo, e a história, inversamente, como antinatureza. A luta contra a escassez gerou a divisão do trabalho, portanto a luta entre classes: com isso, o próprio homem se tornou a negação do homem. A violência, incessante opressão e exploração de todas as sociedades conhecidas, é, portanto, a escassez internalizada[32]. O duro domínio do mundo natural sobre os homens e os antagonismos de seus esforços para transformá-lo, a fim de garantir a sobrevivência, em geral provocou o surgimento das coletividades seriais – grupos inumanos em que cada membro é estranho para o outro e para si, e nos quais as finalidades de todos são confiscadas no resultado total de suas ações. Tais séries sempre foram a forma predominante de coexistência social em todos os modos de produção até hoje. Sua antítese formal é o "grupo em fusão", no qual todos os homens são membros uns dos outros, unidos em empreitada fraterna a fim de atingir um objetivo comum, em meio à escassez e contra ela. O exemplo supremo de um grupo em fusão é um movimento de massa no momento apocalíptico de um levante revolucionário bem-sucedido[33]. Mas para subsistir, travando uma luta desigual num mundo de violência e carência, tal grupo deve se dotar de inércia organizacional e especialização funcional, perdendo a fraternidade e o dinamismo para se tornar "institucional". O que vem a seguir são a petrificação e a dispersão: a etapa seguinte é a de transferir a unidade do grupo a uma autoridade "soberana" acima dele, para atingir estabilização vertical. O Estado é a encarnação final de tal soberania, e sua estrutura invariável é a de uma cúpula restrita e autoritária que manipula séries dispersas abaixo de si, por intermédio de uma hierarquia burocrática e do terror repressivo. Com sua consolidação, o grupo ativo que o criou originalmente é degradado mais uma vez à passividade serializada[34]. Enquanto, para Sartre, grupos e séries compõem os "elementos formais de qualquer história", a história real das classes sociais reflete as complexas

---

[32] Jean-Paul Sartre, *Critique de la raison dialectique* (Paris, Gallimard, 1960), p. 200-24. A analogia muitas vezes traçada entre Sartre e Hobbes é infundada. Para Hobbes, assim como para Galiani, a natureza garantia uma *abundância* original para o homem, que não tinha de fazer nada além de recebê-la como os frutos da terra. Ver *Leviathan* (Londres, Penguin Classics, 1968), p. 294-5 [ed. bras.: *Leviatã, ou matéria, forma e poder de uma república eclesiástica e civil*, trad. João Paulo Monteiro e Maria Beatriz Nizza da Silva. São Paulo: Martins Fontes, 2003].

[33] Jean-Paul Sartre, *Critique de la raison dialectique*, cit., p. 306-19, 384-96.

[34] Ibidem, p. 573-94, 608-14.

combinações dessas formas ou as conversões destas umas nas outras. As classes em si, entretanto, nunca constituem grupos em fusão como um todo: elas são sempre um composto instável de aparatos, grupos e séries, em que as últimas normalmente predominarão. Assim, a noção marxista clássica de "ditadura do proletariado" seria uma impossível contradição em termos, uma combinação espúria entre soberania ativa e serialidade passiva[35]. Isso porque nenhuma classe como tal pode coincidir com um Estado: o poder político não pode ser exercido por toda a classe trabalhadora, e o Estado nunca é real expressão sequer de sua maioria. A burocratização e a repressão de todos os Estados pós-revolucionários produzidos pela história até o momento estão, pois, vinculadas às próprias natureza e condição do proletariado como conjunto social, contanto que existam escassez global e divisões de classe. A burocracia é sempre um inelutável acompanhamento e adversário do socialismo nessa época.

*

Veremos que as inovações sucessivas na temática substantiva do marxismo ocidental, que acabamos de analisar, refletiram ou anteciparam problemas reais e fundamentais que a história impôs ao movimento socialista durante o meio século posterior à Primeira Guerra Mundial. A intensa preocupação de Gramsci com a hegemonia prefigurava a estabilização consensual do Estado capitalista no Ocidente, duas décadas antes que ela se mostrasse um fenômeno duradouro e geral. Muitas das preocupações de Adorno com a natureza, que na época pareciam um desvio contumaz da Escola de Frankfurt, subitamente reapareceram no amplo debate posterior sobre ecologia nos países imperialistas. As análises de sexualidade feitas por Marcuse pressagiavam o colapso institucional das restrições e da moralidade eróticas, da emancipação vista como debilitação, característico de grande parte da cultura burguesa depois de meados dos anos 1960. O principal texto de Althusser sobre a ideologia foi diretamente inspirado pela onda de revoltas ocorrida, no mesmo período, no sistema de ensino superior do mundo capitalista avançado. O tratamento da escassez por Sartre esquematizava a cristalização universal da burocracia após cada revolução socialista nos países atrasados, enquanto sua dialética de séries e grupos antecipava grande parte do curso formal do primeiro levante de massas contra o capitalismo nos países desenvolvidos após a Segunda Guerra Mundial (França em 1968). O valor relativo ou a adequação das soluções apresentadas pelos sistemas para os problemas por eles abrangidos não são nossa preocupação aqui. Em vez

---

[35] Ibidem, p. 644, 629-30.

disso, é a direção coletiva das inovações teóricas peculiares ao marxismo ocidental que precisa ser evocada e enfatizada.

Afinal, por mais heteróclitas que sejam, todas elas têm uma marca fundamental: um *pessimismo* comum e latente. Todas as grandes novidades ou desenvolvimentos substantivos dentro dessa tradição se distinguem da herança clássica do materialismo histórico pelo desalento de suas implicações ou conclusões. Nesse aspecto, entre 1920 e 1960, o marxismo foi lentamente mudando de cor no Ocidente. A confiança e o otimismo dos fundadores do materialismo histórico e de seus sucessores foram desaparecendo progressivamente. Quase todos os significativos novos temas do conjunto intelectual dessa época revelam as mesmas diminuição da esperança e perda de certezas. O legado teórico de Gramsci era o panorama de uma longa guerra de exaustão contra uma estrutura imensamente mais forte de poder capitalista, mais provas contra o colapso econômico que o previsto por seus predecessores, uma luta sem clareza quanto aos resultados finais. Indefectivelmente ligado ao destino político da classe trabalhadora de seu tempo e de sua nação, Gramsci teve uma têmpera revolucionária que se expressou laconicamente na máxima "pessimismo do intelecto, otimismo da vontade": mais uma vez, apenas ele percebeu e verificou conscientemente qual viria a ser o timbre de um marxismo novo, que não havia sido anunciado. A melancolia que perpassa as obras da Escola de Frankfurt carece de qualquer nota comparável de resistência ativa. Adorno e Horkheimer punham em dúvida a própria ideia do domínio definitivo da natureza pelo homem como um reino de libertação para além do capitalismo. Marcuse evocou a potencialidade utópica da libertação da natureza no homem, apenas para negá-la de modo mais enfático como tendência objetiva na realidade e concluir que a classe trabalhadora industrial talvez tivesse sido absorvida inapelavelmente pelo capitalismo. O pessimismo de Althusser e Sartre tinha outro horizonte, não menos grave: a própria estrutura do socialismo. Althusser declarou que até o comunismo permaneceria opaco como ordem social para os indivíduos que vivessem sob ele, enganando-os com a ilusão perpétua de sua liberdade como sujeitos. Sartre rejeitou como impossibilidade a própria ideia de verdadeira ditadura do proletariado e interpretou a burocratização das revoluções socialistas como produto inevitável de uma escassez cujo fim continuava inconcebível em seu século.

Essas teses substantivas específicas eram acompanhadas de inflexões e cadências gerais absolutamente inexistentes na história anterior do movimento socialista. Foram também, a sua própria maneira, sinais menos diretos e mais inequívocos da profunda alteração do clima histórico que havia tomado conta do marxismo no Ocidente. Nenhum pensador anterior da tradição do materialismo histórico poderia ter escrito com os tons e as imagens que Adorno ou Sartre, Althusser ou Gramsci usaram. A percepção constante da história pela Escola de Frankfurt teve a melhor expressão em Benjamin, numa linguagem que seria praticamente incompreensível para Marx e Engels:

> É assim que se afigura o anjo da história. Seu rosto está voltado para o passado. Onde percebemos uma cadeia de acontecimentos, ele vê uma única catástrofe que continua empilhando escombros sobre escombros e jogando-os a seus pés. O anjo gostaria de ficar, despertar os mortos e tornar inteiro o que foi despedaçado. Mas do Paraíso sopra uma tempestade que lhe atingiu as asas com tanta violência que o anjo já não consegue fechá-las. Essa tempestade o impele de modo irresistível ao futuro ao qual suas costas estão voltadas, enquanto a pilha de destroços a sua frente vai crescendo até o céu. Essa tempestade é o que chamamos de progresso.

Como era de esperar, Benjamin escreveu a respeito dos anais de toda luta de classes: "*Nem mesmo os mortos* estarão salvos do inimigo, se ele vencer; e esse inimigo nunca deixou de ser vitorioso"[36]. Enquanto isso, Gramsci, na prisão e na derrota, resumiu a vocação de um socialista revolucionário da época com desolado estoicismo:

> Alguma coisa mudou, fundamentalmente. Isto está claro. O que mudou? Antes, todos eles queriam ser os lavradores da história, desempenhar os papéis ativos, cada um deles queria desempenhar um papel ativo. Ninguém queria ser o "esterco" da história. Mas é possível lavrar sem antes aplicar esterco à terra? Então, tanto o lavrador quanto o esterco são necessários. No abstrato, todos admitem isso. Mas na prática? Esterco por esterco, melhor recuar para as sombras, para a obscuridade. Agora algo mudou, pois existem aqueles que se adaptam "filosoficamente" a ser esterco, que sabem que isso é o que devem ser. [...] Não existe sequer a escolha entre viver por um dia como um leão ou cem anos como ovelha. Não se vive como leão nem por um minuto, longe disso: vive-se como algo muito abaixo de uma ovelha por anos e anos, sabendo-se que se tem de viver assim.[37]

---

[36] Walter Benjamin, *Illuminations*, cit., p. 257, 259-60 [ed. bras.: "Sobre o conceito de história", em *Obras escolhidas*, v. 1: *Magia e técnica, arte e política*, cit.].
[37] Antonio Gramsci, *Prison Notebooks*, cit., p. xciii.

Benjamin e Gramsci foram vítimas do fascismo. Mas também na época do pós-guerra o tom do marxismo ocidental muitas vezes foi não menos sombrio. Talvez o mais pujante ensaio de Althusser, por exemplo, pudesse descrever o desenvolvimento social que, do nascimento à infância, serve de iniciação ao inconsciente, com violência feroz, como uma provação

> pela qual todos os homens adultos passaram: dessa vitória eles são as testemunhas que *nunca se esquecem* e, com muita frequência, as vítimas, trazendo em seu mais íntimo, isto é, em suas partes mais clamorosas, as feridas, as fragilidades e as durezas resultantes dessa luta humana por vida ou morte. Alguns, a maioria, emergiram mais ou menos ilesos – ou ao menos é o que anunciam; muitos desses veteranos carregam as marcas ao longo de toda a vida; uns morrerão em consequência do combate, ainda que certo tempo depois, quando as velhas feridas subitamente se reabrirem em explosões psicóticas, na loucura, compulsão final de uma "reação terapêutica negativa"; outros, mais numerosos, digamos que morrerão "normalmente" na forma de decadência "orgânica". A humanidade só inscreve suas mortes oficiais nos memoriais de guerra: aqueles que foram capazes de morrer a tempo, ou seja, tarde, como homens-feitos, em guerras humanas nas quais somente lobos e deuses *humanos* dilaceram-se e sacrificam-se mutuamente.[38]

Outra metáfora selvagem seria usada por Sartre, para descrever as relações entre os homens num universo de escassez:

> Nosso companheiro nos aparece como um anti-homem, na medida em que ele, que é o mesmo, aparece como radicalmente outro – isto é, portador de uma ameaça de morte para nós. Em outras palavras, de modo geral compreendemos seus fins (são nossos próprios fins), seus meios (nós os temos em comum), a estrutura dialética de seus atos, mas os compreendemos como se fossem as características de *outra espécie*, nosso duplo demoníaco. Nenhum ser, na verdade – nem as feras nem os micróbios –, é tão mortal para o homem quanto uma espécie inteligente, carnívora, cruel, capaz de compreender e frustrar a inteligência humana, tendo como fim precisamente a destruição do homem. Essa espécie é, claro, a nossa própria, na medida em que cada homem a apreende no outro no ambiente da escassez.[39]

---

[38] Louis Althusser, *Lenin and Philosophy*, cit., p. 189-90.
[39] Jean-Paul Sartre, *Critique de la raison dialectique*, cit., p. 208.

Passagens como essas pertencem a uma literatura fundamentalmente estranha ao mundo de Marx, Labriola ou Lênin. Denunciam um pessimismo subterrâneo, para além das intenções ou das teses declaradas de seus autores[40] – nenhum dos quais renunciou ao otimismo da volição na luta contra o fascismo ou o capitalismo. Por intermédio deles, o marxismo enunciou pensamentos antes impensáveis para o socialismo.

*

O círculo de características que definem o marxismo ocidental como tradição distinta pode agora ser resumido. Nascido do fracasso das revoluções proletárias nas regiões europeias de capitalismo avançado após a Primeira Guerra Mundial,

---

[40] A esta altura, é necessário dizer algo a respeito dos escritos de Sebastiano Timpanaro, mencionados anteriormente. A obra de Timpanaro contém a rejeição mais coerente e eloquente, desde a guerra, do que ele próprio chama de "marxismo ocidental". Portanto, é ainda mais surpreendente que, numa série de aspectos críticos, sua própria obra, sem querer, se molde ao padrão considerado acima. Afinal, a obra de Timpanaro também é de cunho essencialmente filosófico, não político nem econômico. Além disso, também recorre de modo fundamental a um ancestral intelectual anterior a Marx, através do qual o marxismo é substancialmente reinterpretado. Nesse caso, o principal predecessor é o poeta Giacomo Leopardi, cuja forma particular de materialismo é considerada o complemento salutar e necessário à de Marx e Engels, em virtude de sua inabalável consciência dos intransponíveis limites – de fragilidade e mortalidade – impostos ao homem por uma natureza hostil. O tema mais distintivo da obra do próprio Timpanaro é, portanto, a inevitabilidade da vitória final, não do homem sobre a história, mas da natureza sobre o homem. Ao fim, ela é talvez, portanto, mais pessimista – com uma tristeza clássica – que a de qualquer outro pensador socialista do século. De todas essas maneiras, Timpanaro pode ser considerado, paradoxal mas inconfundivelmente, parte da tradição do marxismo ocidental ao qual se opõe. Seria possível argumentar que a importância notável da filologia antiga – disciplina inteiramente dominada por acadêmicos não marxistas, de Wilamowitz a Pasquali – em sua formação também corresponde ao padrão discernido neste ensaio. Isto dito, deve-se imediatamente enfatizar que em outros aspectos a obra de Timpanaro apresenta um contraste genuíno e manifesto em relação às normas do marxismo ocidental. As diferenças são: a filosofia de Timpanaro nunca foi primordialmente reduzida à preocupação com a epistemologia, e sim procurou desenvolver uma visão substantiva do mundo, numa fidelidade crítica à herança de Engels; seu uso de Leopardi nunca se baseou na afirmação de que Marx algum dia foi influenciado pelo poeta ou soube de sua existência, ou de que os dois sistemas de pensamento são homogêneos – de modo que Leopardi é apresentado como fonte de algo que falta em Marx, e não de algo nele oculto; e seu pessimismo é conscientemente declarado e defendido como tal, numa prosa límpida. Por fim, pode-se dizer que essas características foram acompanhadas de um grau de liberdade em relação ao campo de força do comunismo oficial que foi maior que o de qualquer outra figura do marxismo ocidental. Timpanaro, nascido em 1923, não era nem membro do Partido Comunista nem um intelectual independente, mas militante de outro partido da classe trabalhadora, primeiramente da ala esquerda do PSI e depois do Partido Socialista Italiano de Unidade Proletária (PSIUP).

ele se desenvolveu no interior de uma cisão cada vez maior entre teoria socialista e prática da classe trabalhadora. O abismo entre as duas, originalmente aberto pelo isolamento imperialista imposto ao Estado Soviético, foi institucionalmente ampliado e fixado pela burocratização da União Soviética e da Comintern sob o comando de Stálin. Para os expoentes do novo marxismo que emergiu no Ocidente, o movimento comunista oficial representava a única encarnação real da classe trabalhadora internacional com sentido para eles, quer aderissem a ele, fossem seus aliados ou o rejeitassem. O divórcio estrutural entre teoria e prática, inerente à natureza dos partidos comunistas da época, impediu o trabalho político-intelectual unitário do tipo que definiu o marxismo clássico. O resultado foi o isolamento de teóricos em universidades, longe da vida do proletariado de seus respectivos países, e a dissociação da teoria em relação à economia e à política, aproximando-se da filosofia. Essa especialização foi acompanhada pela dificuldade crescente da linguagem, cujas barreiras técnicas eram função de sua distância das massas. A isso se associou o nível cada vez menor de conhecimento ou comunicação internacional entre teóricos de diferentes países. A ausência de contato dinâmico com a prática da classe trabalhadora, por sua vez, deslocou a teoria marxista na direção de sistemas de pensamento contemporâneos idealistas e não marxistas, com os quais ela passou a desenvolver-se, de modo geral, em simbiose íntima, ainda que contraditória. Ao mesmo tempo, a concentração de teóricos na filosofia profissional, ao lado da descoberta dos primeiros escritos de Marx, acarretou uma busca retrospectiva generalizada de ancestrais intelectuais do marxismo no pensamento filosófico europeu e a reinterpretação do materialismo histórico à luz deles. O resultado desse comportamento foi tríplice. Primeiro, houve uma forte predominância de trabalho epistemológico, concentrado essencialmente em problemas de método. Segundo, o principal campo substantivo no qual o método foi realmente aplicado passou a ser a estética – ou superestruturas culturais em sentido mais amplo. E, finalmente, as principais correntes teóricas que, fora desse campo, desenvolveram novos temas, ausentes do marxismo clássico – em sua maior parte de forma especulativa –, revelaram um pessimismo constante. Método como impotência, arte como consolo, pessimismo como imutabilidade: não é difícil perceber elementos de tudo isso na composição do marxismo ocidental. Afinal, o principal determinante dessa tradição era sua formação pela derrota: longas décadas de reveses e estagnação, muitas delas terríveis em qualquer perspectiva histórica, sofridas pela classe trabalhadora ocidental depois de 1920.

Mas a tradição como um todo não pode ser reduzida a isso. Apesar de tudo, seus maiores pensadores permaneceram imunes ao reformismo[41]. A despeito de toda sua distância das massas, nenhum deles se rendeu ao capitalismo triunfante da mesma maneira que teóricos da Segunda Internacional tais como Kautsky, apesar de bem mais próximos da luta de classes, haviam feito antes. Além disso, a experiência histórica que a obra deles articulava, em meio a suas próprias inibições e afasias, era também, em determinados aspectos críticos, a mais *avançada* do mundo, abrangendo as formas mais elevadas da economia capitalista, os mais antigos proletariados industriais e as mais longas tradições intelectuais do socialismo. Algo da riqueza e da complexidade de todo esse histórico, assim como sua miséria e seu fracasso, inevitavelmente penetrou no marxismo que ela produziu ou possibilitou – ainda que sempre de formas oblíquas e incompletas. Em seus próprios campos escolhidos, esse marxismo atingiu uma sofisticação maior que em qualquer fase anterior do materialismo histórico. Seu aprofundamento em tais campos foi adquirido pelo preço da amplitude de seu escopo. Se houve, porém, drástico estreitamento de foco, não ocorreu nenhuma paralisia completa de energia. Hoje, toda a experiência dos últimos cinquenta anos de imperialismo persiste como uma importante e inevitável conta que precisa ser calculada pelo movimento dos trabalhadores. O marxismo ocidental tem sido parte integrante dessa história, e nenhuma nova geração de revolucionários socialistas nos países imperialistas pode simplesmente ignorá-lo ou evitá-lo. Ajustar contas com essa tradição – tanto aprendendo com ela quanto se afastando dela – é, assim, uma das precondições para a renovação local da teoria marxista hoje. Esse duplo movimento necessário de reconhecimento e ruptura não é, evidentemente, uma tarefa exclusiva. A natureza de seu objeto o impede. Pois, em última análise, os laços dessa tradição com uma geografia particular também têm sido sua dependência e sua fraqueza. O marxismo aspira, em princípio, a ser uma ciência *universal* – não mais submetido a imputações meramente nacionais ou continentais que qualquer outra cognição objetiva da realidade. Nesse sentido, o termo "ocidental" implica inevitavelmente um juízo *limitador*. A falta de universalidade é um índice de deficiência da verdade. O marxismo ocidental era necessariamente menos que marxismo na medida em que é ocidental. O materialismo histórico só poderá exercer seus plenos poderes quando estiver livre do paroquialismo, seja este de qualquer espécie. Ele ainda precisa recuperá-los.

---

[41] Horkheimer é o único exemplo de renegação, mas ele sempre foi, intelectualmente, de segundo escalão como pensador dentro da Escola de Frankfurt.

5
Contrastes e conclusões

Já é visível, contudo, o advento de um novo período no movimento dos trabalhadores, que põe fim ao longo interregno que dividiu teoria e prática. Nesse sentido, a revolta francesa de maio de 1968 marcou uma profunda virada histórica. Pela primeira vez em quase cinquenta anos, ocorreu um grande levante revolucionário dentro do capitalismo avançado – em tempos de paz, em condições de prosperidade imperialista e democracia burguesa. Essa comoção se deu à revelia do Partido Comunista Francês. Com isso, começaram a cair por terra, pela primeira vez, as duas condições cruciais do desencontro histórico entre teoria e política na Europa ocidental. A ressurgência de massas revolucionárias fora do controle de um partido burocratizado tornou *potencialmente* concebível a reunificação da teoria marxista e da prática da classe trabalhadora. No caso, claro, a Revolta de Maio não foi uma revolução; e a força principal do proletariado da França não abandonou o PCF nem do ponto de vista organizacional, nem do ideológico. A distância entre teoria revolucionária e luta de massas estava longe de ser abolida da noite para o dia em Paris durante maio e junho de 1968, mas foi quando mais se estreitou na Europa desde a derrota da greve geral em Turim durante a agitação de 1920. A revolta na França, além do mais, não permaneceria como experiência isolada. Os anos seguintes assistiram a uma onda internacional cada vez mais ampla de insurgência da classe trabalhadora no mundo imperialista, diferente de tudo que houve desde o começo da década de 1920. Em 1969, o proletariado italiano deflagrou a maior onda de greves já registrada no país; em 1972, a classe trabalhadora britânica lançou a mais bem-sucedida ofensiva industrial de sua história, paralisando a economia nacional; em 1973, a força de trabalho japonesa montou seu maior ataque ao capital até então. Em 1974, a economia capitalista mundial entrou em sua primeira recessão sincronizada desde a guerra. Aumentaram mais e mais as probabilidades de reabertura de um circuito revolucionário entre teoria marxista e prática de massas, articulado pelas lutas reais da classe trabalhadora industrial. A consequência de tamanha reunificação de teoria e prática seria a transformação do próprio marxismo, recriando as condições que antes produziram os fundadores do materialismo histórico, no seu tempo.

*

Enquanto isso, a série de levantes inaugurados pela Revolta de Maio provocou outro sério impacto sobre as perspectivas contemporâneas do materialismo histórico na região de capitalismo avançado. O marxismo ocidental, de Lukács e Korsch a Gramsci ou Althusser, em muitos aspectos ocupou o proscênio de toda a história intelectual da esquerda europeia após a vitória de Stálin na União Soviética. Ao longo desse período, porém, outra tradição, de caráter inteiramente diferente, subsistiu e se desenvolveu fora de cena, ganhando pela primeira vez atenção política mais ampla durante e após a explosão francesa: foi, claro, a tradição oriunda da teoria e do legado de Trótski. O marxismo ocidental, conforme vimos, sempre foi magneticamente atraído para o comunismo oficial como a única encarnação histórica do proletariado internacional como classe revolucionária. Nunca aceitou de todo o stalinismo; porém, tampouco o combateu ativamente. No entanto, seja qual for a nuance ou a atitude que os sucessivos pensadores adotaram quanto a isso, para todos não existia outra realidade efetiva ou meio de ação socialista fora dele. Foi isso que os separou da obra de Trótski por um universo político inteiro. Afinal, a partir da morte de Lênin, a vida de Trótski foi dedicada à luta prática e teórica para libertar o movimento internacional dos trabalhadores da dominação burocrática, a fim de que ele pudesse retomar com sucesso a derrubada do capitalismo em escala mundial. Derrotado no conflito intrapartidário do PCUS nos anos 1920 e exilado da União Soviética como eterno perigo para o regime simbolizado por Stálin, o mais duradouro desenvolvimento da teoria marxista empreendido por Trótski começou no exílio[1]. Sua nova obra nasceu da matriz de um tremendo levante das massas: a Revolução de Outubro. Mas o trotskismo como sistema demorou a nascer: ele data de muito depois da Revolução, quando a experiência que o possibilitara já tinha desaparecido. Assim, a primeira grande produção de

---

[1] Embora, é claro, ela tivesse suas origens proféticas em sua obra pré-revolucionária *Balanço e perspectivas*.

Trótski no exílio foi – em um caso único, para um teórico marxista de sua estatura – uma obra sobre história concreta. *A história da Revolução Russa* (1930), sob muitos aspectos, é até hoje o exemplo mais imponente de literatura histórica marxista; e o único em que a capacidade e a paixão de um historiador se aliaram à atividade e à memória de um líder e organizador político, numa grande reconstrução do passado.

A realização seguinte de Trótski foi de certa maneira ainda mais significativa. Isolado numa ilha turca, ele escreveu a distância uma sequência de textos sobre a ascensão do nazismo na Alemanha cuja qualidade como estudo concreto de uma *conjuntura política* não tem igual nos anais do materialismo histórico. Nesse campo, nem o próprio Lênin produziu uma obra de profundidade e complexidade comparáveis. Os escritos de Trótski sobre o fascismo alemão constituem, de fato, a primeira análise marxista real de um *Estado capitalista* do século XX: a formação da ditadura nazista[2]. A natureza internacionalista de sua intervenção, voltada a armar a classe trabalhadora alemã contra o perigo mortal que a ameaçava, foi mantida pelo resto de sua vida. Exilado e caçado de país em país, sem contato físico com o proletariado de nenhuma nação, continuou a produzir análises políticas da mais alta ordem sobre o cenário da Europa ocidental. França, Inglaterra e Espanha foram todas examinadas por ele com um domínio da especificidade nacional de suas formações sociais que Lênin – concentrado demais na Rússia – nunca atingira[3]. Por fim, ele iniciou uma teoria rigorosa e abrangente da natureza do Estado soviético e do destino da URSS sob o comando de Stálin, documentada e desenvolvida com controle clássico das provas[4]. A escala histórica da realização de Trótski é algo ainda hoje difícil de aquilatar.

---

[2] Esse juízo pode parecer paradoxal: vamos voltar a ele mais tarde. É sintomático do destino do legado de Trótski que esses textos sobre a Alemanha não tenham sido publicados em formato de livro até 1970, quando apareceu a primeira edição alemã. Para uma tradução em língua inglesa, ver Leon Trótski, *The Struggle Against Fascism in Germany* (Nova York, Pathfinder, 1971) [alguns deles em ed. bras.: *Como esmagar o fascismo*, trad. Aldo Sauda e Mario Pedrosa, São Paulo, Autonomia Literária, 2018].

[3] Agora coligidos, respectivamente, em *Whither France?* (trad. ing. John G. Wright e Harold R. Isaacs, Nova York, Merit, 1970), *On Britain* (Nova York, Monad, 1973) e *The Spanish Revolution* (Nova York, Pathfinder, 1973). Os escritos sobre a Grã-Bretanha datam em sua maior parte dos anos 1920, mas a coleção acima omite alguns textos importantes dos anos 1930.

[4] Acima de tudo, *A revolução traída* [trad. E. Huggins, Rio de Janeiro, Paz e Terra, 1978]; *A natureza de classe do Estado soviético*; e *Em defesa do marxismo* [São Paulo, Sundermann, 2011].

Não há espaço aqui para analisar o legado subsequente do pensamento e da obra de Trótski. Algum dia, essa outra tradição – perseguida, vilipendiada, isolada, dividida – terá de ser estudada em toda a diversidade de seus canais e suas correntes subterrâneas. Ela poderá surpreender os futuros historiadores com seus recursos. Aqui, basta comentar a obra de dois ou três dos herdeiros tardios de Trótski. Os integrantes mais talentosos da geração posterior à dele provinham da *intelligentsia* do Leste Europeu, nas fronteiras entre Polônia e Rússia. Isaac Deutscher (1907-1967), nascido perto de Cracóvia, era militante do ilegal Partido Comunista da Polônia – que rompeu com a Comintern em consequência de sua política em relação à ascensão do nazismo em 1933 – e lutou durante cinco anos num grupo trotskista de oposição junto à classe trabalhadora na Polônia de Józef Piłsudski. Nas vésperas da Segunda Guerra Mundial, rejeitou a decisão de Trótski de organizar uma Quarta Internacional, renunciando à tentativa de manter uma unidade política de teoria e prática, que então acreditava ser impossível, e emigrou para a Inglaterra[5]. Ali, após a guerra, tornou-se historiador profissional, produzindo a importantíssima série de obras sobre o curso e o resultado da Revolução Soviética que o tornou famoso em todo o mundo. Apesar de suas divergências com Trótski, a continuidade de foco entre eles não poderia ter sido mais próxima. Trótski estava trabalhando numa biografia de Stálin quando morreu; a primeira obra de Deutscher foi uma biografia de Stálin, tomada do ponto em que seu predecessor havia parado. Depois disso, a maior obra de Deutscher foi uma biografia do próprio Trótski[6]. Seu mais importante contemporâneo e colega foi outro historiador. Roman Rosdolsky (1898-1967), nascido em Lvov, foi um dos fundadores do Partido Comunista da Ucrânia Ocidental. Trabalhando sob a direção de Riazánov como membro correspondente do Instituto Marx-Engels de Viena, solidarizou-se com a crítica de Trótski à consolidação do stalinismo na URSS e à política da Comintern para com o fascismo na Alemanha no começo da década de 1930. Voltou a Lvov, onde ficou de 1934 a 1938 e trabalhou no movimento trotskista local da Galícia, enquanto também escrevia um longo estudo sobre a história

---

[5] A respeito do começo da carreira de Deutscher, ver Daniel Singer, "Armed with a Pen", em D. Horowitz (org.), *Isaac Deutscher, The Man and His Work* (Londres, Macdonald & Co., 1971), p. 20-37.

[6] Isaac Deutscher, *The Prophet Armed* (1954), *The Prophet Unarmed* (1959), *The Prophet Outcast* (1963), todos publicados pela Oxford University Press (Londres/Nova York) [eds. bras.: *O profeta armado*, 2005; *O profeta desarmado*, 2005; *O profeta banido*, 2006; todos com trad. de Waltensir Dutra, Rio de Janeiro, Civilização Brasileira].

da servidão na região. Capturado pelo exército alemão durante a Segunda Guerra Mundial, foi aprisionado em campos de concentração nazistas. Ao ser solto em 1945, emigrou para os Estados Unidos, onde trabalhou como pesquisador independente em Nova York e Detroit, abandonando a atividade política direta. Então, escreveu um dos poucos textos marxistas significativos sobre o problema nacional na Europa a ser publicados após a época de Lênin[7]. Seu *magnum opus*, entretanto, foi um longo exame em dois volumes dos *Grundrisse* de Marx e da relação destes com *O capital*, publicado postumamente na Alemanha Ocidental em 1968[8]. O objetivo dessa grande reconstrução da arquitetura do pensamento econômico da maturidade de Marx era possibilitar ao marxismo contemporâneo voltar à tradição central da teoria econômica no âmbito do materialismo histórico, tradição que foi rompida com o fim do austromarxismo no entreguerras. O próprio Trótski não havia escrito nenhuma grande obra econômica, ao contrário da maioria dos teóricos de sua geração: o próprio Rosdolsky, que não era economista de formação, assumiu a missão motivado por um senso de dever para com as gerações vindouras, como único sobrevivente da cultura do Leste Europeu que produzira o bolchevismo e o austromarxismo[9]. Sua esperança não foi em vão. Quatro anos depois, Ernest Mandel – trotskista belga, ativo na Resistência e preso pelos nazistas, tornando-se proeminente na Quarta Internacional após a Guerra – publicou na Alemanha um estudo de fôlego, intitulado *O capitalismo tardio*, inspirado diretamente em Rosdolsky[10]; trata-se da primeira análise teórica do desenvolvimento global do modo de produção capitalista desde a Segunda Guerra Mundial, concebida dentro do referencial das categorias clássicas do marxismo.

---

[7] Roman Rosdolsky, *Friedrich Engels und das Problem der "Geschichtslosen" Volker* (Hanover, Verlag für Literatur und Zeitgeschehen GmbH, 1964). Para a biografia de Rosdolsky, ver a nota na *Quatrième Internationale*, n. 33, abr. 1968.

[8] Roman Rosdolsky, *Zur Entstehungsgescltichte des Marxschen Kapitals* (Frankfurt, Europäische Verlagsanstalt, 1968).

[9] "O autor não é nem economista nem filósofo de profissão. Ele não teria se aventurado a escrever um comentário sobre os *Grundrisse* se existisse hoje uma escola de teóricos marxistas mais bem preparados para essa tarefa, como existia no primeiro terço deste século. Mas a última geração de renomados pensadores marxistas, em sua maior parte, caiu vítima do terror de Hitler ou de Stálin." Ibidem, p. 10-1.

[10] Ernest Mandel, *Der Spätkapitalismus (Versuch einer Erklärung)* (Frankfurt, Suhrkamp, 1972); dedicatória a Rosdolsky, p. 9 [ed. bras.: *O capitalismo tardio*, trad. Carlos Eduardo Silveira Matos, Regis de Castro Andrade e Dinah de Abreu Azevedo, São Paulo, Abril Cultural, 1982]. {A edição inglesa ampliada, Londres, New Left Books, 1975, omite o subtítulo da edição alemã.}

Assim, em aspectos mais essenciais, a tradição provinda de Trótski situa-se em contraposição extrema à do marxismo ocidental. Ela se concentrava em política e economia, não em filosofia. Era resolutamente internacionalista, e suas preocupações ou horizontes jamais se restringiram a uma única cultura ou um só país. Falava uma linguagem de clareza e urgência, cuja prosa mais refinada (Trótski ou Deutscher) possuía uma qualidade literária igual ou superior à de qualquer outra tradição. Não ocupou cátedras em universidades. Seus membros foram caçados e proscritos. Trótski foi morto no México. Deutscher e Rosdolsky eram exilados, impedidos de retornar à Polônia ou à Ucrânia. Mandel está até hoje proibido de pôr os pés na França, na Alemanha Ocidental e nos Estados Unidos. Outros nomes poderiam ser acrescentados. Foi alto o preço pago pela tentativa de manter a unidade marxista entre teoria e prática, mesmo no caso daqueles que acabaram renunciando a ela. Em compensação, o ganho para o futuro do socialismo foi imenso. Hoje, essa herança político-teórica representa um dos elementos fundamentais para qualquer espécie de renascimento do marxismo revolucionário em escala internacional. As aquisições que ela incorpora têm seus próprios limites e fragilidades. A transformação, operada por Trótski, da fórmula específica da Revolução Russa em regra geral para o mundo subdesenvolvido continua problemática; seus escritos sobre a França e a Espanha não têm a mesma segurança daqueles sobre a Alemanha; seu juízo sobre a Segunda Guerra Mundial, que partia de suas análises sobre o nazismo, estava equivocado. O otimismo de Deutscher a respeito das perspectivas de reforma interna na URSS após Stálin foi infundado. Os principais trabalhos de Rosdolsky eram expositivos, e não exploratórios. O estudo de Mandel, vindo à luz depois de um silêncio tão longo em sua área, recebeu deliberadamente o subtítulo "Tentativa de explicação [marxista]". De modo geral, o progresso da teoria marxista não conseguia ir além das condições materiais de sua própria produção: a prática social do proletariado real da época. A combinação de isolamento forçado em relação aos principais agrupamentos da classe trabalhadora organizada do mundo todo e ausência prolongada de levantes revolucionários de massa nos principais centros do capitalismo industrial produziu inevitavelmente efeitos sobre a tradição trotskista como um todo. Ela também esteve sujeita aos ditames máximos da longa época de derrota histórica para a classe trabalhadora no Ocidente. Sua resistência à passagem do tempo, que a distinguiu do marxismo ocidental, cobrou suas próprias penalidades. A reafirmação da validade e da realidade da revolução socialista e da democracia proletária, diante de tantos acontecimentos que as negavam, inclinou involuntariamente essa tradição na direção do conservadorismo. A preservação das doutrinas clássicas tornou-se mais importante que o desenvolvimento delas. O triunfalismo na causa da classe trabalhadora e o catastrofismo na análise do capitalismo, asseverados mais pela vontade que pelo intelecto, acabaram sendo os vícios típicos dessa tradição em suas formas rotineiras. Será necessário fazer um inventário histórico das realizações e dos fracassos dessa experiência. Já passou da hora de se promover uma avaliação crítica sistemática da herança de Trótski e de seus sucessores, comparável à que está agora potencialmente disponível para a herança do marxismo ocidental. Ao mesmo tempo, o crescimento de lutas de classe no plano internacional desde o fim dos anos 1960 começou a criar, pela primeira vez desde a derrota da Oposição de Esquerda na Rússia, alguma possibilidade objetiva de reaparecimento das ideias políticas associadas a Trótski em áreas fulcrais de debate e atividade da classe trabalhadora. Quando e à medida que isso ocorrer, seus valores serão postos à prova na crítica mais ampla da prática proletária de massa.

*

Enquanto isso, a mudança de temperatura desde o fim dos anos 1960 também teve seus efeitos sobre o marxismo ocidental. A possível reunificação de teoria e prática num movimento revolucionário de massa, livre de entraves burocráticos, significaria o fim dessa tradição. Como forma histórica, ela se extinguirá quando o divórcio que a produziu tiver sido superado. Os sinais preliminares dessa suplantação são visíveis hoje, mas isso de modo algum significa um processo concluído. O período atual ainda é de transição. Os grandes partidos comunistas do continente europeu, que sempre permaneceram como campo de atração gravitacional subjacente do marxismo ocidental, não desapareceram, longe disso; sua predominância entre as classes trabalhadoras nacionais não diminuiu de maneira notável, embora seu crédito como organizações revolucionárias se tenha enfraquecido em meio à *intelligentsia*. Muitos dos grandes teóricos do marxismo ocidental discutidos acima já morreram. Os que sobreviveram não se mostraram capazes até agora de reagir à nova conjuntura criada desde o levante de maio na França, com algum desenvolvimento notável de sua teoria. A maioria já havia percorrido por completo o percurso. Na geração mais nova, formada sob a influência dessa tradição, houve certo deslocamento para uma preocupação maior com a teoria econômica e política, ultrapassando o perímetro filosófico dos mais velhos[11]. Essa mudança, entretanto, tem sido

---

[11] As obras mais notáveis desse tipo são as de Nicos Poulantzas. Há traduções para a língua inglesa; ver Nicos Poulantzas, *Political Power and Social Classes* (Londres, New Left Books/SW,

muitas vezes acompanhada de um simples deslocamento de horizonte referencial do comunismo soviético para o chinês. Organizacional e ideologicamente mais vaga como polo de orientação, a substituição da URSS pela China basicamente preservou a heteronomia política tácita do marxismo ocidental. A passagem menos ou mais direta de alguns membros da geração anterior de teóricos – Althusser e Sartre – de um polo para o outro só confirma a continuidade da relação estrutural[12]. No fundamental, deve ser considerada imponderável a ocorrência de novas mudanças de rumo dentro do marxismo ocidental enquanto ele continuar existindo. Os teóricos mais antigos dessa tradição que restaram podem agora, de qualquer maneira, estar confinados à repetição filosófica e à exaustão. O futuro de seus discípulos está, naturalmente, mais aberto.

Independentemente de seu destino na região original de implantação, os últimos anos assistiram à introdução, em ampla escala, do marxismo ocidental produzido na Alemanha, na França e na Itália em novas regiões do mundo capitalista, acima de tudo nos países anglo-saxões e nórdicos. As consequências dessa difusão são imprevisíveis. Nenhuma dessas nações possuiu historicamente um movimento comunista forte, e nenhuma até agora gerou um *corpus* importante de teoria marxista. No entanto, algumas têm trunfos próprios. Na Inglaterra, especialmente, a classe trabalhadora industrial é uma das mais pujantes do mundo, e o nível da *historiografia* marxista provavelmente supera o de qualquer outro país. A relativa modéstia da cultura marxista em sentido mais amplo, vigente até hoje nessa região, poderá estar sujeita a mudanças surpreendentemente velozes. Afinal, a lei do desenvolvimento desigual também governa o andamento e a distribuição da teoria: ela pode transformar países vagarosos em líderes, beneficiando-se das vantagens dos retardatários em um período comparativamente curto. De qualquer maneira, pode-se dizer com certa confiança que, *enquanto* não tiver dominado o terreno dos Estados Unidos e da Inglaterra – respectivamente os países da classe imperialista mais rica e da classe trabalhadora mais antiga do mundo –, o marxismo não terá enfrentado toda a extensão de problemas com os quais a civilização do capital o confronta na segunda metade do século XX. O fracasso da Terceira Internacional, mesmo no auge de Lênin, em conseguir qualquer progresso significativo nas potências

---

1973) [ed. port.: *Poder político e classes sociais*, Porto, Portucalense, 1971]; e *Fascism and Dictatorship* (Londres, New Left Books, 1974) [ed. bras.: *Fascismo e ditadura*, trad. João G. Quintela e M. Fernanda Granado, São Paulo, Martins Fontes, 1978].

[12] A natureza e a influência do maoismo não fazem parte do âmbito deste ensaio: a necessária discussão mais aprofundada a esse respeito será feita em outra oportunidade.

anglo-saxãs, quando os Estados Unidos e a Grã-Bretanha eram os dois maiores centros do capitalismo mundial, indica o grau de *incompletude* do materialismo histórico mesmo no auge de suas realizações como teoria revolucionária viva. Hoje, os formidáveis problemas científicos apresentados ao movimento socialista pelo modo capitalista de produção em seu momento *mais forte*, e não no mais fraco, ainda estão em grande parte por serem resolvidos. Nesse sentido, o marxismo ainda precisa se desincumbir de suas tarefas mais difíceis. É improvável que ele dê conta de todas enquanto não estiver finalmente instalado nos bastiões imperiais maduros do mundo anglo-saxão.

Isso porque, após o desvio tortuoso e prolongado do marxismo ocidental, as questões que a geração de Lênin deixou sem resposta e tornou esta impossível, com a ruptura entre teoria e prática na época de Stálin, continuam a aguardar respostas. Elas não estão na jurisdição da filosofia. Dizem respeito às realidades econômicas e políticas centrais que dominaram a história mundial nos últimos cinquenta anos. Não há espaço aqui para fazer mais que fornecer uma brevíssima lista delas. Antes de tudo, qual é a natureza e qual é a estrutura da *democracia burguesa* como tipo de sistema de Estado que se tornou o modo normal de poder capitalista nos países avançados? Que tipo de *estratégia revolucionária* é capaz de derrubar essa forma histórica de Estado tão distinta daquela da Rússia dos tsares? Quais seriam as formas institucionais de *democracia socialista* no Ocidente, para além da burguesa? A teoria marxista mal tocou nesses três temas em sua interconexão. Quais são o significado e a posição da *nação* como unidade social, em um mundo dividido por classes? Acima de tudo, quais são os mecanismos complexos do *nacionalismo*, como fenômeno de massa de força elementar nos últimos dois séculos? Nenhum desses problemas recebeu resposta adequada desde o tempo de Marx e Engels. Quais são as *leis de movimento contemporâneas do capitalismo* como modo de produção? E existem novas formas de *crise* que lhes sejam específicas? Qual é a verdadeira configuração do *imperialismo* como sistema internacional de dominação econômica e política? O trabalho em torno dessas questões acabou de começar, num panorama que mudou muito desde os tempos de Lênin ou Bauer. Por fim, quais são as características e as dinâmicas básicas dos *Estados burocráticos* que emergiram das revoluções socialistas nos países atrasados, tanto em sua *unidade* quanto na *distinção* entre eles? Como foi possível que a *destruição da democracia proletária* após a revolução na Rússia se seguisse da criação de revoluções *sem democracia proletária desde o começo* na China e em outros lugares, e quais são os limites determinados de tal processo? Trótski inaugurou a análise do primeiro aspecto, mas não viveu para ver o segundo. É essa série de questões que constitui o principal desafio ao materialismo histórico hoje.

A precondição de sua solução, como já vimos, é a ascensão de um movimento revolucionário de massa, livre de restrições organizacionais, nas pátrias do capitalismo industrial. Somente então será possível uma nova unidade entre teoria socialista e prática da classe trabalhadora, capaz de dotar o marxismo dos poderes necessários para produzir o conhecimento que lhe falta hoje. Não se podem prever as formas como essa teoria do futuro emergirá, nem quem serão seus portadores. Seria um erro supor que necessariamente se repetirão os modelos clássicos do passado. Quase todos os grandes teóricos do materialismo histórico até hoje, de Marx e Engels aos bolcheviques, das figuras de proa do austromarxismo às do marxismo ocidental, foram intelectuais saídos das classes proprietárias: da alta burguesia com mais frequência que da baixa[13]. Gramsci é o único exemplo de origem realmente pobre; mas mesmo ele nasceu longe do proletariado. É impossível não ver nesse quadro uma imaturidade temporária da classe trabalhadora internacional como um todo, numa perspectiva histórica mundial. Basta pensar nas consequências, para a Revolução de Outubro, da fragilidade da velha guarda bolchevique, liderança política recrutada esmagadoramente na *intelligentsia* russa, superposta a uma classe trabalhadora em grande parte ainda não escolarizada: a facilidade com que tanto a velha guarda quanto a vanguarda proletária foram eliminadas por Stálin nos anos 1920 não deixa de estar ligada à distância social que havia entre elas. Um movimento da classe trabalhadora que seja capaz de atingir uma autoemancipação duradoura não irá reproduzir esse dualismo. Os "intelectuais orgânicos" vislumbrados por Gramsci, gerados dentro das fileiras do proletariado, ainda não ocuparam a posição estrutural no socialismo revolucionário que, acreditava ele, seria deles[14].

---

[13] A expressão convencional "intelectual pequeno-burguês" não é adequada para a maior parte das figuras discutidas aqui. Muitas delas vieram de famílias abastadas, de industriais, comerciantes e banqueiros (Engels, Luxemburgo, Bauer, Lukács, Grossmann, Adorno, Benjamin, Marcuse, Sweezy); de latifundiários (Plekhánov, Mehring, Labriola); de advogados ou burocratas no topo da carreira (Marx, Lênin).

[14] Talvez o pensador socialista mais importante até agora saído das fileiras da classe trabalhadora ocidental tenha sido um britânico, Raymond Williams. Sua obra, porém, embora tenha correspondido de perto ao padrão do marxismo ocidental em seu foco tipicamente estético e cultural, não é a de um marxista. No entanto, sua história de classe – constante e confiantemente presente através dos escritos de Williams – conferiu a seu trabalho certas qualidades que não podem ser encontradas em nenhum outro escrito socialista contemporâneo e que farão parte de uma cultura revolucionária futura.

As formas extremas de esoterismo que caracterizaram o marxismo ocidental foram sintomáticas de "intelectuais tradicionais" no sentido de Gramsci, num período em que havia pouco ou nenhum contato entre a teoria socialista e a prática proletária. No longo prazo, porém, o futuro da teoria marxista estará nas mãos de intelectuais produzidos organicamente pelas classes trabalhadoras industriais do próprio mundo imperialista, à medida que elas forem ganhando habilidades culturais e autoconfiança.

A última palavra pode ser a de Lênin. Seu famoso ditado, de que "sem teoria revolucionária não pode haver movimento revolucionário", é citado com frequência e adequação. Mas ele também escreveu, com igual peso: "A teoria revolucionária correta [...] toma forma final apenas em contato próximo com a atividade prática de um movimento verdadeiramente de massas e revolucionário"[15]. Aqui, cada condição conta. É possível comprometer-se com a teoria revolucionária em relativo isolamento – Marx no Museu Britânico, Lênin na Zurique rodeada pela guerra –; mas ela só pode adquirir forma *correta* e *final* quando vinculada às lutas coletivas da própria classe trabalhadora. A mera condição de membro formal de uma organização partidária, do tipo bem conhecido na história recente, não é suficiente para a criação de tal vínculo: é necessária uma *ligação próxima* com a *atividade prática* do proletariado. Tampouco basta a militância num pequeno grupo revolucionário: é preciso que haja um vínculo com as *verdadeiras massas*. Inversamente, a vinculação com um movimento de massas também não é o bastante, pois este último pode ser reformista: só quando as *próprias massas são revolucionárias* é que a teoria pode completar sua vocação eminente. Essas cinco condições para a busca bem-sucedida do marxismo não foram reunidas em nenhum lugar do mundo capitalista avançado desde a Segunda Guerra Mundial. No entanto, as perspectivas de seu reaparecimento estão agora finalmente aumentando. Quando nascer um movimento verdadeiramente revolucionário numa classe trabalhadora madura, a "forma final" da teoria não terá um precedente exato. Tudo o que podemos dizer é que, quando as massas finalmente puderem falar, os teóricos – do tipo que o Ocidente vem produzindo há cinquenta anos – terão necessariamente de se calar.

---

[15] Vladímir Ilitch Lênin, "Left-Wing Communism: An Infantile Disorder", em *Selected Works* (Moscou, Progress, 1970), v. 3. p. 378.

Posfácio

As afirmações que concluem o ensaio anterior devem inspirar reservas hoje*, pois lhes faltam certas ressalvas e distinções indispensáveis, sem as quais sua lógica acaba por ser reducionista. Seu tom apocalíptico é em si mesmo um sinal suspeito, de dificuldades peremptoriamente evitadas ou ignoradas. Explorar essas dificuldades de modo adequado – para não falar em resolvê-las – tornaria necessário outro ensaio. O máximo que se pode fazer aqui é indicar a fraqueza principal na construção do texto anterior. Isso pode ser feito de forma sucinta. Argumenta-se o tempo todo, de maneira mais acentuada no fim, que a teoria marxista só adquire contornos adequados quando em relação direta com um movimento revolucionário de massas. Quando este se encontra de fato ausente ou derrotado, a primeira é inevitavelmente deformada ou eclipsada. A premissa desse tema difuso é, sem dúvida, o princípio da "unidade de teoria e prática", considerada tradicionalmente definidora da epistemologia marxista como tal. Existem determinadas pistas no ensaio de que a relação entre as duas é mais complexa do que se admite de costume; mas, como um todo, o texto é uma afirmação constante do vínculo fundamental entre ciência e classe, materialismo histórico e insurgência proletária no século XX. As condições reais ou os horizontes precisos da unidade postulada entre teoria e prática não são examinados em lugar algum. O resultado é que as conclusões do ensaio convidam a uma leitura "ativista" de suas teses que poderia ser cientificamente insustentável e politicamente irresponsável.

Afinal, existe uma objeção insuperável a qualquer exposição do marxismo como a sugerida nas últimas páginas deste ensaio. É estranho que ela não tenha sido feita com mais frequência antes. Se a designação adequada para o marxismo

---

* Isto é, em 1984. (N. E.)

é materialismo histórico, este deve ser – acima de tudo – uma teoria da história. Entretanto, a história é – preeminentemente – *passado*. O presente e o futuro também são, claro, históricos, e é a eles que, no marxismo, os preceitos tradicionais sobre o papel da prática se referem involuntariamente. Mas o passado não pode ser alterado por nenhuma prática do presente. Seus acontecimentos serão sempre reinterpretados, e suas épocas, redescobertas por gerações posteriores: eles não podem, em nenhum sentido materialista sério, ser alterados. Do ponto de vista político, o destino dos homens e das mulheres que vivem no presente atual e que viverão no futuro previsível é imensuravelmente mais importante para um socialista que qualquer outra consideração. Do ponto de vista científico, entretanto, o domínio esmagadoramente preponderante do conhecimento discernível é o reino dos mortos. O passado, que não pode ser consertado nem desfeito, pode ser conhecido com certeza maior que o presente, cujas ações ainda estão por ser realizadas; e ainda há mais. Sempre permanecerá, portanto, uma cissiparidade inerente entre conhecimento e ação, teoria e prática, para qualquer possível ciência da história. Nenhum marxismo responsável pode abdicar da tarefa de compreender o imenso universo do passado nem afirmar que exerce a jurisdição de uma transformação material dele. Portanto, a teoria marxista não deve, apesar de todas as louváveis tentações, ser equiparada a uma sociologia revolucionária. Não pode ser reduzida à "análise da conjuntura atual", para usar uma terminologia que está na moda. Pois, por definição, o que é atual logo passa. Confinar o marxismo ao contemporâneo é condená-lo ao esquecimento perpétuo, no qual o presente deixa de ser cognoscível assim que retrocede para o passado[1]. Poucos socialistas

---

[1] Não se trata de uma doutrina imaginária. Uma obra recente declara: "O marxismo, como prática teórica e política, nada ganha ao se associar à escrita histórica e à pesquisa histórica. O estudo da história é não só científica como também politicamente sem valor. O objeto da história, o passado, qualquer que seja sua concepção, não pode afetar as condições presentes. Os acontecimentos históricos não existem e não podem ter efetividade material no presente. As condições da existência das relações sociais presentes existem necessariamente e são reproduzidas de modo constante no presente. Não é o 'presente', que o passado assegurou nos permitir, mas a 'situação atual', objeto este que a teoria marxista deve elucidar e sobre o qual a prática política marxista deve agir. Toda teoria marxista, por mais abstrata que possa ser, por mais geral que seja seu campo de aplicação, existe para tornar possível a análise da situação atual. [...] Uma análise histórica da 'situação atual' é impossível". Ver Barry Hindess e Paul Hirst, *Pre-capitalist Modes of Production* (Londres, Routledge & Kegan Paul, 1975), p. 312. Os autores desse pronunciamento, descendentes remotos de Althusser, se distinguem por proclamar com certa precisão as consequências exasperadas de uma lógica cujas premissas iniciais podem, muitas vezes, parecer espontâneas e incontroversas, em exposições marxistas convencionais da unidade entre teoria e prática dentro do materialismo histórico.

discordariam disso. No entanto, o exato estatuto da história no materialismo histórico paradoxalmente nunca foi debatido de maneira adequada até agora. É incompatível com qualquer pragmatismo filosófico. Nesse sentido, o marxismo talvez ainda tenha de lidar, com a devida seriedade, com sua afirmação de ser uma "ciência da história". Pois o orgulhoso título de materialismo histórico só pode ser merecido por meio de um modesto respeito pela realidade de seus dois termos. Esse respeito exige um limite para o conceito de unidade de teoria e prática. Os grandes problemas políticos perante a classe trabalhadora internacional no século XX, cuja ausência da tradição do marxismo ocidental foi aqui enfatizada, certamente estão sujeitos a sua regulação. Mas as formas e as mudanças exatas de suas regras nunca foram adequadamente estudadas. Entretanto, a renúncia à universalidade geral e acrítica que eles frequentemente atribuíram à unidade de teoria e prática pode, na verdade, ajudar os marxistas a se concentrar com mais precisão nas condições sociais específicas para a emergência da teoria revolucionária e nos protocolos científicos específicos para sua validação.

Isto não quer dizer que devam ser distinguidos dois domínios separados e isolados dentro do materialismo histórico: uma "política" ativa e uma "história" passiva, uma inteiramente governada pelos fluxos e refluxos das práticas de massas, a outra idealmente isenta delas. Mas se deve, sim, formular a questão, até agora indevidamente negligenciada, da relação – real e potencial – entre "historiografia" e "teoria" na cultura marxista como um todo. As determinações políticas da escrita moderna da história, marxista ou não, são tão conhecidas que não precisam ser muito repetidas aqui. (Elas não constituem, claro, uma forma de unidade entre teoria e prática no sentido clássico.) As aquisições históricas disponíveis ou necessárias para a escrita moderna da teoria política ou econômica, dentro do marxismo, até agora não foram levadas tanto em conta. Deveria de fato ser evidente que os avanços na historiografia marxista são potencialmente importantíssimos para o desenvolvimento da teoria marxista. No entanto, apesar da formação de grandes escolas de historiografia marxista em quase todos os países capitalistas avançados, não se pode dizer que o materialismo histórico como sistema teórico tenha se beneficiado muito disso. Houve comparativamente pouca integração das descobertas da história marxista na política ou na economia marxistas até o momento. Essa anomalia parece ainda maior quando lembramos que nenhuma historiografia profissional desse tipo existia na época do marxismo clássico, ao passo que seu advento posterior não provocou muitos efeitos notáveis no marxismo pós-clássico. Em razão de sua novidade, a natureza de seu significado para a estrutura do materialismo histórico como um todo ainda está por ser vista. No mínimo, poderíamos conjecturar que o equilíbrio entre "história" e "teoria" possa ser reparado em uma cultura marxista do futuro, alterando sua configuração atual.

Outra ênfase neste ensaio precisa de uma modificação correlata. O emblema da unidade de teoria e prática é usado para desenvolver um contraste estrutural entre marxismo clássico e "ocidental". Esse contraste certamente não é falso. Entretanto, o modo como é apresentado aqui tende a isentar indevidamente o marxismo clássico de um escrutínio crítico. A unidade prática deste último com as lutas da classe trabalhadora de seu tempo – que o torna genuinamente muito superior à tradição que o sucedeu – aparece como um padrão de comparação absoluta no interior do materialismo histórico. No entanto, relativizada a regra da unidade de teoria e prática, mesmo a ciência que estava ligada de maneira mais íntima e heroica à classe trabalhadora precisa estar sujeita a uma reavaliação constante e escrupulosa. Embora o ensaio não atribua nenhuma perfeição ao marxismo clássico, os limites aos quais ele se refere são, não obstante, apresentados essencialmente como incompletudes: de fato, lacunas cujo remédio era um desenvolvimento maior da teoria, que o marxismo ocidental não foi depois capaz de levar a cabo. A possibilidade de que possa ter havido elementos na herança clássica que eram não incompletos, mas incorretos, não é tomada com seriedade suficiente. Em parte, é precisamente o acúmulo de conhecimento histórico sobre o passado que não estava à disposição das primeiras gerações de marxistas, porque estas o viveram como presente, o que permite uma nova interrogação científica de sua obra hoje.

Em outras palavras, o marxismo clássico deveria ser submetido ao escrutínio e à avaliação crítica com o mesmo rigor usado para a tradição pós-clássica dele derivada. A coragem e a calma necessárias a tal programa seriam muito maiores que no caso do marxismo ocidental, em vista da veneração com a qual quase todos os socialistas sérios trataram os mestres clássicos do materialismo histórico e da ausência, até hoje, de qualquer crítica intelectual daqueles que se mantiveram em posições políticas igual e resolutamente revolucionárias. Uma atitude de grande respeito, entretanto, não é incompatível com uma grande lucidez. O estudo do marxismo clássico hoje precisa de uma combinação de conhecimento acadêmico e honestidade cética que ainda não recebeu. Na época do pós-guerra, as melhores e mais originais obras nesse campo em geral assumiram a forma de interpretações engenhosas de algum texto ou autor canônico, Marx, Engels ou Lênin, para refutar ideias convencionais sobre algum outro, frequentemente com o objetivo de combater críticas burguesas ou interpretações errôneas do marxismo como tal. Hoje, é necessário abandonar essa prática e, em vez disso, fazer um escrutínio das credenciais dos textos dos próprios marxistas clássicos, sem qualquer apriorismo sobre sua necessária coerência ou correção. Na verdade, a responsabilidade mais importante para os socialistas contemporâneos pode ser a de isolar as principais fraquezas teóricas do marxismo clássico, explicar as razões históricas para tal e remediá-las. A presença de erros é uma das marcas de qualquer ciência: fingir sua ausência só fez desacreditar a afirmação do materialismo histórico como ciência. A costumeira comparação de Marx com Copérnico ou Galileu, se tiver de ser feita, deverá ser levada a sério: ninguém imagina hoje que os escritos destes últimos estejam livres de importantes erros e contradições. A própria posição deles como pioneiros da astronomia e da física modernas é a garantia da inevitabilidade de seus erros, na aurora do desenvolvimento de uma nova ciência. A mesma coisa, *a priori*, deve ser verdadeira ao se tratar do marxismo. Os problemas fundamentais apresentados pelos textos clássicos dessa tradição obviamente não podem ser explorados aqui. Entretanto, apenas afirmar a necessidade formal de fazer isso, sem nenhuma especificação, seria pouco mais que um gesto simbólico. Concluindo, portanto, podem ser indicadas certas áreas de atenção em que a herança do marxismo clássico parece inadequada ou insatisfatória. Os breves comentários que serão feitos sobre elas naturalmente não pretendem ser um tratamento adequado das questões em pauta. São apenas umas poucas sinalizações rápidas de problemas que devem ser considerados em outra ocasião. Por praticidade, serão restringidos à obra do trio mais destacado da tradição clássica: Marx, Lênin e Trótski.

A grandeza do conjunto de realizações de Marx não precisa ser reiterada aqui. De fato, foi a própria amplitude de sua visão geral do futuro que de certa forma induziu a ilusões e miopias localizadas em sua análise do presente de seu tempo. Marx não poderia continuar sendo tão fundamental do ponto de vista político e teórico no fim do século XX se não tivesse de vez em quando ficado fora de sincronia com o fim do século XIX, no qual viveu. Podemos dizer que seus erros e suas omissões foram o preço de suas antevisões. É a soma do conhecimento científico agora disponível sobre a história do capitalismo – bem maior que a que estava a seu alcance – que deveria possibilitar ao materialismo histórico atual ultrapassá-las. É nesse aspecto que existem três áreas em que a obra de Marx parece fundamentalmente vaga, de uma perspectiva contemporânea.

1) A primeira delas é seu tratamento do Estado capitalista. Seus primeiros escritos de fato começaram a teorizar as estruturas do que mais tarde seria a

democracia burguesa, antes que ela existisse em qualquer parte da Europa – mas em um nível muito abstrato e filosófico. Depois, entre 1848 e 1850, ele escreveu um estudo histórico concreto do Estado ditatorial peculiar criado por Napoleão III na França – sua única empreitada do tipo. Depois disso, nunca chegou a analisar diretamente o Estado parlamentar inglês sob o qual viveu pelo resto da vida. Pode-se até dizer que ele tendia a generalizar o "bonapartismo" de modo abusivo como forma típica do Estado burguês moderno, em razão de suas memórias políticas do papel contrarrevolucionário daquele em 1848. Por isso, ele foi incapaz de analisar a Terceira República francesa quando ela nasceu após a derrota de 1870. Por fim, em consequência de sua preocupação com o bonapartismo "militarista", ele parece, em contrapartida, haver tendido a subestimar a capacidade repressora dos Estados "pacifistas" inglês, holandês e estadunidense, dando às vezes a impressão de pensar que o socialismo poderia ser atingido nesses países por meios meramente pacíficos e eleitorais. O resultado foi que Marx jamais produziu um estudo coerente ou comparativo das estruturas políticas do poder da classe burguesa. Existe um notável descompasso entre seus primeiros escritos político-filosóficos e seus escritos econômicos tardios.

2) Aliada a esse fracasso, parece ter havido incompreensão de boa parte da natureza do período de seus últimos anos de vida. Embora em sua época Marx estivesse sozinho na compreensão do dinamismo econômico do modo capitalista de produção após 1850, o qual iria transformar o mundo, ele parece nunca ter registrado a grande mudança no sistema internacional de Estados que o acompanhou. As derrotas de 1848 parecem ter convencido Marx de que não poderiam ocorrer mais revoluções burguesas, em função do medo que o capital agora tinha do trabalho em todos os lugares (daí as traições na França e na Alemanha naquele ano). Na verdade, até o fim de sua vida assistiu-se a uma sucessão de revoluções capitalistas triunfantes na Alemanha, na Itália, nos Estados Unidos, no Japão e em outros lugares. Todas ocorreram sob a bandeira do nacionalismo, não da democracia. Marx supôs que o capitalismo progressivamente mitigaria e anularia a nacionalidade num novo universalismo: na realidade, seu desenvolvimento convocou e reforçou o nacionalismo. Sua incapacidade de perceber isso redundou numa série de graves erros políticos durante as décadas de 1850 e 1860, quando os grandes dramas da política europeia estavam todos interconectados a lutas nacionalistas. Por isso sua hostilidade para com o Risorgimento na Itália, seu descuido com o bismarckismo na Alemanha, sua adulação a

Lincoln nos Estados Unidos e sua aprovação do otomanismo nos Bálcãs (este último determinado pela "outra" preocupação anacrônica de 1848, o medo da Rússia). Um decisivo silêncio teórico sobre o caráter das nações e dos nacionalismos ficou para as gerações posteriores de socialistas, com consequências muito danosas.

3) A arquitetura econômica do próprio *O capital*, a maior realização de Marx, não está imune a uma série de dúvidas possíveis. A mais insistente delas diz respeito à própria teoria do valor proposta por Marx. À parte as dificuldades associadas à exclusão da escassez como determinante (ver Ricardo), existe o problema da contagem dos insumos de trabalho (ver Sraffa) e, acima de tudo, a dificuldade perturbadora de converter estes últimos em preços como meio quantificável (em contradição com os cânones normais da cientificidade e com as comparações convencionais da descoberta do mais-valor com a do oxigênio). Outro aspecto incômodo de toda a teoria do valor é a distinção entre o trabalho produtivo e o improdutivo, que, embora essencial, nunca foi teoricamente codificada nem estabelecida de modo empírico por Marx ou por seus sucessores. As conclusões mais arriscadas a que o sistema de *O capital* chegou foram o teorema geral da taxa decrescente de lucro e o princípio da polarização sempre crescente entre burguesia e proletariado. Nenhuma delas foi adequadamente substanciada. A primeira pressupunha um colapso econômico do capitalismo por meio de seus mecanismos internos; a segunda, um colapso social por meio – se não da pauperização do proletariado – da preponderância definitiva de uma vasta classe de trabalhadores industriais produtivos sobre uma burguesia minúscula, com poucos grupos intermediários ou nenhum. A ausência mesma de qualquer teoria política propriamente dita no Marx tardio pode então ter relação lógica com um catastrofismo latente em sua teoria econômica, que tornava redundante o desenvolvimento da primeira.

*

O caso de Lênin apresenta outro conjunto de problemas, pois, ao contrário de Marx e Engels, ele foi não só o autor de uma teoria original, mas o arquiteto de uma prática política que acabou organizando uma revolução socialista e criou um Estado proletário. As relações entre sua teoria e sua prática são, portanto, tão importantes quanto as relações de suas teses teóricas entre si. Os problemas principais que sua vida e sua obra parecem apresentar são os que têm a ver com a democracia proletária (no partido e no Estado) e a democracia burguesa (no Ocidente e no Oriente).

1) A teoria inicial de Lênin, de um partido neojacobino ultracentralizado em *Que fazer?* foi explicitamente baseada na distinção entre condições de clandestinidade na Rússia autocrática e legalidade na Alemanha constitucional. Ela sofreu alguns ajustes com as revoltas de massa que ocorreram durante a Revolução de 1905-1906, mas nunca foi oficialmente revisada ou modificada por Lênin. Em 1917, a ressurgência dos sovietes na Rússia convenceu Lênin de que os conselhos de trabalhadores eram a forma revolucionária necessária de poder proletário, em contraste com as formas universais de poder capitalista na Europa, e produziu o primeiro desenvolvimento real da teoria política marxista em sua famosa interpretação desses conselhos em *O Estado e a revolução*. Entretanto, Lênin nem naquele momento nem depois jamais vinculou nem integrou sua doutrina do partido com suas considerações sobre os sovietes, na Rússia ou em qualquer outro lugar. Seus textos sobre a primeira não fazem menção aos últimos, e seus textos sobre os últimos são silenciosos quanto à primeira. O resultado foi possibilitar uma reversão extremamente rápida do democratismo soviético radical de *O Estado e a revolução* ao autoritarismo partidário radical do Estado russo real após a deflagração da Guerra Civil. Os discursos de Lênin após a Guerra Civil registram o declínio dos sovietes, mas sem grande preocupação ou sério pesar. Suas soluções máximas para a retomada da democracia proletária contra a usurpação por uma burocracia chauvinista na União Soviética propõem meramente mudanças internas limitadas no partido, não na classe ou no país: não há alusão aos sovietes em seu testamento político. O fracasso teórico aqui presente pode estar relacionado aos erros práticos cometidos por Lênin e pelos bolcheviques durante e após a Guerra Civil, no exercício e na justificativa de uma repressão política da oposição que provavelmente se confirmará desnecessária e retrógrada quando os historiadores marxistas a tiverem estudado com honestidade.

2) Lênin começou sua carreira reconhecendo a distinção histórica fundamental entre Europa Ocidental e Europa Oriental em *Que fazer?*. Em várias ocasiões posteriores (especialmente em *Esquerdismo, doença infantil do comunismo*), aludiu ao assunto de novo, mas nunca o tomou seriamente como objeto de reflexão política marxista. O notável é que sua obra talvez mais importante, *O Estado e a revolução*, é inteiramente genérica na discussão do Estado burguês – o qual poderia estar em qualquer lugar do mundo, pela maneira como ele o trata. Na realidade, o Estado russo que acabara de ser eliminado pela Revolução de Fevereiro era categoricamente distinto dos Estados alemão,

francês, inglês e estadunidense de que tratavam as citações de Marx e Engels nas quais Lênin se baseava. Deixando de delimitar de modo inequívoco uma autocracia feudal e as democracias burguesas, Lênin involuntariamente ensejou entre marxistas posteriores uma confusão constante que de fato os impediu de desenvolver uma estratégia revolucionária contundente no Ocidente. Isso só poderia ter sido feito com base na teoria direta e sistemática do Estado burguês democrático representativo dos países capitalistas avançados e nas combinações específicas de seu aparato de consentimento e coerção, que eram estranhas ao tsarismo. A consequência prática desse bloqueio teórico foi a incapacidade da Terceira Internacional, fundada e orientada por Lênin, de atingir qualquer implantação de massas nos maiores centros do imperialismo moderno nos anos 1920: o mundo anglo-saxão da Inglaterra e dos Estados Unidos. Outro tipo de partido e outro tipo de estratégia eram necessários nessas sociedades, e não foram inventados. O trabalho de Lênin sobre economia em *Imperialismo, fase superior do capitalismo*, apesar de representar um considerável avanço na época em que foi escrito (1916), tinha, em grande parte, cunho descritivo e, depois da guerra, tendeu a sugerir uma incapacidade do capitalismo moderno de se recuperar de seus desastres, o que encontrou formulação oficial em numerosos documentos da Comintern. Mais uma vez, um catastrofismo econômico tácito acabou por dispensar os militantes socialistas do difícil trabalho de desenvolver uma teoria política das estruturas de Estado com a qual eles tinham de lutar no Ocidente.

*

Pouca avaliação teórica séria da obra de Trótski foi feita até agora. É curioso que a obra de Deutscher, provavelmente a mais lida biografia de um revolucionário, não foi acompanhada nem sucedida por um estudo sistemático comparável das ideias de Trótski – em parte, talvez, porque seus próprios méritos tenham encoberto a necessidade disso. A obra de Trótski, temporalmente mais próxima da polêmica política de hoje que a dos demais teóricos da tradição clássica, precisa de uma análise honesta e desapaixonada de um tipo que até agora em geral não recebeu. As principais dificuldades que ela apresenta parecem ser as seguintes:

1) A ideia de "revolução permanente" foi proposta por Trótski para explicar e prever o curso da Revolução Russa. Ela provou ser precisa. Não ocorreu revolução burguesa na Rússia; não se desenvolveu uma estabilização

capitalista intermediária; uma insurreição da classe trabalhadora instalou um Estado proletário poucos meses depois do fim do tsarismo; e esse Estado não conseguiu construir o socialismo quando houve o isolamento num único país. Entretanto, depois de 1924, Trótski generalizou seu esquema da Revolução Russa para incluir todo o mundo colonial e ex-colonial, declarando que dali por diante não poderia haver revolução burguesa bem-sucedida em nenhum país atrasado nem fase estabilizada de desenvolvimento capitalista antes de uma revolução do proletariado. As duas principais realizações sempre citadas como impossíveis para qualquer burguesia colonial eram o êxito da independência nacional e uma solução para a questão agrária. A experiência histórica do pós-guerra seria ainda mais ambígua. O exemplo da Revolução da Argélia parece contradizer a primeira avaliação; o caso da Revolução Boliviana, a última. Um terceiro critério, não mencionado com muita frequência, era o estabelecimento da democracia representativa (parlamentar): trinta anos de União Indiana indicam que isso também pode ser possível. Linhas secundárias de defesa poderiam argumentar que nenhuma ex-colônia conseguiu preencher todos os três critérios, que a verdadeira independência, a solução da questão agrária e a democracia nunca foram obtidas em nenhum país, em consequência do papel que neles desempenham o imperialismo, a usura e a corrupção. Mas qualquer ampliação indevida dos critérios para uma revolução burguesa desse tipo ou tende a transformar em tautologia a teoria da revolução permanente (somente o socialismo pode por definição subtrair um país completamente do mercado mundial, ou resolver todos os problemas do campesinato), ou exige dela credenciais que nunca teriam sido atingidas nem pelos próprios países capitalistas avançados (que levaram séculos para alcançar a democracia burguesa, por exemplo, com muitos retrocessos semelhantes aos da Índia contemporânea). O axioma da "revolução permanente" deve, portanto, ser considerado até agora não provado como teoria geral. Suas dificuldades poderiam talvez ter sido presumidas, na medida em que ele deriva literalmente de um texto de Marx de 1850. Tal fidelidade canônica a Marx dificilmente seria garantia de precisão científica.

2) Os escritos de Trótski sobre o fascismo representam a única análise direta e desenvolvida de um Estado capitalista moderno em todo o marxismo clássico. Apesar de ter qualidade superior a qualquer coisa escrita a esse respeito por Lênin, eles lidam com o que se provou uma forma atípica de Estado burguês no século XX, por maior que tenha sido a importância de seu

aparecimento na época. Para teorizar a especificidade do Estado fascista como inimigo mais mortífero de qualquer classe trabalhadora, sem dúvida Trótski teve de apresentar elementos de uma contrateoria do Estado burguês democrático para estabelecer o contraste entre os dois. Portanto, a democracia burguesa é tratada com mais substância em seus escritos que em qualquer um de seus predecessores. No entanto, Trótski nunca desenvolveu um estudo sistemático a respeito. A falta de tal teoria parece ter provocado determinados efeitos em seus juízos políticos após a vitória do nazismo. Em particular, enquanto seus ensaios sobre a Alemanha enfatizavam a necessidade imperativa de ganhar a pequena burguesia para uma aliança com a classe trabalhadora (citando o exemplo do bloco contra Kornílov na Rússia), seus ensaios sobre a Frente Popular na França dispensavam a organização tradicional da pequena burguesia local, o Partido Radical, como um mero partido de "imperialismo democrático" que deveria em princípio ser excluído de qualquer aliança antifascista. A mesma diferença é evidente em seus artigos sobre a Guerra Civil Espanhola, embora com algumas ressalvas e correções. Então, no início da Segunda Guerra Mundial, Trótski condenou o conflito internacional como uma mera repetição interimperialista da Primeira Guerra Mundial, na qual a classe trabalhadora não deveria optar por nenhum dos lados – apesar do caráter fascista de um e do caráter democrático-burguês do outro. Essa posição era justificada pela afirmação de que, como todo o mundo imperialista estava se deteriorando, de qualquer maneira, na direção do desastre econômico nos anos 1930, a distinção entre as duas formas de Estado capitalista havia deixado de ser de importância prática para a classe trabalhadora. Os erros dessa evolução teórica parecem evidentes. Os próprios escritos anteriores de Trótski sobre a Alemanha são a melhor refutação de seus escritos posteriores sobre a guerra. Assim que a URSS foi atacada pela Alemanha, claro, Trótski teria alterado sua posição sobre o conflito mundial. Mas o catastrofismo econômico que parece ter motivado os erros de sua fase final foi uma constante da Terceira Internacional a partir de Lênin e teve sua fonte máxima, conforme vimos, em Marx.

3) Trótski foi o primeiro marxista a desenvolver uma teoria da burocratização de um Estado operário. Seu estudo sobre a União Soviética nos anos 1930 continua sendo uma obra de mestre, de qualquer ponto de vista. Entretanto, as implicações e os paradoxos da ideia de um "Estado operário" que sistematicamente reprimia e explorava a classe trabalhadora nunca foram, talvez de modo inevitável, explorados por ele. Em particular, a teoria tal qual

foi legada por ele não teria muita chance de prever ou explicar a emergência de novos Estados desse tipo que não da Rússia onde não houvesse proletariado industrial comparável (China) ou revolução social comparável vinda de baixo (Leste Europeu), e onde obviamente fosse criado um sistema histórico semelhante, sem nenhuma degeneração anterior. Polêmicas posteriores sobre a extensão do conceito de "stalinismo" refletiriam essa dificuldade. Outro problema da teoria geral de Trótski sobre a natureza de um Estado operário burocratizado seria apresentado por sua tese de que seria indispensável uma "revolução política" coercitiva para restaurar a democracia proletária onde ela houvesse sido abolida por uma casta usurpadora de altos funcionários. Essa perspectiva até agora foi repetidamente justificada pelos acontecimentos na União Soviética, contra as esperanças daqueles que, como Deutscher, acreditavam na possibilidade de uma reforma gradual e pacífica do governo burocrático vinda de cima. Mas a premissa de Trótski era, evidentemente, a preexistência de uma democracia proletária original que houvesse sido confiscada e, portanto, pudesse ser recuperada numa revolta política imediata. Na China, no Vietnã e em Cuba, entretanto, a ideia de "revolução política" pareceu ser historicamente muito menos persuasiva, em razão da falta, desde o início, de sovietes para restaurar. Em outras palavras, nesses países se impôs a difícil questão de "datar" o período em que uma revolução política possa ser considerada um objetivo não utópico e oportuno. Trótski deixou poucos cenários possíveis de como isso poderia ocorrer, mesmo na Rússia. Desde então, praticamente não se discutiu como ela poderia ou deveria ser realizada na China ou em Cuba. Assim, alguns dos problemas mais importantes implicados em qualquer ideia de "Estado operário" ou "revolução política" permaneceram sem solução.

*

Esses, então, são alguns dos problemas canônicos apresentados por qualquer estudo da literatura clássica do materialismo histórico. Registrá-los não é de modo algum faltar com o respeito a seus maiores pensadores. Seria absurdo imaginar que Marx, Lênin ou Trótski pudessem ter resolvido com sucesso todos os problemas de suas respectivas épocas, quanto mais os que surgiram depois. O fato de Marx não ter decifrado o enigma do nacionalismo, de Lênin não ter elucidado as oscilações da democracia burguesa ou de Trótski não ter previsto revoluções sem sovietes não é motivo de surpresa nem de censura. A escala de suas realizações não é diminuída por uma lista de suas omissões ou erros. De fato, visto que a tradição que eles representam sempre se preocupou com estruturas políticas e econômicas de uma maneira que o marxismo ocidental, com sua orientação tipicamente filosófica, não se preocupou, as mesmas questões voltam a emergir na prática como problemas universais perante qualquer militante socialista no mundo contemporâneo. Já vimos, a esta altura, como estas são numerosas e persistentes. Qual é a natureza constitutiva da democracia burguesa? Quais são a função e o futuro do Estado-nação? Qual é o real caráter do imperialismo como sistema? Qual é o significado histórico de um Estado operário sem democracia dos trabalhadores? Como uma revolução socialista pode ser feita nos países capitalistas avançados? Como o internacionalismo pode se tornar uma prática genuína, e não apenas um ideal bem-intencionado? Como se pode evitar o destino de revoluções anteriores em condições comparáveis nas ex-colônias? Como se pode atacar e abolir sistemas estabelecidos de privilégio burocrático e opressão? Qual seria a estrutura de uma democracia socialista autêntica? Estes são os grandes problemas não respondidos que compõem a agenda mais urgente da teoria marxista hoje em dia.

Nas trilhas do
materialismo histórico

Preâmbulo
Frank Lentricchia

Historiador e sociólogo da história, editor da *New Left Review*, historiador da teoria marxista moderna e agora também teórico generativo – em *Passagens da Antiguidade ao feudalismo* (1974), *Linhagens do Estado absolutista* (1974)*, *Considerações sobre o marxismo ocidental* (1976), e *Arguments within English Marxism* [Polêmicas do marxismo inglês] (1980), para citar os títulos principais –, Perry Anderson tornou-se, ao longo dos últimos quinze anos, um de nossos poucos marxistas contemporâneos de peso. Foi em sua obra máxima *Considerações sobre o marxismo ocidental*, uma história intelectual da teoria marxista na Europa Ocidental de aproximadamente 1920 a 1968 – ou seja, mais ou menos na sequência do isolamento da Revolução Russa –, que Anderson produziu o que é amplamente considerado nosso guia mais aprofundado sobre o marxismo moderno e sua interpretação. Seu foco em *Considerações* volta-se com precisão, de modo um tanto exclusivo, para as obras de Lukács, Korsch, Gramsci, Adorno, Marcuse, Benjamin, Sartre, Althusser, Della Volpe e Colletti. Em seu novo livro, *Nas trilhas do materialismo histórico* – cuja maior parte foi ministrada como a segunda série anual das Wellek Library Lectures em Irvine, em maio de 1982 –, Anderson nega, com várias boas razões, que tenha escrito uma continuação de *Considerações*. O período do qual ele trata é muito mais curto; seu estilo aqui é (à maneira de uma palestra pública) ligeiramente mais informal; no livro novo, ao contrário do antigo, ele precisa lidar com o marxismo em seu contexto intelectual – desenvolvimentos simultâneos em filosofia contemporânea e teoria crítica. Mesmo assim, não acho que seja deselegante de minha parte (dado o gênero de meus comentários) nem

---

* Eds. bras. (ambos): trad. Renato Prelorentzou, São Paulo, Editora Unesp, 2016. (N. E.)

impreciso (dado o que Anderson escreveu) dizer que *Nas trilhas do materialismo histórico* é de fato uma espécie de continuação de *Considerações sobre o marxismo ocidental*. Os que leram e apreciaram a obra anterior verão as coisas dessa maneira. Os que não leram não terão desvantagem alguma nisso: lerão agora uma exposição cativante da teoria contemporânea, uma das poucas obras de teoria contemporânea (talvez existam outras três ou quatro) a que voltaremos e então recomendaremos a nossos amigos e alunos. E uma razão nada insignificante para o tipo de impacto que, imagino, este livro terá está em sua realização estilística: é extraordinariamente compacto – em espaço reduzido, evoca todo o espectro de discussão teórica atual –, sagaz, polêmico e o tempo todo claro e acessível, até mesmo, imagino, para aqueles que se situarem fora do campo do marxismo do século XX.

Nas trilhas do materialismo histórico é composto por três capítulos e um pós-escrito. O primeiro capítulo, "Previsão e desempenho", contém apanhados retrospectivos substanciais do marxismo ocidental que ele historiou no livro anterior; trata-se de um ensaio refinado da crítica que ele tece ao isolamento intelectualista e à quebra de todos os vínculos que poderiam ter ligado o marxismo ocidental aos movimentos populares em prol do socialismo revolucionário, bem como das razões históricas para essa separação fatal entre teoria e prática. Como Anderson observa acidamente, no "auge da Guerra Fria dos anos 1950, quase todo teórico marxista de peso era detentor de uma cátedra na academia, e não de um posto na luta de classes".

O marxismo ocidental, apesar de suas brilhantes realizações em epistemologia e estética e de suas explorações de importância inegável nos âmbitos de atividade cultural mais elevada, não só reverteu o próprio itinerário de Marx (da filosofia à política e à economia), mas também, ao reviver de modo tão obstinado um discurso filosófico restrito, acabou praticamente não se interessando pela *discussão estratégica* da estrada para o "socialismo realizável". Então, embora seja muito compreensivo quanto à situação histórica imensamente difícil do marxismo ocidental, Anderson não se abstém de apontar suas "relações laterais com a cultura burguesa", seu "pessimismo subjacente" e seu recuo total em relação aos objetivos do marxismo clássico. Tampouco se abstém de apontar que várias previsões por ele feitas em *Considerações* sobre o futuro do marxismo, na esteira da exaustão deste no fim dos anos 1960, embora confirmadas de modo geral, não dão nenhum motivo de consolo para os marxistas. Afinal, a materialização da reunificação entre teoria e prática popular – sua previsão mais importante – fracassou de modo retumbante. A falta de pensamento estratégico no marxismo ocidental continua a enfraquecer o pensamento marxista em geral: uma "pobreza de estratégia", diz Anderson, não uma "pobreza de teoria".

No restante do primeiro capítulo, Anderson apresenta um rápido levantamento do trabalho essencial realizado no marxismo desde o fim dos anos 1960, com ênfase na surpreendente emergência da cultura marxista na Inglaterra e nos Estados Unidos, mesmo enquanto na Europa latina, terra do marxismo ocidental, testemunhava-se seu declínio acentuado. A transição para o segundo capítulo é uma breve exposição das febres anticomunistas, políticas e culturais, na Europa latina: a inversão de rumo de Colletti, as mudanças de Sollers e Kristeva do maoismo para o misticismo e para a celebração da ordem social dos Estados Unidos, a emergência de André Glucksmann, ironicamente um protegido de Althusser, tudo isso mais ou menos dentro de um cenário de acomodação, na Europa Ocidental, às políticas existentes.

Mas é no segundo e no terceiro capítulos ("Estrutura e sujeito", "Natureza e história") que Anderson fala com mais energia em seu próprio nome, como teórico marxista, pois é aí que ele esboça primeiro uma exposição da derrota do marxismo latino nas mãos de um adversário – o estruturalismo e o pós-estruturalismo – que se empenhou num combate frontal com o marxismo no próprio terreno que este por tanto tempo afirmou explicar melhor que todos os outros: o das relações entre estrutura e sujeito, sistema e agência, na história e na sociedade humanas. Depois de esboçar a batalha e a vitória que, em suas palavras, fizeram de "Paris o centro da reação intelectual europeia", Anderson empreende sua intervenção, na parte mais original do livro, montando o ataque lógico mais contundente que já vi às ideias estruturalistas e pós-estruturalistas. O poder de persuasão de Anderson nessas páginas reside, em parte, na disposição de confrontar o estruturalismo em suas fontes – especialmente Saussure e o modelo linguístico derivado dele. É o uso universal do modelo linguístico – argumenta ele – a causa de diversas "analogias abusivas" no estruturalismo: a "exorbitância da linguagem", a "atenuação da verdade", a "aleatoriedade da história", e – a melhor ironia – o "emborcamento das estruturas". Para avaliar mais adequadamente esses abusos, Anderson recorre não a Marx, mas a Saussure, para o depoimento de que nem o parentesco nem a economia são comensuráveis com a instituição da língua. Tendo assim estabelecido as dificuldades genealógicas do estruturalismo, ele produz uma análise pessoal do estruturalismo e do pós-estruturalismo que mostra precisamente por que esses pretendentes filosóficos ao lugar do marxismo na França e na Itália não demonstram muito interesse por mudanças sociais e, no caso do próprio Derrida, quase nenhum interesse na exploração da realidade social ou na defesa de um ponto de vista político em particular. (Quanto a este último ponto, os leitores da escola de crítica literária de Yale entenderão uma crítica implícita dessa prática.) A maior exceção na Europa Ocidental é Habermas, cuja filosofia da linguagem e da história, com suas fontes no marxismo da Escola de Frankfurt, não exclui a política como tal, apesar de suas muitas afinidades com o estruturalismo. Nas palavras de Anderson: "Ao contrário de seus homólogos franceses, Habermas tentou uma análise estrutural direta das tendências imanentes do capitalismo contemporâneo e da possibilidade de que elas originem crises capazes de mudar o sistema"*. Anderson conclui o terceiro capítulo com um rápido esboço do destino político dos movimentos comunistas internacionais a partir da Guerra Fria, passando por Khruschov, por Mao e pelo eurocomunismo: contextos políticos práticos do fracasso do marxismo latino e da concomitante ascensão do estruturalismo.

No "Pós-escrito", Anderson faz um inventário das relações entre marxismo e socialismo, e, ao fazê-lo, precisa confrontar as "pretensões cognitivas" do primeiro às energias morais e utópicas renovadas do segundo. Propondo a luta de classes como o operador histórico primordial da mudança social, Anderson entra num debate solidário com porta-vozes do feminismo e do movimento antinuclear. Observa com cautela (sem ressalvas defensivas) as inadequações da tradição marxista em torno do tema das mulheres e as transcendentes reivindicações dos partidários da desnuclearização por todos nós, diante do extermínio. Além disso, faz um apelo eloquente pela integração desses movimentos radicais. Mas no fim Anderson advoga a primazia do materialismo histórico: o lucro não vê nem gênero nem cor de pele, e os capitalistas, tanto quanto os socialistas, têm interesse óbvio em continuar vivos. Está claro que a implicação apontada, de que os movimentos feminista e antinuclear não são radicais o bastante, não ficará sem resposta. Por outro lado, é esse o tipo de desafio ousado e empolgante que ele se propõe ao longo de seu trabalho. *Nas trilhas do materialismo histórico* deveria se tornar foco de controvérsia e também de instrução.

---

* Ver, neste volume, p. 211. (N. E.)

Prefácio

O texto deste livrinho pede uma explicação. Quando o Programa em Teoria Crítica da Universidade da Califórnia em Irvine me convidou a dar três palestras numa série associada à Biblioteca Wellek, escolhi discutir a situação contemporânea de apenas uma dessas teorias. Como eu já tinha tentado fazer um esboço, em meados dos anos 1970, da evolução do marxismo na Europa Ocidental desde a Primeira Guerra Mundial, apresentando algumas previsões quanto a suas prováveis direções futuras, pareceu-me oportuno repassar os desenvolvimentos intelectuais desde então e ver como minhas conjeturas anteriores haviam se saído. O resultado não é exatamente uma continuação de *Considerações sobre o marxismo ocidental*. Isto em parte porque o período com o qual ele lida é curto demais: mal chega a uma década, na verdade. Um intervalo como esse não permite o tipo de retrospecto sereno que meio século de história pode propiciar. Proporções e relações são sempre passíveis de serem escorçadas em distância tão curta, com consequentes distorções. A forma das análises apresentadas aqui também difere da exposição anterior. Enunciadas como palestras, num cenário acadêmico, elas empregam um discurso mais informal que o das páginas de um livro, discurso que implica o uso mais frequente do pronome pessoal. Pareceu-me artificial alterar isso após o evento; mas segue sendo uma característica a ser escusada. Outra peculiaridade do texto, conforme se verá, é a abordagem inicial do tema, introduzido sob a rubrica de comentários gerais a respeito da noção da "teoria crítica" propriamente dita e suas ambiguidades.

Pode-se observar outra diferença em relação às linhas do estudo anterior. Naquela ocasião, não era viável realizar a investigação de desenvolvimentos recentes no marxismo sem antes considerar os desenvolvimentos filosóficos simultâneos que, situados fora dele, afetavam ou pareciam afetar seus destinos.

Por esse motivo, a segunda palestra é em grande parte dedicada à discussão do estruturalismo e do pós-estruturalismo franceses. Aqui tenho uma dívida dupla. Devo a inspiração geral para minha abordagem desse campo a Sebastiano Timpanaro, cuja combinação de pesquisa acadêmica crítica e fibra política constitui um exemplo para todo socialista da minha geração. Nas reflexões mais circunscritas, devo muito a Peter Dews. Seu livro que em breve será publicado sobre o assunto, *A Critique of French Philosophical Modernism** [Uma crítica do modernismo filosófico francês], de âmbito incomparavelmente mais amplo e natureza mais refinada, foi escrito com uma autoridade e uma compreensão que eu não possuo: seu lançamento em breve tornará estas páginas mais ou menos obsoletas. Elas terão servido a seu propósito se de algum modo prepararem o leitor – ainda que em registro um tanto discordante – para o dele.

Para enfeixar as palestras, incluí um pós-escrito que levanta alguns problemas não diretamente abordados por elas: questões que dizem respeito às relações entre o marxismo e o socialismo, essencialmente. De modo geral, o livro tenta rastrear os movimentos do materialismo histórico, que, ao longo dos últimos anos, tomou mais de uma direção. Os resultados, necessariamente, não poderiam constituir mais que uma leitura provisória. Como tais, têm a intenção de simplesmente apresentar um guia básico para algumas das mudanças no ambiente intelectual na passagem da década de 1970 para a de 1980. Fico feliz que elas apareçam numa série vinculada ao nome de René Wellek, decano da literatura comparada e mestre da história da crítica. Sua postura internacionalista sem rigidez e sua defesa diligente dos padrões clássicos de argumentação e avaliação racionais deveriam provocar a admiração de qualquer pessoa ligada aos valores do marxismo – corrente de pensamento que está distante da dele. Seja como for, provocam minha admiração. Ao fim de *Discriminations: Further Concepts of Criticism*** [Discriminações: mais conceitos de crítica], Wellek ofereceu a seus leitores "um mapa da crítica contemporânea na Europa". Aqui se tenta algo semelhante para o materialismo histórico na América do Norte e na Europa Ocidental. Gostaria de agradecer especialmente a Frank e Melissa Lentricchia, Mark Poster e Jon Wiener pela oportunidade de fazer essa tentativa e pela hospitalidade calorosa em Irvine.

---

* Lançado posteriormente com o título *Logics of Desintegration: Poststructuralist Thought and the Claims of Critical Theory* (Londres, Verso, 1987). (N. E.)

** René Wellek, *Discriminations: Further Concepts of Criticism* (New Haven, Yale University Press, 1970). (N. E.)

1
Previsão e desempenho

A expressão "teoria crítica", que nos traz aqui esta noite, contém suas próprias ambiguidades peculiares, ainda que produtivas. Teoria, em primeira instância, de quê? Os usos oscilam entre dois polos principais: o mais familiar é o da literatura, como nos lembra o nome e a coleção que estamos homenageando. Mas também da sociedade, como consideraria uma tradição menos ampla, porém mais polêmica e radical. Nessa segunda versão, as duas palavras que compõem a fórmula muitas vezes são grafadas com as iniciais maiúsculas, como o símbolo de sua distância diacrítica da primeira. O outro componente da expressão levanta questões semelhantes. Que espécie de crítica está sendo teorizada? A partir de que fundamento e com base em quais princípios? Está em jogo aqui um amplo espectro de pontos de vista possíveis, como deixa claro esta série mesma, em sua abrangência. Na prática, a própria variedade de posições dentro da crítica literária, com os atritos e as colisões consequentes entre elas, sempre tenderam a implicar o literário com o social, como perceberão os leitores de *History of Criticism* [História da crítica], de René Wellek. A conexão compulsiva entre as duas tem sido atestada com frequência até mesmo por aqueles que repudiaram terminantemente o próprio conceito de "teoria". A crítica de literatura, conforme proclamou [Frank Raymond] Leavis, afinal, é "crítica da vida". Esse movimento involuntário – explicitado ou sugerido – do literário para o social não se tem invertido de modo tão geral num movimento do social para o literário. Não é difícil entender as razões. Afinal, a crítica literária, seja "prática" seja "teórica", costuma ser apenas isso, *crítica*, em que seu impulso irreprimivelmente *avaliativo* tende, de modo espontâneo, a transpor as fronteiras do texto na direção da vida associada que está além dele. A teoria social como tal, paradoxalmente, carece de carga discriminatória comparável. A teoria da ação, que dominou a sociologia estadunidense por tanto tempo, é um caso bem próximo. Enquanto a maioria das teorias da literatura propõe, de modo direto ou indireto, algum discurso sobre a sociedade, são relativamente poucas as teorias da sociedade que contêm, mesmo que de modo indireto, um discurso sobre a literatura. É difícil imaginar uma poética parsoniana; mas é fácil discernir uma sociologia ou uma história em ação na neocrítica (*new criticism*).

A teoria crítica que vou discutir é, nesse aspecto, uma exceção. Evidentemente, o marxismo se enquadra de modo maciço e preeminente na categoria dos sistemas de pensamento preocupados com a natureza e a direção da sociedade como um todo. Entretanto, ao contrário da maioria de seus rivais nesse campo, ele também desenvolveu neste século um extenso discurso sobre literatura. Existem numerosas razões para isso, mas uma delas sem dúvida se encontra na própria intransigência da *crítica* que os fundadores do materialismo histórico fizeram da ordem capitalista em que viviam. Radical e inexpugnavelmente crítico desde o começo, o marxismo foi logo carregado por seu próprio ímpeto para o terreno da crítica literária. A correspondência de Marx com [Ferdinand] Lassalle mostra como esse movimento foi natural em seu gesto inaugural. Não se quer dizer com isso que houvesse uma concordância fácil entre o discurso social e o literário dentro do marxismo, na época ou depois. Pelo contrário, a história de suas relações foi complexa, tensa e irregular, marcada por múltiplas fraturas, deslocamentos e impasses. Se jamais ocorreu uma ruptura completa, desde aproximadamente a época de Mehring, isso se deve sem dúvida ao fato de que, além do ponto de partida *crítico* comum aos dois, sempre houve uma linha *histórica* final de fuga ao longo do horizonte de cada um. Não é inteiramente fortuito, então, que a locução contemporânea "teoria crítica" tivesse duas conotações dominantes: por um lado um conjunto generalizado de teoria sobre literatura, do outro um *corpus* particular de teoria sobre a sociedade, proveniente de Marx. É este último que costuma adquirir letras maiúsculas, mudança para a caixa-alta essencialmente efetuada pela Escola de Frankfurt nos anos 1930. Horkheimer, que codificou esse sentido em 1937, pretendia recuperar com ele o gume filosófico afiado do materialismo de Marx, que havia ficado excessivamente embotado – acreditava sua geração – pela herança da Segunda Internacional. Do ponto de vista político – declarou Horkheimer –, a única preocupação do teórico crítico era "acelerar um desenvolvimento que conduzisse a uma sociedade sem exploração"[1]. Do ponto de vista intelectual, entretanto, ele buscava

---

[1] Max Horkheimer, "Traditionelle und kritische Theorie", *Zeitschrift für Sozialforschung*, v. 2, 1937, p. 274 [ed. bras.: "Teoria tradicional e teoria crítica", em Max Horkheimer et al.,

– nas palavras posteriores de Adorno – "tornar os homens teoricamente conscientes do que é que distingue o materialismo"[2]. O impulso principal das intervenções da Escola de Frankfurt ao longo dos anos situava-se na seguinte direção: uma longa e apaixonada elucidação crítica das heranças e contradições da filosofia clássica e de seus sucessores contemporâneos, a qual, ao longo dos anos, se voltou cada vez mais para os domínios da literatura e da arte na obra de Adorno e Marcuse, cada um dos quais tendo direcionado sua carreira para o reino da estética. Ainda assim, definir o marxismo como teoria crítica apenas em termos de objetivo de uma sociedade sem classes ou dos procedimentos de uma filosofia conscientemente materialista é sem dúvida insuficiente. A verdadeira propriedade dessa expressão para o marxismo reside em outra parte.

O que há de distintivo no tipo de crítica que o materialismo histórico em princípio representa é que ele inclui, de forma indivisível e infatigável, a *autocrítica*. Isto é, o marxismo é uma teoria da história que afirma, ao mesmo tempo, apresentar uma história da teoria. Um marxismo do marxismo estava inscrito em sua constituição desde o começo, quando Marx e Engels definiram as condições de suas próprias descobertas intelectuais como a emergência das contradições de classe estabelecidas na sociedade capitalista e seus objetivos políticos não como mero "estado de coisas ideal" a ser instaurado, mas como o que é carreado pelo "movimento real que supera o estado de coisas"*. Essa concepção não implicava nenhum elemento de positividade fátua – como se a verdade estivesse daqui por diante garantida pelo tempo, o ser pelo devir, e a doutrina deles fosse imune ao erro graças à pura e simples imersão na mudança. "As revoluções proletárias", escreveu Marx,

> encontram-se em constante autocrítica, interrompem continuamente sua própria marcha, retornam ao que aparentemente conseguiram realizar para começar tudo de novo, zombam de modo cruel e minucioso de todas as meias medidas, das

---

Textos escolhidos. São Paulo, Abril Cultural, 1983, p. 117-61]. Ele ainda observa que um teórico desse calibre poderia "encontrar-se em contradição com visões predominantes entre os explorados"; de fato, "sem a possibilidade desse conflito não haveria necessidade da teoria que eles exigem, pois ela estaria imediatamente disponível".

[2] Theodor Adorno, *Negative Dialectics* (trad. ing. E. B. Ashton, Londres, Routledge and Kegan Paul, 1973), p. 197 [ed. bras.: *Dialética negativa*, trad. Marco Antonio Casanova, Rio de Janeiro, Zahar, 2009].

* Karl Marx e Friedrich Engels, *A ideologia alemã* (trad. Rubens Enderle, Nélio Schneider e Luciano Cavini Martorano, São Paulo, Boitempo, 2007), p. 38n. (N. E.)

debilidades e dos aspectos deploráveis de suas primeiras tentativas, parecem jogar seu adversário por terra somente para que ele sugue dela novas forças e se reerga diante delas em proporções ainda mais gigantescas [...]³

Duas gerações depois, Karl Korsch foi o primeiro a aplicar essa autocrítica revolucionária ao desenvolvimento do marxismo desde aqueles emocionantes dias de 1848, distinguindo – em suas próprias palavras – "três grandes estágios pelos quais a teoria marxista havia passado *desde* seu nascimento – inevitavelmente no contexto do desenvolvimento social concreto dessa época"[4]. Essas palavras foram escritas em 1923. Sem ter total consciência disso, seu autor inaugurava com elas um quarto estágio na história da teoria marxista – estágio cuja forma final estava longe de suas expectativas e esperanças naquela época. Eu mesmo tentei explorar algo do que essa forma provou ser, no ensaio sobre o curso e a configuração do marxismo ocidental do final da Primeira Guerra Mundial até o fim do longo *boom* que se seguiu à Segunda Guerra Mundial – o meio século entre 1918 e 1968[5]. Esse estudo, escrito em meados dos anos 1970, incluía um diagnóstico e algumas previsões. Traçava um balanço provisório de um longo período que parecia estar chegando ao fim e sugeria outras direções para as quais a teoria marxista seguiria ou deveria seguir, em novo cenário. Um dos grandes objetivos destas palestras será medir a precisão da análise e das previsões daquele texto à luz dos desenvolvimentos subsequentes.

Antes que essa tarefa seja encetada, entretanto, é necessário fazer uma observação preliminar. Afirmei que o marxismo se distingue de todas as outras variantes de teoria crítica por sua capacidade – ou ao menos por sua ambição – de compor uma teoria *auto*crítica capaz de explicar suas próprias gênese e metamorfoses. Essa peculiaridade, porém, precisa de mais especificações. Não esperamos que a física ou a biologia nos apresentem os conceitos necessários para pensar o surgimento delas como ciências. Para esse objetivo é necessário outro vocabulário, ancorado num contexto convencionalmente distinguido como de "descoberta", e não de "validação". É evidente que os princípios de

---

[3] Karl Marx, *O 18 de Brumário de Luís Bonaparte* (trad. Nélio Schneider, São Paulo, Boitempo, 2011), p. 30.

[4] Karl Korsch, *Marxism and Philosophy* (trad. ing. Fred Halliday, Londres, Monthly Review Press, 1970), p. 51 [ed. bras.: *Marxismo e filosofia*, trad. José Paulo Netto, Rio de Janeiro, Editora UFRJ, 2008].

[5] *Considerations on Western Marxism* (Londres, New Left Books, 1976) [*Considerações sobre o marxismo ocidental*, neste volume].

inteligibilidade da história dessas ciências não são simplesmente externos a elas. Pelo contrário, o paradoxo é que, uma vez constituídas, elas costumam adquirir um grau relativamente alto de evolução imanente, regulada pelos respectivos problemas formulados dentro de cada uma e por suas sucessivas resoluções. Aquilo que Georges Canguilhem – historiador das ciências da natureza explicitamente empenhado no estudo das dimensões sociais "normativas" que incidem sobre elas – não hesita em chamar de "atividade axiológica" comum, "a busca da verdade"[6] atua como um regulador interno que as isola cada vez mais (mas não completamente) de uma ordem puramente externa de determinações na história cultural ou política. Poderíamos dizer que, embora as origens das ciências naturais escapem completamente a seu próprio campo teórico, quanto mais elas se desenvolvem, menos necessidade têm de que qualquer outro campo teórico explique seu desenvolvimento. A "busca da verdade" institucionalizada e a estrutura de problemas definida pelo paradigma dominante são suficientes para explicar seu crescimento. Canguilhem, assim como Lakatos na filosofia anglo-saxã da ciência, afirma nesse sentido a prioridade da história interna dos conceitos das ciências naturais, em sua sequência de derivações, rupturas e transformações. Para Canguilhem, a história externa delas, sempre presente, costuma tornar-se causalmente crucial apenas nas conjunturas em que o progresso "normal" falha.

Em contrapartida, disciplinas como a de estudos literários – tradicionalmente descritas como humanidades – poucas vezes reivindicaram qualquer tipo de progresso racional cumulativo. Elas estão sujeitas aos mesmos tipos de determinação externa em suas origens, mas nunca se distanciam delas da mesma maneira daí por diante. Em outras palavras, elas não possuem nem estabilidade axiológica derivada da autonomia da veracidade, nem mobilidade autorreflexiva capaz de explicar seus padrões cambiantes de investigação em termos de seus próprios conceitos. Uma disciplina que buscava explicitamente fazer isso era, claro, a sociologia do conhecimento desenvolvida por [Max] Scheler e [Karl] Mannheim. Mas seu esforço estava além de suas próprias possibilidades, terminando num relativismo que ao fim negava qualquer validade cognitiva às ideologias ou às utopias que desmantelava, minando, assim, suas próprias pretensões. Adorno observou: "O 'todo' do conceito indiscriminadamente total

---

[6] Georges Canguilhem, *Études d'histoire de philosophie des sciences* (Paris, J. Vrin, 1970), p. 19 [ed. bras.: *Estudos de história e filosofia das ciências*, trad. Abner Chiquieri, Rio de Janeiro, Forense Universitária, 2012].

de ideologia termina no nada. Depois que deixa de diferir de qualquer consciência verdadeira, ele já não é adequado para criticar uma falsa"[7]. Ele insistiu corretamente em que a linha divisória que separa tal sociologia do conhecimento e o materialismo histórico é a "ideia de verdade objetiva". Veremos a surpreendente importância desse lugar-comum aparentemente inócuo amanhã. Por ora, basta apontar que os protocolos para uma reflexão marxista sobre o marxismo devem, portanto, ser duplos. Por um lado, o destino do materialismo histórico, seja em que período for, deve acima de tudo estar situado na teia intrincada de lutas de classes nacionais e internacionais que o caracterizam e cujo curso seus próprios instrumentos de pensamento foram criados para capturar. A teoria marxista, voltada a compreender o mundo, sempre aspirou à unidade assimptótica com uma prática popular que busque transformá-lo. A trajetória da teoria, assim, sempre foi *primordialmente* determinada pelo destino dessa prática. Qualquer estudo sobre o marxismo da década passada será inevitavelmente, então, em primeiro lugar, uma história política de seu ambiente externo. Parodiando o lema da escola histórica alemã de Ranke, poderíamos falar em um permanente *Primat der Aussenpolitik* [primado da política externa] em qualquer exposição responsável do desenvolvimento do materialismo histórico como teoria; nesse sentido, o avesso mesmo da ordem das prioridades presentes na *Teoria da literatura* de Wellek e Warren, na qual as abordagens "intrínsecas" prevalecem sobre as "extrínsecas"[8]. Ao mesmo tempo, porém, precisamente em razão de toda a distância que separa Marx de Mannheim (ou de seus sucessores modernos), tal balanço também deve enfrentar os obstáculos, as aporias e os bloqueios *internos* da teoria em sua própria tentativa de se aproximar de uma verdade geral do tempo. Uma história puramente reducionista do marxismo, que o achate na bigorna da política mundial, contradiz a natureza de seu objeto. Existiam socialistas antes de Marx: o escândalo por ele introduzido, que ainda hoje causa indignação em muitos socialistas – para não falar dos capitalistas –, era aspiração a um socialismo *científico*, ou seja, um socialismo governado por critérios de comprovação e verdade controláveis racionalmente. Uma história *interna* – de cegueiras e obstáculos cognitivos, bem como de avanços ou clarividências – é essencial para um verdadeiro escrutínio

---

[7] Theodor Adorno, *Negative Dialectics*, cit., p. 198.
[8] René Wellek e Austin Warren, *Theory of Literature* (Londres, Penguin, 1963); comparem-se as p. 73-7 com as p. 139-41 [ed. bras.: *Teoria da literatura e metodologia dos estudos literários*, trad. Luis Carlos Borges, São Paulo, Martins Fontes, 2003].

dos destinos do marxismo nestes últimos anos, assim como nos de outros períodos. Sem isso, estaria ausente o rigor da genuína autocrítica: o recurso ao movimento mais amplo da história tenderia a escapar ou exorbitar da explicação material para a isenção intelectual ou para a exculpação.

Vamos passar agora às questões a nosso alcance. A configuração do marxismo ocidental que se sustentou por tanto tempo depois da vitória e do isolamento da Revolução Russa foi – como tentei descrever – fundamentalmente produto das repetidas derrotas do movimento trabalhista nos redutos do capitalismo avançado na Europa continental, após os bolcheviques terem conduzido a primeira ofensiva bem-sucedida, em 1917. Essas derrotas vieram em três ondas: primeiro, a insurgência proletária na Europa Central – Alemanha, Áustria, Hungria, Itália – imediatamente depois da Primeira Guerra Mundial foi rechaçada entre 1918 e 1922, de modo que no espaço de uma década o fascismo emergiu triunfante em todos esses países. Segundo, as Frentes Populares do fim dos anos 1930, na Espanha e na França, acabaram desfeitas quando da queda da República Espanhola e do colapso da esquerda na França, que abriu caminho para o regime de Vichy dois anos depois. Por fim, os movimentos de resistência, liderados por partidos socialistas e comunistas de massa, pulverizaram-se por toda a Europa Ocidental em 1945-1946, incapazes de traduzir sua ascendência na luta armada contra o nazismo em qualquer espécie de hegemonia política duradoura a partir de então. O longo *boom* do pós-guerra então subordinou de modo gradual e inexorável a força de trabalho ao capital nas democracias parlamentares estabilizadas e nas sociedades de consumo emergentes seguidoras da ordem da Organização para a Cooperação e o Desenvolvimento Econômico (OCDE).

Foi dentro desse conjunto global de coordenadas históricas que se cristalizou um novo tipo de teoria marxista. A leste, o stalinismo consolidou-se na União Soviética. A oeste, as maiores e mais antigas sociedades capitalistas do mundo, a Grã-Bretanha e os Estados Unidos, seguiram incólumes a qualquer desafio revolucionário que viesse de baixo. Entre esses dois flancos, floresceu uma forma pós-clássica de marxismo nas sociedades em que o movimento trabalhista era forte o bastante para representar genuína ameaça revolucionária ao capital, encarnando uma prática política de massa que constituía o horizonte necessário de todo o pensamento socialista, mas não chegava a ser forte o bastante para derrubar o capital – ao contrário, sofreu derrotas sucessivas e radicais em cada prova crucial pela qual passou. Alemanha, Itália e França foram os três principais países onde o marxismo ocidental fixou raízes nas cinco décadas que separam

1918 de 1968. A natureza desse marxismo não poderia deixar de trazer a marca dos desastres que o acompanharam e cercaram. Acima de tudo, ele foi marcado pela quebra dos laços que deveriam tê-lo vinculado a um movimento popular pelo socialismo revolucionário. Estes haviam existido desde o começo, como demonstra a carreira de cada um de seus três fundadores – Lukács, Korsch e Gramsci –, cada qual líder e organizador ativo do movimento comunista em seu próprio país logo após a Primeira Guerra Mundial. Porém, como esses pioneiros terminaram no exílio ou na prisão, a teoria e a prática foram se afastando fatalmente, sob a pressão do tempo. Os lugares do marxismo como discurso deslocaram-se, de modo gradual, dos sindicatos e partidos políticos para instituições de pesquisa e departamentos de universidades. Inaugurada com a ascensão da Escola de Frankfurt no fim dos anos 1920 e no começo dos anos 1930, essa mudança era praticamente absoluta no auge da Guerra Fria, nos anos 1950, quando quase não havia teórico marxista de peso que não fosse detentor de uma cátedra na academia, em vez de um posto na luta de classes.

Essa mudança de terreno institucional refletiu-se na alteração do foco intelectual. Enquanto Marx, em seus estudos, passara sucessivamente da filosofia para a política e depois para a economia, o marxismo ocidental inverteu essa rota. No interior do referencial marxista, as grandes análises econômicas do capitalismo foram desaparecendo em grande parte depois da Grande Depressão de 1929; o estudo político detalhado do Estado burguês foi minguando depois do silenciamento de Gramsci; a discussão estratégica dos caminhos para um socialismo viável desapareceu quase completamente. O que tomou cada vez mais seu lugar foi a revivescência do discurso *filosófico* propriamente dito, centrado em questões de método, isto é, de caráter mais epistemológico que substantivo. Nesse aspecto, a obra de Korsch de 1923, *Marxismo e filosofia*, mostrou-se profética. Sartre, Adorno, Althusser, Marcuse, Della Volpe, Lukács, Bloch e Coletti produziram grandes sínteses voltadas essencialmente a problemas de cognição – ainda que reformulados dialeticamente –, escritas num jargão de dificuldade técnica proibitiva. Para atingir seus objetivos, cada um recorria a legados filosóficos anteriores ao próprio Marx: Hegel, Espinosa, Kant, Kierkegaard, Schelling ou outros. Ao mesmo tempo, cada escola do marxismo ocidental desenvolvia-se em contato próximo, muitas vezes quase simbiótico, com sistemas intelectuais coevos de caráter não marxista, tomando de empréstimo seus conceitos e temas: de Weber, no caso de Lukács; de Croce, no caso de Gramsci; de Heidegger, no caso de Sartre; de Lacan, no caso de Althusser; de Hjelmslev, no caso de Della Volpe; e assim por diante. A configuração dessa série de relações laterais com a cultura burguesa, estranha à tradição do marxismo clássico, foi função do deslocamento das relações que existiram no passado entre ele e a prática do movimento dos trabalhadores. O declínio destes últimos, por sua vez, infletiu toda a tradição marxista ocidental para um pessimismo subjacente, exposto nas inovações que ela introduziu no espectro temático do materialismo histórico, seja na teoria de Sartre da lógica da escassez, na visão de Marcuse da unidimensionalidade social, na insistência de Althusser quanto à permanência da ilusão ideológica, no medo de Benjamin quanto ao confisco da história do passado, ou mesmo no estoicismo sombrio do próprio Gramsci.

Ao mesmo tempo, dentro de seus novos parâmetros restritos, eram notáveis a genialidade e a fertilidade dessa tradição, segundo quaisquer padrões. Não só a filosofia marxista atingiu um patamar geral de sofisticação muito acima de seus níveis medianos do passado, como também os grandes expoentes do marxismo ocidental foram em geral pioneiros nos estudos de processos *culturais* – nas faixas mais altas das superestruturas –, como que numa vívida compensação por terem negligenciado as estruturas e infraestruturas da política e da economia. Acima de tudo, arte e ideologia foram o terreno privilegiado de grande parte dessa tradição, ecoadas por um pensador atrás do outro com uma imaginação e precisão que o materialismo histórico nunca havia demonstrado antes. Nos últimos dias do marxismo ocidental, pode-se de fato falar em verdadeira hipertrofia do estético – que acabou sobrecarregado com todos os valores reprimidos ou negados em outra parte, na atrofia da política socialista viva: imagens utópicas do futuro e máximas éticas para o presente foram deslocadas e condensadas nas grandes meditações sobre arte com as quais Lukács, Adorno ou Sartre concluíram grande parte do trabalho de suas vidas.

Mesmo assim, sejam quais forem as limitações exteriores da tradição representada por teóricos como esses, com toda a distância mantida em relação à prática política imediata, essa tradição não sucumbiu à tentação de compactuar com a ordem estabelecida. O marxismo ocidental como um todo recusava qualquer tipo de pacto reformista. No solo do qual brotou, os partidos comunistas de massa contavam com a lealdade da vanguarda da classe trabalhadora nos maiores países da Europa continental: partidos que no fim dos anos 1920 eram ao mesmo tempo intransigentes inimigos do capital e estruturas stalinizadas que não permitiam sérias discussões ou dissensões sobre grandes questões políticas, bloqueando por antecipação qualquer circuito revolucionário entre teoria e prática. Nessas condições, algumas das maiores mentes do marxismo ocidental – Lukács, Althusser, Della Volpe – optaram por continuar sendo membros formais de seus respectivos partidos, enquanto desenvolviam até onde pudessem um discurso afastado dos dogmas oficiais, em oposição codificada a eles. Outros, como Sartre, tentaram teorizar a prática desses partidos de uma posição externa a eles. Outros ainda, como Adorno na Alemanha do pós-guerra, abstiveram-se de qualquer relação direta com a política. Porém, nenhum deles se rendeu ao *status quo*, nem sequer o embelezou, durante os piores anos da Guerra Fria.

Essa longa e sedutora tradição – assim argumentei – estava finalmente se exaurindo na virada dos anos 1970. Houve duas razões para isso. A primeira foi o novo despertar de revoltas de massa na Europa Ocidental – na verdade, em todo o mundo capitalista avançado –, onde a grande onda de inquietação estudantil de 1968 anunciou a entrada de grandes contingentes da classe trabalhadora numa nova insurgência política, de um tipo que não era visto desde os tempos dos espartaquistas ou dos Conselhos de Turim. A explosão de maio na França foi a mais espetacular delas, acompanhada pela maré da militância industrial na Itália em 1969, a greve decisiva dos mineiros na Grã-Bretanha, que derrubou o governo conservador em 1974, e depois, alguns meses mais tarde, o levante em Portugal, com sua rápida radicalização rumo a uma situação revolucionária de tipo clássico. Em nenhum desses casos o ímpeto para a rebelião popular derivou dos partidos de esquerda estabelecidos, fossem eles social-democratas ou comunistas. O que tais revoltas pareceram prefigurar foi a possibilidade de pôr fim ao divórcio de meio século entre teoria socialista e a prática de massa da classe trabalhadora, divórcio que havia deixado uma marca deveras devastadora no próprio marxismo ocidental. Ao mesmo tempo, o prolongado *boom* do pós-guerra chegou bruscamente ao fim em 1974, pondo em xeque, pela primeira vez em 25 anos, a estabilidade socioeconômica básica do capitalismo avançado. De modo subjetivo e objetivo, então, as condições pareciam estar abrindo caminho para o surgimento de outro tipo de marxismo.

Minhas próprias conclusões quanto a sua forma provável – conclusões que também eram recomendações, vividas num espírito de otimismo ponderado – tinham quatro aspectos. Primeiro, eu reconhecia que os decanos sobreviventes da tradição marxista ocidental dificilmente produziriam qualquer trabalho posterior de porte significativo, ao passo que muitos de seus discípulos imediatos demonstravam sinais de uma guinada na direção daquilo que seria uma desastrosa fixação pela China como modelo de sociedade pós-revolucionária alternativo à União Soviética e exemplo para experiências socialistas no Ocidente. Em segundo lugar, eu sugeria que a reabertura de um circuito entre a teoria marxista e a prática de massas nos países avançados poderia recriar algumas das condições que um dia haviam formado o cânone clássico do materialismo histórico da geração de Lênin ou Rosa Luxemburgo. Qualquer reunificação desse tipo entre teoria e prática teria duas consequências, pensei. Ela deslocaria inevitavelmente todo o centro de gravidade da cultura marxista para o conjunto de problemas básicos apresentados pelo movimento da economia mundial, pela estrutura do Estado capitalista, pela constelação de classes sociais, pelo sentido e pela função da nação – todos sistematicamente negligenciados por muitos anos. Parecia impor-se uma virada para o concreto, um *retorno* para as preocupações da maturidade de Marx ou de Lênin. Uma mudança dessas necessariamente reavivaria a dimensão que mais que tudo estava ausente da tradição marxista ocidental desde a morte de Gramsci, a saber, a discussão *estratégica* das maneiras pelas quais um movimento revolucionário poderia romper as barreiras do Estado burguês democrático em direção a uma verdadeira democracia socialista. Assim que surgisse alguma renovação do debate estratégico, especulei, era provável que a grande tradição de oposição ao stalinismo que sobrevivera em continuidade direta (ainda que radicalmente marginalizada) com o marxismo clássico – a que descendia de Trótski – tenderia a adquirir nova relevância e vitalidade, liberta do conservadorismo em que sua defesa de um passado derrotado havia muitas vezes tendido a paralisá-la.

Em terceiro lugar, previ que qualquer renascimento de um molde mais clássico da cultura marxista provavelmente teria de se incumbir de propagá-la nos bastiões anglo-americanos do imperialismo, que de modo geral haviam resistido ao materialismo histórico com tanto sucesso na época do marxismo "ocidental" propriamente dito. Afinal, era no Reino Unido e nos Estados Unidos – respectivamente o mais antigo e o mais poderoso dos Estados capitalistas – que os problemas que mais punham à prova a teoria socialista haviam sempre sido postos – e deixados sem resposta, por força das circunstâncias. As revoltas dos *campi* universitários no fim dos anos 1960, apesar de suas outras limitações, pareciam conter a promessa de uma futura *intelligentsia* socialista capaz de suplantar em quantidade e qualidade tudo o que qualquer uma das duas sociedades havia conhecido no passado. Em quarto e último lugar, eu argumentava que qualquer desenvolvimento posterior do materialismo histórico teria de não apenas examinar, de modo tranquilo e firme, a herança dos pensadores clássicos, de Marx e Engels até Lênin, Luxemburgo e Trótski, buscando identificar, criticar e resolver suas omissões ou confusões características, mas também chegar a um acordo com os ganhos fundamentais obtidos pela *historiografia* marxista

– acima de tudo na área anglo-americana – desde a Segunda Guerra Mundial, historiografia que até então sempre ficara fora do perímetro central da *teoria* marxista, dominada que era pela disciplina da filosofia. O confronto e a integração das duas implicaria a reconsideração de todo o estatuto e o significado do *passado*, num sistema de pensamento voltado no cotidiano, de maneira esmagadora, para o presente ou para o futuro; nem a história nem a teoria sairiam inalteradas desse encontro[9].

*

Essas foram minhas conjeturas na época. Como elas se saíram, comparadas com o curso real dos acontecimentos? A premissa mais geral, ao que me parece, foi confirmada, embora, como veremos, de uma maneira que não dá motivos para consolo nem autossatisfação. Isto significa que a grande tradição marxista ocidental – com suas tonalidades epistemológicas ou estéticas, sombrias ou esotéricas – efetivamente chegou ao fim e em seu lugar emergiu, com rapidez e confiança notáveis, outra espécie de cultura marxista, orientada primordialmente para as questões de ordem econômica, social ou política que faltavam em sua predecessora. A produtividade desse marxismo foi formidável, deixando poucas dúvidas de que estávamos testemunhando um período de crescimento e emancipação generalizados. No entanto, nessa perspectiva mais ampla, a história preparou – como de costume – algumas surpresas e ironias desconcertantes para as suposições aventuradas na época. Vamos examinar isso em maior detalhe.

A convicção de que a tradição marxista ocidental havia essencialmente chegado ao fim da linha, como eu disse, provou-se correta. Não foi um desenvolvimento especialmente difícil de prever. Em parte, o puro fardo biológico de uma geração mais velha acabaria por desempenhar seu papel. Entre o divisor de águas que foi o ano de 1968 e a época de meu ensaio, a morte levou Della Volpe, Adorno, Goldmann, Lukács e Horkheimer. Ao fim da década, Bloch, Marcuse e Sartre já haviam partido também. Mas o processo de exaustão em marcha também teve outras fontes. Os dois teóricos mais jovens que discuti foram Althusser e Colletti, ambos ainda no auge naqueles anos. Entretanto, em grande parte conforme previsto, nenhum dos dois produziu nenhuma obra de peso depois, caindo na repetição ou na denegação. De modo geral, seria possível traçar em meados dos anos 1970 uma linha abaixo da qual se teria desenvolvido a experiência marxista ocidental original.

---

[9] Ver, neste volume, *Considerações sobre o marxismo ocidental*, p. 125-6, 119-25, 126, 131-4.

O que veio depois? Um súbito entusiasmo, um novo apetite pelo concreto. Se passarmos em revista aqueles tópicos principais que haviam permanecido em grande parte ignorados pela tradição marxista ocidental, os quais insisti em enumerar em 1974, poderemos ver que na maioria dos casos eles suscitaram uma atividade teórica concentrada, rendendo frequentemente sínteses notáveis nos anos seguintes. As leis do movimento do modo capitalista de produção como um todo – que, se excetuarmos *Capitalismo monopolista**, de Baran e Sweezy, com seu referencial quase keynesiano, tinham deixado de ser estudadas pela investigação marxista desde a teorização de Grossmann nas vésperas da Grande Depressão – eram agora exploradas por três corpos de trabalho decisivos: primeiramente o inovador *Capitalismo tardio*, de Ernest Mandel, seguido por seus estudos em "Krise und Aufschwung der kapitalistischen Weltwirtschaft" [Crise e recuperação da economia capitalista mundial] e *Long Waves in the History of Capitalism* [As ondas longas na história do capitalismo]. Em segundo lugar, o grande livro de Harry Braverman sobre a transformação do processo de trabalho no século XX, *Trabalho e capital monopolista*. E, em terceiro lugar, o ambicioso e original *Régulation et crises du capitalisme* [Regulação e crises do capitalismo], do economista francês Michel Aglietta[10]. Com obras assim, a discussão marxista do capitalismo contemporâneo uma vez mais alcançou e, em alguns aspectos essenciais, ultrapassou o nível da época clássica de Luxemburgo e Hilferding. Ao mesmo tempo, investigações históricas concretas foram acompanhadas pela retomada de intenso debate conceitual e metodológico, associado aos nomes de [Michio] Morishima, [Ian] Steedman, [John] Roemer, [Marco] Lippi, [Ulrich] Krause e outros[11]. No campo político, as estruturas específicas do Estado

---

* Ed. bras.: trad. Waltensir Dutra, Rio de Janeiro, Zahar, 1966. (N. E.)

[10] Ernest Mandel, *Late Capitalism* (trad. ing. Joris De Bres, Londres, New Left Books, 1975) [ed. bras.: *Capitalismo tardio*, trad. Carlos Eduardo Silveira Matos et al., São Paulo, Abril Cultural, 1982]; *The Second Slump* (trad. ing. Jon Rothschild, Londres, New Left Books, 1978); *Long Waves of Capitalist Development: The Marxist Interpretation* (Cambridge, Cambridge University Press, 1978); Harry Braverman, *Labor and Monopoly Capital* (Nova York, Monthly Review Press, 1975) [ed. bras.: trad. Nathanael C. Caixeiro, Rio de Janeiro, Zahar, 1977]; Michel Aglietta, *A Theory of Capitalist Regulation: The US Experience* (trad. ing. David Fernbach, Londres, New Left Books, 1979).

[11] Ver Michio Morishima, *Marx's Economics: A Dual Theory of Value and Growth* (Cambridge, Cambridge University Press, 1973); Ian Steedman, *Marx After Sraffa* (Londres, New Left Books, 1977); John Roemer, *A General Theory of Exploitation and Class* (Cambridge-MA, Harvard University Press, 1982); Marco Lippi, *Value and Naturalism in Marx* (trad. ing. Hilary Steedman, Londres, New Left Books, 1979); Ulrich Krause, *Money and Abstract Labour* (trad. ing. Pete Burgess, Londres, New Left Books, 1982).

capitalista moderno tinham constituído uma das grandes zonas cegas do marxismo ocidental, que estava muito pouco preocupado com a natureza precisa dos regimes *ocidentais* sob os quais ele subsistia. Hoje, essa ausência também foi sanada, em boa medida, com uma série de estudos importantes e cumulativos. Entre estes estão, sem dúvida: os cinco livros de Nicos Poulantzas que exploram todo o espectro dos tipos de Estado capitalista – parlamentarista, fascista e militar; a obra de cunho mais empírico escrita por Ralph Miliband na Inglaterra; os debates da escola Kapitallogik na Alemanha Ocidental e as contribuições de Claus Offe; e o recente livro fundamental do sociólogo sueco Göran Therborn *What Does the Ruling Class Do when It Rules?* [O que a classe dominante faz quando domina?][12]. Ao mesmo tempo, os novos tipos de estratificação social no capitalismo tardio foram objeto de estudos mais rigorosos e também mais imaginativos que qualquer coisa que o materialismo histórico, mesmo em sua época clássica, havia produzido no passado: a obra de Erik Olin Wright nos Estados Unidos, a do italiano [Guglielmo] Carchedi, e as investigações de Roger Establet e Christian Baudelot na França sobressaem-se nesse aspecto[13]. A natureza e a

---

[12] Nicos Poulantzas, *Political Power and Social Classes* (Londres, New Left Books/SW, 1973) [ed. port.: *Poder político e classes sociais*, Porto, Portucalense, 1971]; *Fascism and Dictatorship* (trad. ing. Judith White, Londres, New Left Books, 1974) [ed. bras.: *Fascismo e ditadura*, trad. João G. Quintela e M. Fernanda Granado, São Paulo, Martins Fontes, 1978]; *Classes and Contemporary Capitalism* (trad. ing. David Fernbach, Londres, New Left Books, 1975); *The Crisis of the Dictatorships* (trad. ing. David Fernbach, Londres, New Left Books, 1976) [ed. bras.: *A crise das ditaduras*, Rio de Janeiro, Paz e Terra, 1976]; *State, Power, Socialism* (trad. ing. Patrick Camiller, Londres, New Left Books, 1978) [ed. bras.: *O Estado, o poder, o socialismo*, Rio de Janeiro, Graal, 1980]; Ralph Miliband, *The State in Capitalist Society* (Londres, Littlehampton Book Services Ltd., 1969) [ed. bras.: *O Estado na sociedade capitalista*, trad. Fanny Tabak, Rio de Janeiro, Zahar, 1972]; *Marxism and Politics* (Oxford, Oxford University Press, 1977) [ed. bras.: *Marxismo e política*, Rio de Janeiro, Zahar, 1979]; *Capitalist Democracy in Britain* (Oxford, Oxford University Press, 1982); John Holloway e Sol Picciotto (orgs.), *State and Capital* (Londres, Edward Arnold Ltd., 1978); Claus Offe, *Strukturprobleme des kapitalistischen Staates* (Frankfurt, Campus, 1975) [ed. bras.: *Problemas estruturais do Estado capitalista*, trad. Barbara Freitag, Rio de Janeiro, Tempo Brasileiro, 1984]; Göran Therborn, *What Does the Ruling Class Do When It Rules? State Apparatuses and State Power under Feudalism, Capitalism and Socialism* (Londres, New Left Books, 1978); ver também sua importante obra seguinte, *The Ideology of Power and the Power of Ideology* (Londres, Verso, 1980).

[13] Erik Olin Wright, *Class, Crisis and the State* (Londres, New Left Books, 1978) [ed. bras.: *Classe, crise e o Estado*, trad. Nathanael C. Caixeiro, Zahar, 1981]; e *Class Structure and Income Determination* (Nova York, Academic Press, 1979); Guglielmo Carchedi, *On the Economic Identification of Social Classes* (Londres/Boston, Routledge and Kegan Paul, 1977); Christian Baudelot e Roger Establet, *L'École capitaliste en France* (Paris, Maspero, 1971);

dinâmica dos Estados pós-capitalistas no Leste, zona há muito vedada à investigação serena por grande parte da esquerda europeia, recebeu nova e concentrada atenção, acima de tudo no extraordinário livro *A alternativa: para uma crítica do socialismo real*, de Rudolf Bahro, mas também de forma mais especializada e acadêmica nos estudos de economistas como [Domenico Mario] Nuti e [Włodzimierz] Brus[14]. Essa expansão da teoria marxista na economia, na política e na sociologia não foi acompanhada de nenhuma retração correspondente nos campos da filosofia e da cultura, quinhões peculiares do marxismo ocidental. Ao contrário, esses anos também viram crescer a obra de Raymond Williams na Inglaterra, com estudos culturais materialistas no sentido mais amplo, e a de Fredric Jameson nos Estados Unidos, no domínio literário, mais especificamente; enquanto isso, em filosofia, o livro *Karl Marx's Theory of History: A Defence* [Teoria da História de Karl Marx: uma defesa], de G. A. Cohen, que traz pela primeira vez os padrões de procedimento da filosofia analítica para os conceitos básicos do materialismo histórico, é claramente um marco da década[15].

Está claro que pinceladas bibliográficas desse tipo não chegam perto de um inventário completo, quanto mais crítico, da produção marxista dos últimos anos. Existem outras obras e outros nomes que poderiam igualmente ser mencionados; e aqueles que já o foram estão tão sujeitos a seus próprios juízos limitadores quanto qualquer um de seus predecessores. Entretanto, mesmo estas breves pinceladas a respeito de um conjunto complexo de mudanças

---

destes, com Jacques Malemort, *La Petite Bourgeoisie en France* (Paris, Maspero, 1974; e com Jacques Toisier), *Qui Travaille pour Qui?* (Paris, Maspero, 1979).

[14] Rudolf Bahro, *The Alternative in Eastern Europe* (trad. ing. David Fernbach, Londres, New Left Books, 1978) [ed. bras.: trad. Luiz Sérgio N. Henriques e Gilvan P. Ribeiro, Rio de Janeiro, Paz e Terra, 1980]; Domenico Mario Nuti, "The Contradictions of Socialist Economies: A Marxist Interpretation", *The Socialist Register*, Londres, 1979, p. 228-73; Włodzimierz Brus, *Socialist Ownership and Political Systems* (trad. ing. R. A. Clarke, Londres/Boston, Routledge & Kegan Paul, 1975).

[15] Ver Raymond Williams, *The Country and the City* (Londres, Chatto & Windus, 1973) [ed. bras.: *O campo e a cidade*, trad. Paulo Henriques Britto, São Paulo, Companhia das Letras, 1989]; *Marxism and Literature* (Oxford, Oxford University Press, 1977) [ed. bras.: *Marxismo e literatura*, trad. Waltensir Dutra, Rio de Janeiro, Zahar, 1979]; *Politics and Letters* (Londres, New Left Books, 1979); *Problems in Materialism and Culture* (Londres, New Left Books, 1980); *Culture* (Glasgow, Collins, 1981) [ed. bras.: *Cultura*, trad. Lólio Lourenço de Oliveira, São Paulo, Paz e Terra, 1992]; Fredric Jameson, *The Political Unconscious* (Ithaca, Cornell University Press, 1981) [ed. bras.: *O inconsciente político*, trad. Maria Elisa Cevasco, São Paulo, Ática, 1992]; Gerald Allan Cohen, *Karl Marx's Theory of History: A Defence* (Oxford, Oxford University Press, 1978).

intelectuais, que precisam de uma discriminação muito mais fina do que temos tempo de fazer aqui, indicam certos pontos. Embora possamos falar de uma verdadeira "fratura" topográfica entre o marxismo ocidental e a formação emergente que estive delineando, em outros aspectos houve talvez maior continuidade de conexões do que deixei entrever, mesmo que tenha sido, em geral, uma continuidade mediata. Assim, pode-se discernir a influência da maioria das escolas mais antigas no histórico de muitos dos recém-chegados. A corrente althusseriana foi provavelmente a que persistiu com mais força: dos nomes que mencionei antes, Poulantzas, Therborn, Aglietta, Wright e Establet têm dívidas diferentes para com ela. O legado da Escola de Frankfurt pode ser visto na obra de Braverman, por intermédio de Baran, e na de Offe, por intermédio de [Jürgen] Habermas. A vertente lukacsiana é explicitamente dominante na obra de Jameson. A de Carchedi revela nuances dellavolpianas. Mas, ao mesmo tempo, a própria distribuição desses autores dá pistas do fato mais importante de que o padrão geográfico da teoria marxista foi profundamente alterado na década passada. Hoje os centros *predominantes* de produção intelectual parecem estar no mundo de língua inglesa, e não na Europa germânica ou latina, como ocorreu no entreguerras e no pós-guerra, respectivamente. Esse deslocamento representa uma notável mudança histórica. Confirmando em grande parte meu pressentimento, as zonas do mundo capitalista tradicionalmente mais atrasadas em termos de cultura marxista tornaram-se de súbito, em muitos aspectos, as mais avançadas.

Uma pesquisa mais extensa de autores e obras mostraria com clareza que a densidade das atuais pesquisas econômicas, políticas, sociológicas e culturais da esquerda marxista na Grã-Bretanha ou na América do Norte, com a profusão de publicações periódicas e discussões, eclipsa qualquer equivalente nas regiões em que a tradição marxista ocidental propriamente dita é mais antiga. Existe, no entanto, claro, outra razão para a nascente hegemonia anglo-americana no materialismo histórico hoje, razão que, por sua vez, confirmou mais uma das previsões feitas em meados dos anos 1970. É a promoção da historiografia marxista ao papel de destaque que há muito tempo lhe é devido na paisagem do pensamento socialista como um todo. Nessa área, o predomínio anglófono era evidente desde os anos 1950, e por muitas décadas o marxismo como força intelectual, ao menos na Inglaterra, foi virtualmente sinônimo de trabalho de historiadores. É característico que até mesmo o único pensador de destaque de uma geração mais antiga e de outra formação, o economista Maurice Dobb, tenha alcançado maior influência com uma obra essencialmente histórica,

A evolução do capitalismo* – abrangendo do fim da Idade Média até a corporação moderna –, publicada em 1947, que com sua prolífica produção sobre a economia política de Marx. Foram os colegas mais novos de Dobb, reunidos no seminal Grupo de Historiadores do Partido Comunista do fim dos anos 1940 e começo dos anos 1950, entretanto, que, amadurecendo, formaram a brilhante plêiade de acadêmicos que transformou tantas interpretações aceitas do passado britânico e europeu nos anos seguintes: Christopher Hill, Eric Hobsbawm, Edward Thompson, George Rudé, Rodney Hilton, Victor Kiernan, Geoffrey de Ste-Croix e outros. A maioria deles começou a publicar a partir da virada dos anos 1960. A consolidação de sua obra coletiva num cânone de peso – que ultrapassou os limites de sua disciplina formal –, porém, só ocorreu realmente nos anos 1970. Essa foi a década em que se assistiu à publicação de *A era do capital*, de Hobsbawm; *O mundo de ponta-cabeça* e *Milton and English Revolution* [Milton e a Revolução Inglesa], de Hill; *Bond Men Made Free* [Servos libertos] e *The English Peasantry in the Later Middle Ages* [O campesinato inglês na Idade Média tardia], de Hilton; *Class Struggle and the Industrial Revolution* [Luta de classes e a Revolução Industrial], de Foster; *Senhores e caçadores*, de Thompson; *Lords of Humankind* [Senhores da humanidade], de Kiernan; agora seguidos do monumental *Class Struggle in the Ancient Greek World* [Luta de classes no mundo grego antigo], de Ste-Croix[16]. O livro mais original e pujante de Raymond Williams, *O campo e a cidade*, talvez encontre aí também sua afiliação principal. Para alguém de minha geração, formado numa época em que a cultura britânica parecia totalmente inóspita para qualquer impulso marxista local de importância, cultura que denunciávamos com frequência como a

---

* A tradução literal do título original seria "Estudos sobre o desenvolvimento do capitalismo". Ver Maurice Dobb, *Studies in the Development of Capitalism* (Londres, Routledge and Kegan Paul, 1947) [ed. bras.: *A evolução do capitalismo*, trad. Manuel do Rêgo Braga, Rio de Janeiro, Zahar, 1974]. (N. E.)

[16] Eric Hobsbawm, *The Age of Capital* (Londres, Weidenfeld & Nicolson, 1975) [ed. bras.: *A era do capital*, trad. Luciano Costa Neto, Rio de Janeiro, Paz e Terra, 2009]; Christopher Hill, *The World Turned Upside Down* (Londres, Penguin, 1975) [ed. bras.: *O mundo de ponta-cabeça*, trad. Renato Janine Ribeiro, São Paulo, Companhia das Letras, 1987]; *Milton and the English Revolution* (Londres, Faber & Faber, 1977); Rodney Hilton, *Bond Men Made Free* (Londres, Viking Press, 1973); *The English Peasantry in the Later Middle Ages* (Oxford, Clarendon Press, 1975); John Foster, *Class Struggle and the Industrial Revolution* (Londres, Weidenfeld and Nicolson, 1974); Edward Palmer Thompson, *Whigs and Hunters* (Londres, Peregrine, 1975) [ed. bras.: *Senhores e caçadores*, trad. Denise Bottmann, Rio de Janeiro, Paz e Terra, 1987]; Victor Kiernan, *Lords of Humankind* (Londres, Pelican, 1972); Geoffrey de Sainte Croix, *The Class Struggle in the Ancient Greek World* (Londres, Cornell University Press, 1981).

retardatária da Europa, expondo-nos à acusação de "niilismo nacional", essa foi uma metamorfose de fato surpreendente. A relação tradicional entre a Grã-Bretanha e a Europa continental parece no momento ter sido efetivamente revertida: na atualidade, a cultura marxista na Grã-Bretanha dá mostras de ser mais produtiva e original que a de qualquer Estado do continente.

Enquanto isso, na América do Norte ocorria uma mudança mais restrita, porém não inteiramente diferente. Ali também a historiografia foi o setor de liderança, com um espectro extremamente rico de obras – não limitadas à história dos Estados Unidos – de Eugene Genovese, Eric Foner, David Montgomery, Robert Brenner, David Abraham e muitos outros[17]. Mas ao redor dessa historiografia desenvolveu-se uma cultura socialista mais ampla, nem toda ela marxista, de variedade e vitalidade impressionantes, da sociologia histórica de Immanuel Wallerstein e Theda Skocpol à economia política de James O'Connor, à obra ainda em andamento de Paul Sweezy e Harry Magdoff, à crítica cultural de Christopher Lasch[18]. Quanto a isso, o panorama é hoje radicalmente

---

[17] Eugene Genovese, *Roll, Jordan, Roll: The World the Slaves Made* (Nova York, Vintage, 1974) [ed. bras.: *A terra prometida: o mundo que os escravos criaram*, trad. Maria Inês Rolim e Donaldson Magalhães Garschagen, Rio de Janeiro, Paz e Terra, 1988], e *From Rebellion to Revolution: Afro-Americans Slave Revolts in the Making of the Modern World* (Nova York, Louisiana State University Press, 1979) [ed. bras.: *Da rebelião à revolução*, trad. Carlos Eugênio Marcondes Freitas, São Paulo, Global, 1983]; Eric Foner, *Free Soil, Free Labor, Free Men* (Nova York/Oxford, Oxford University Press, 1970), e *Tom Paine and Revolutionary America* (Nova York/Oxford, Oxford University Press, 1976); David Montgomery, *Beyond Equality: Labor and the Radical Republicans* (Nova York, Knopf, 1967) e *Workers Control in America* (Nova York, Cambridge University Press, 1979); Robert Brenner, "Agrarian Class Structure and Economic Development in Pre-Industrial Europe", *Past and Present*, n. 70, fev. 1976; e "The Agrarian Roots of European Capitalism", *Past and Present*, n. 97, nov. 1982; David Abraham, *The Collapse of the Weimar Republic: Political Economy and Crisis* (Princeton, Princeton University Press, 1981).

[18] Immanuel Wallerstein, *The Modern World System* (Nova York, Academic Press, 1974 e 1980), v. 1 e 2 [ed. port.: *O sistema mundial moderno*, trad. Fátima Martins e Joel Lisboa, Porto, Afrontamento, 1974 e 1990]; Theda Skocpol, *States and Social Revolutions* (Cambridge, Cambridge University Press, 1979) [ed. port.: *Estados e revoluções sociais: análise comparativa da França, Rússia e China*, trad. Fátima Murta, Lisboa, Presença, 1985]; James O'Connor, *The Fiscal Crisis of the State* (Nova York, St. Martin's Press, 1973) [ed. bras.: *USA: a crise do Estado capitalista*, trad. João Maia, Rio de Janeiro, Paz e Terra, 1977]; Harry Magdoff e Paul Sweezy, *The Deepening Crisis of US Capitalism* (Nova York, Monthly Review Press, 1981) [ed. bras.: *A crise do capitalismo americano*, Rio de Janeiro: Zahar, 1982]; Christopher Lasch, *The Culture of Narcissism* (Nova York, W. W. Norton Publishing, 1978) [ed. bras.: *A cultura do narcisismo*, trad. Emani Pavaneli, Rio de Janeiro, Imago, 1983].

distinto de qualquer coisa sequer imaginável quinze anos atrás. É um panorama com base no qual a *Business Week* lamentou a ampla penetração do materialismo histórico nos *campi* dos Estados Unidos apenas quatro anos depois de a *Time* proclamar que Marx estava finalmente morto, e no qual se podem encontrar manuais produzidos pela esquerda simplesmente para guiar o estudante curioso pelo cipoal – agora razoavelmente luxuriante – do "marxismo na academia", parafraseando um título recente[19].

Essa cultura marxista centrada na história que emergiu no mundo anglófono não permaneceu confinada às suas próprias províncias. A articulação teórica entre historiografia e filosofia que eu almejava em meados dos anos 1970 ocorreu de modo pontual, ainda que com uma virulência que estava longe de minhas expectativas. A longa e apaixonada polêmica de Edward Thompson com Louis Althusser, *A miséria da teoria**, virou uma página da história intelectual de modo irreversível. Seja qual for nossa visão sobre os méritos da disputa, daqui por diante é impossível que os marxistas prossigam – como fizeram durante muitos anos, em ambos os lados – como se sua história e sua teoria fossem dois mundos mentais separados, com pouco mais que um turismo ocasional, ligeiramente curioso, entre eles. Teoria agora é história, com uma seriedade e severidade que nunca teve no passado; assim como história é igualmente teoria, com toda sua exigência, de uma maneira da qual ela costumava se esquivar antes. O ataque de Thompson a Althusser também exemplificou a quebra de outra barreira crucial: a que sempre confinara as grandes escolas e debates do marxismo ocidental a contextos *nacionais*, assegurando ignorância ou silêncio mútuo, em detrimento de qualquer discurso genuinamente internacionalista. Esse ganho duplo – as novas trocas entre história e teoria e entre fronteiras nacionais – esteve entre as mudanças mais frutíferas da década passada. O fato de não se tratar de uma andorinha que não faz verão pode ser comprovado pelos estilos semelhantes de debate em torno da obra de Immanuel Wallerstein sobre o sistema mundial capitalista, investigada em termos essencialmente teóricos por Robert Brenner, entre outros, e, por sua vez, em torno da obra de Brenner sobre a transição para o capitalismo – foco de uma das mais amplas controvérsias profissionais desde a guerra, com reações internacionais de historiadores na

---

[19] Bertell Ollman e Edward Vernoff (orgs.), *The Left Academy: Marxist Scholarship on American Campuses* (Nova York, McGraw Hill, 1982).

* Edward Palmer Thompson, *A miséria da teoria ou um planetário de erros: uma crítica do pensamento de Althusser* (trad. Waltensir Dutra, Rio de Janeiro, Zahar, 1981). (N. E.)

Alemanha, na França, na Inglaterra e na Polônia[20]. Da mesma forma, a discussão da teoria do valor na economia marxista já não tem fronteiras nacionais, mesmo que temporárias: os circuitos de debate passam livremente do Japão para a Bélgica, do Canadá para a Itália, da Inglaterra para a Alemanha ou para os Estados Unidos, como atestaram simpósios recentes[21].

*

Até agora, então, as esperanças e as hipóteses enunciadas em minhas *Considerações sobre o marxismo ocidental* parecem ter sido concretizadas em grande parte. Mas qualquer nota de satisfação, ainda mais de satisfação pessoal, estaria deslocada aqui. Afinal, num aspecto absolutamente decisivo o fluxo da teoria nestes anos não correu na direção que eu havia vislumbrado. A reunificação da teoria marxista e da prática popular num movimento revolucionário de massas não se concretizou. A consequência *intelectual* desse fracasso foi, de modo lógico e fatal, a escassez geral de verdadeiro pensamento *estratégico* na esquerda dos países avançados, isto é, de qualquer elaboração de perspectiva concreta ou plausível para uma transição além da democracia capitalista, em direção a uma democracia socialista. Mais que "miséria da teoria", o que o marxismo que sucedeu ao marxismo ocidental continua a ter em comum com seu predecessor é uma "miséria de estratégia". É impossível apontar um *corpus* de textos escritos sequer nesses anos que revele, ainda que vagamente, o tipo de ataque conceitual e a combinação de resolução política e imaginação teórica que marcaram as grandes intervenções de Luxemburgo ou Lênin, de Trótski ou Parvus, nos anos que antecederam a Primeira Guerra Mundial. As determinantes desse déficit fundamental, que impede qualquer retrospectiva triunfalista da década passada, põem-nos diante da questão das condições sociais mais amplas nas quais o marxismo se desenvolveu nesses anos. Antes, porém, de olharmos esse contexto histórico alargado, é necessário avaliar um fenômeno cuja relação última com

---

[20] Ver Robert Brenner, "The Origins of Capitalist Development: A Critique of Neo-Smithian Marxism", *New Left Review*, n. 104, jul.-ago. 1977, e o simpósio sobre a obra de Brenner em *Past and Present*, n. 78-80 e 85, fev.-ago. 1978 e nov. 1979, com contribuições de Michael Postan e John Hatcher, Patricia Croot e David Parker, Heidi Wunder, Emmanuel Le Roy Ladurie, Guy Bois, J. P. Cooper e Arnošt Klíma, agora reunidos, com a formidável resposta de Brenner, em Trevor Henry Aston e Charles Philpin (orgs.), *The Brenner Debate: Agrarian Class Structure and Economic Development in Pre-Industrial Europe* (Cambridge, Cambridge University Press, 1985).

[21] Ian Steedman (org.), *The Value Controversy* (Londres, New Left Books, 1981), com colaborações de Ian Steedman, Paul Sweezy, Erik Olin Wright, Geoff Hodgson, Pradeep Bandyopadhyay, Makoto Itoh, Michel De Vroey, G.A. Cohen, Susan Himmelweit e Simon Mohun, e Anwar Shaikh.

esse vazio estratégico ainda está por ser determinada, mas cuja realidade imediata parece estar em clamorosa contradição com qualquer afirmação de renascimento do materialismo histórico nos anos 1970. Refiro-me, claro, ao que veio a ser chamado – entre os mais afetados ou interessados por ela – de "crise do marxismo". Esse processo deu origem a capas exultantes nos meios de comunicação de massa estadunidenses e europeus em 1977, dos quais a revista *Time* foi apenas um exemplo. Mas, embora a escala e a velocidade do fenômeno fossem bastante dramáticas, a expressão em si sempre foi enganosa. O que estava realmente em questão era a crise de certo marxismo, geograficamente confinado à Europa latina – essencialmente, a França, Itália e Espanha. Nessa área cultural e política, havia de fato algo que se aproximava de um colapso da tradição marxista no fim dos anos 1970, no exato momento em que o marxismo conquistava ou consolidava novas posições numa ampla frente fora dessa área. Seria tolice subestimar a gravidade dessa derrota, não apenas para os países afetados, mas para o crédito geral de uma cultura socialista racional como um todo.

Quais foram as síndromes características dessa crise no marxismo latino? É possível distinguir duas grandes configurações. Por um lado, em meio ao recrudescimento da violenta febre anticomunista nas comunidades políticas capitalistas circundantes, especialmente na França e na Itália, houve ampla e súbita renúncia ao marxismo como um todo da parte de pensadores de esquerda, tanto das gerações mais antigas quanto das mais jovens. A reversão mais espetacular talvez tenha sido a de Lúcio Colletti, outrora o mais destacado filósofo marxista da Itália, que no espaço de três a quatro anos se tornou um inimigo violento do marxismo e defensor ferrenho de um liberalismo mais ou menos convencional. O título de seu livro mais recente não deixa de ser apropriado, *Tramonto dell'ideologia* [Ocaso da ideologia][22], numa reminiscência inconsciente de um texto celebrado na sociologia americana de cerca de vinte anos atrás*. Na França, Sartre, nos últimos anos de vida, seguiu uma trajetória pessoal que foi da denúncia do comunismo à renúncia formal ao marxismo, no caso em nome de um neoanarquismo radical[23]. Entretanto, a mutação, ou declínio,

---

[22] Lucio Colletti, *Tramonto dell'ideologia* (Roma, Laterza, 1980).

* O autor se refere ao livro *O fim da ideologia*, de Daniel Bell (Brasília, Editora da UnB, 1980). (N. E.)

[23] Ver as entrevistas concedidas por Jean-Paul Sartre a *Lotta Continua*, Roma, 15 set. 1977, e a *Le Nouvel Observateur*, Paris, 10-30 mar. 1980 (sob o título "L'Espoir Maintenant" [A esperança agora]). Esta última foi publicada na véspera de sua morte, após o longo processo de perda das forças físicas, registrado muito dolorosamente por Simone de Beauvoir, que vê o texto como

dessas eminências não foi fato isolado. Correspondeu a uma mudança muito mais ampla nas disposições dos círculos literários e filosóficos outrora associados à esquerda. Emblemáticos nesse aspecto foram os escritores e críticos do grupo *Tel Quel*, Phillipe Sollers, Julia Kristeva e outros, que passaram, praticamente da noite para o dia, de defesas ruidosas do materialismo e do culto à ordem social na China a reavaliações do misticismo e à exaltação da ordem social dos Estados Unidos[24]. André Glucksmann, rebelde das barricadas e protegido intelectual de Louis Althusser no fim dos anos 1960, tornou-se o mais importante divulgador da "nova" filosofia, isto é, uma reiteração dos mais velhos temas do arsenal ideológico da Guerra Fria nos anos 1950, como a equiparação entre marxismo e totalitarismo e a identificação do socialismo com o stalinismo.

Enquanto isso, houve um segundo tipo de resposta à mudança de temperatura política na Europa latina no fim dos anos 1970. Foi menos um repúdio direto ou desistência do marxismo e mais sua diluição ou diminuição, impregnado que estava por um ceticismo crescente em relação à própria ideia de ruptura revolucionária com o capitalismo. Sintomático dessa tendência foi o distanciamento cada vez maior de Althusser da herança política do materialismo histórico como tal, expresso na negação de que este algum dia tivesse possuído qualquer teoria do Estado ou da política, o que pressagiava radical perda de moral por parte de alguém cujas afirmações da supremacia científica do marxismo tinham sido mais altivas e categóricas que as de qualquer outro teórico de sua época. Em pouco tempo, Althusser estava propagando a noção de "crise geral do marxismo", uma crise que ele não demonstrou pressa alguma em resolver[25]. Poulantzas, por sua vez, outrora um pilar de retidão leninista, agora redescobria as virtudes dos parlamentos e os perigos do poder dual: nas últimas entrevistas antes de sua morte, falava, além dessa crise, de uma crise de confiança na "política" como tal[26]. A sombra de Michel Foucault, logo proclamando o "fim da política"[27] como Bell e

---

um espelho distorcido, obra de um entrevistador manipulador, que ela criticou a Sartre na época. Essas circunstâncias matizam, mas não anulam, a mudança de direção de seus últimos anos. Ver Simone de Beauvoir, *La Ceremonie des Adieux* (Paris, Gallimard, 1981), p. 149-52 [ed. bras.: *A cerimônia do adeus*, trad. Rita Braga, Rio de Janeiro, Nova Fronteira, 1981].

[24] Ver, entre outros, Julia Kristeva, Marcelin Pleynet e Philippe Sollers, *Pourquoi les Etats-Unis?*, número especial de *Tel Quel* dedicado aos Estados Unidos, n. 71-3, 1977.

[25] Ver "The Crisis of Marxism", *Marxism Today*, jul. 1978.

[26] Ver a entrevista "Le risposte che è difficile trovare", *Rinascita*, 12 out. 1979.

[27] Ver a entrevista realizada por Bernard-Henri Lévy com Foucault sobre a *História da sexualidade*, em *Le Nouvel Observateur*, n. 644, 12 mar. 1977.

Colletti haviam feito a respeito da ideologia, sem dúvida se abatia pesadamente sobre essas dúvidas parisienses. Na Itália, o próprio Partido Comunista estava ficando cada vez mais repleto de correntes desse tipo. O principal filósofo mais jovem, Massimo Cacciari, disse aos trabalhadores italianos, a partir de seu assento na Câmara dos Deputados, que Nietzsche havia superado Marx, que a vontade de poder provara ser mais fundamental que a luta de classes; enquanto isso, entre muitos de seus colegas era possível observar um interesse às vezes complacente pelas ideias de [Milton] Friedman ou [Jeremy] Bentham.

Nenhuma mudança intelectual é universal. Ao menos uma honrosa e significativa exceção se destaca da mudança geral de posições nesses anos. O mais velho sobrevivente da tradição marxista ocidental que discuti, Henri Lefebvre, não se curvou nem mudou de posição em sua oitava década de vida, continuando a produzir uma obra original e imperturbável sobre assuntos geralmente ignorados por grande parte da esquerda[28]. O preço dessa constância, entretanto, foi o relativo isolamento. Analisando a cena intelectual como um todo, ficamos com um estranho paradoxo. O marxismo como teoria crítica, no exato momento em que tinha uma ascensão sem precedentes no mundo de língua inglesa, desabava em queda livre nas sociedades latinas, aquelas em que, durante o pós-guerra, fora mais poderoso e produtivo. Acima de tudo na França e na Itália, as duas principais nações do materialismo histórico vivo nos anos 1950 e 1960, para alguém como eu, que aprendeu muito do marxismo com essas culturas, o massacre dos ancestrais foi impressionante. Qual é seu significado? Os movimentos transversais da teoria marxista na última década ainda estão por ser explorados. Os problemas que eles apresentam serão nosso tema amanhã.

---

[28] De especial interesse são suas obras sobre urbanismo: *Le Droit à la ville* (Paris, Anthropos, 1967) [ed. bras.: *O direito à cidade*, trad. Rubens Eduardo Frias, São Paulo, Centauro, 2011] e *La Production de l'espace* (Paris, Anthropos, 1974).

2
Estrutura e sujeito

O inventário aproximado do atual estado da teoria marxista tentado ontem terminou com um enigma, qual seja: o brusco declínio – em alguns aspectos, chegando à beira do colapso – do materialismo histórico como cultura ativa e produtiva na França e na Itália, no período em que em outros países do mundo capitalista avançado ele moldava uma nova paisagem intelectual. Hoje, quero explorar algumas hipóteses alternativas que podem lançar luzes sobre o caráter e a causa dessa recessão latina no panorama internacional do marxismo contemporâneo. Para fazê-lo, vou me restringir essencialmente a sua expressão francesa. Isso não implica nenhuma limitação básica, penso, pois a cultura italiana – e, *a fortiori*, a espanhola – desde a guerra tem estado cada vez mais sujeita a direções e ênfases derivadas de Paris, ainda que estas tenham sempre sido matizadas e mediadas por outras, vindas da Alemanha: a intersecção das duas, de fato, acabou por definir grande parte da área de debate da filosofia italiana. E mais: nas três décadas seguintes à Libertação, aproximadamente, a França veio a desfrutar de uma primazia cosmopolita no universo marxista como um todo que, à sua maneira, faz lembrar a ascendência francesa na época do Iluminismo. A queda desse predomínio no fim dos anos 1970 não foi, portanto, mera questão nacional. Registramos alguns dos sintomas dessa queda: a verdadeira debandada de tantos importantes pensadores franceses de esquerda desde 1976. Suas consequências foram drásticas. Paris hoje é a capital da reação intelectual europeia, mais ou menos da maneira como foi Londres trinta anos atrás. Nossa pergunta, entretanto, é: quais foram as *causas* dessa derrota histórica local do materialismo histórico?

Já argumentei que o marxismo, como teoria crítica que aspira a oferecer a inteligibilidade reflexiva de seu próprio desenvolvimento, em princípio confere prioridade a explicações extrínsecas de seus sucessos, fracassos ou impasses. Ao mesmo tempo, reforcei que isso nunca é uma primazia absoluta ou exclusiva, de um tipo que eximiria a teoria de qualquer responsabilidade final. Ao contrário, a necessidade complementar de uma história *interna* da teoria que meça sua vitalidade como programa de pesquisa governado pela busca da verdade, característica de qualquer conhecimento racional, é o que separa o marxismo de qualquer variante de pragmatismo ou do relativismo. Ao observar o problema representado pela desmoralização e pelo recuo do marxismo francês, então, começarei considerando uma hipótese relacionada, em primeiro lugar, a sua evolução intrínseca. A hipótese é simplesmente a seguinte: depois de o marxismo francês ter desfrutado de longo período de dominação cultural em grande parte inconteste, gozando do prestígio emprestado da distante Libertação, ele finalmente encontrou um adversário intelectual capaz de combatê-lo e prevalecer sobre ele. Seu oponente vitorioso foi a ampla frente teórica do estruturalismo e, depois, seus sucessores pós-estruturalistas. As crises do marxismo latino seriam então resultado não de um declínio circunstancial, mas de uma derrota frontal. Poderíamos argumentar que a evidência dessa derrota é a ascensão triunfal das ideias e dos temas estruturalistas ou pós-estruturalistas onde antes dominavam as marxistas: uma verdadeira mudança "epistêmica", do tipo que Michel Foucault procurava teorizar.

A plausibilidade dessa hipótese é reforçada por outra consideração. Ao contrário, nesse aspecto, das mudanças misteriosamente abruptas e totais de uma configuração epistêmica a outra (Foucault) ou de uma "problemática" à seguinte (Althusser), a passagem da predominância marxista à estruturalista e, depois, à pós-estruturalista na cultura francesa do pós-guerra não implicou nenhuma descontinuidade total de temas ou questões. Ao contrário, está claro que houve um grande problema em torno do qual *todos* os contendores giraram; e foi como se precisamente a superioridade do estruturalismo – num primeiro momento – *no próprio terreno* do marxismo tivesse lhe assegurado vitória decisiva sobre este. Que problema foi esse? Essencialmente a natureza das relações entre estrutura e sujeito na história e na sociedade humanas. Ocorre que o enigma do *status* e da posição respectivos desses dois elementos não era uma área de incerteza que fosse delimitada ou marginal na teoria marxista. Na realidade, ele sempre constituiu um dos problemas mais centrais e fundamentais do materialismo histórico como explicação do desenvolvimento da civilização humana. Podemos ver isso imediatamente se refletirmos sobre a permanente oscilação, a potencial disjunção nos próprios escritos de Marx, entre sua atribuição do motor primordial das transformações históricas à contradição entre forças de produção e relações de produção, por um lado – pensemos na famosa "Introdução" de 1859 à *Contribuição à crítica da economia política* –, e à luta de classes, por outro lado – pensemos no *Manifesto Comunista*. A primeira se refere essencialmente a uma realidade estrutural ou, mais propriamente, interestrutural: a ordem daquilo que a sociologia contemporânea chamaria de integração sistêmica (ou, para Marx, desintegração latente). A segunda se refere às forças subjetivas que competem e colidem em busca de domínio sobre formas sociais e processos históricos: o âmbito daquilo que a sociologia contemporânea chamaria de integração social (que é igualmente desintegração ou reintegração). Como esses dois tipos distintos de causalidade, ou princípios de explanação, seriam articulados na teoria do materialismo histórico?

Nesse sentido, o marxismo clássico, mesmo no auge de suas forças, não fornecia resposta coerente. As antinomias políticas às quais a persistente elusão ou suspensão da questão dava margem eram, claro, discutidas de modo amplo e apaixonado: economicismo de um lado, voluntarismo do outro. As intervenções de Lênin anteriores à guerra podem ser vistas como um esforço constante de controlar e combater essas duas possíveis deduções do legado de Marx, cujas expressões políticas eram as tendências contrastantes ao reformismo e ao anarquismo, à direita e à extrema esquerda da Segunda Internacional, respectivamente. Essas intervenções, porém, eram puramente práticas e conjunturais, sem fundamentação teórica. As mesmas questões não resolvidas rondaram tanto a historiografia quanto a política marxistas. A extensa discussão contemporânea da obra de Edward Thompson, por exemplo, tem se concentrado em grande parte no papel da ação humana na criação ou na destruição de classes e no advento ou na substituição das estruturas sociais, seja do capitalismo industrial, seja de um socialismo além deste. Outro caso bastante eloquente da presença desse problema na raiz das diferenças entre duas grandes interpretações marxistas rivais do mesmo processo histórico pode ser encontrado nas análises contrárias feitas por Robert Brenner e Guy Bois a respeito da transição de época do feudalismo para o capitalismo agrário no começo da Europa moderna: a primeira centrada essencialmente na correlação variável de forças de classe no campo no fim da Idade Média, a outra, na lógica invariante do declínio das taxas de arrendamento senhorial na economia feudal[1].

---

[1] Ver a discussão em Trevor Henry Aston e Charles Philpin (orgs.), *The Brenner Debate*, cit.; para a posição mais geral de Bois, ver Guy Bois, *La crise du féodalisme* (Paris, Presses de la Fondation nationale des sciences politiques, 1976).

Para nossos propósitos aqui, o ponto relevante é que essa tensão inveterada – às vezes lesão – dentro do materialismo histórico não ganhou nenhuma forma diretamente política nem forma historiográfica na França do pós-guerra. Em vez disso, emergiu como o principal problema a permear o campo da *filosofia*. As razões para isso estavam essencialmente na configuração geral dos anos após a Libertação. O cenário político da esquerda estava dominado pela presença maciça e intensa do Partido Comunista Francês, sem dúvida a maior organização da classe trabalhadora e a maior ameaça à burguesia francesa, ainda que fosse, ao mesmo tempo, um sistema de comando rigidamente burocratizado que impedia qualquer debate ou discurso teórico de tipo bolchevique sobre sua própria estratégia. A profissão de historiador, por outro lado, logo ficou sob o domínio da escola dos *Annales*, que na época dava mostras de simpatias sociais progressistas, mas intelectualmente estava não só muito distante do marxismo como também, em grande parte, desinteressada do problema da ação humana como tal, que ela identificava como meros acontecimentos superficiais, em sua busca de processos mais profundos ou durações mais longas na história. Por outro lado, a formação filosófica mais influente era fenomenológica e existencialista, com origem no pré-guerra e raízes em Kojève, Husserl e Heidegger. Como tal, era uma ontologia acentuada e até mesmo exasperada do sujeito. No entanto, era uma escola alinhada à esquerda e naquele momento procurava coadunar-se com a realidade estrutural do Partido Comunista, que a liderava num momento de turbulentas lutas de classe na França. O resultado foi a tentativa constante de repensar as relações entre sujeito e estrutura, na forma de certa síntese entre marxismo e existencialismo, levada a cabo por Sartre, Merleau-Ponty e Beauvoir entre o fim dos anos 1940 e o começo da década de 1950. Os debates que os dividiram nessa empreitada inicialmente comum foram de rara qualidade e intensidade, formando um dos episódios mais ricos da história intelectual do pós-guerra como um todo. Embora primordialmente determinados pela divergência de seus juízos políticos e pontos de partida epistemológicos, esses debates também refletiam horizontes nas ciências sociais da França na época: Merleau-Ponty era leitor de Weber; Sartre, de Braudel. A culminação dos debates foi, sem dúvida, a publicação de *Crítica da razão dialética*, de Sartre, em 1960 – obra inicialmente concebida como resposta direta às críticas e objeções que lhe haviam sido opostas por Merleau-Ponty durante suas famosas trocas em meados dos anos 1950 –, cujo tema exclusivo é o labirinto de interversões entre práxis e processo, indivíduos e grupos, grupos e o prático-inerte, numa história desencadeada e permeada pela escassez.

É importante lembrar que a *Crítica* de Sartre tem como primeira parte uma "Teoria dos conjuntos práticos" de seiscentas páginas, prefaciada por um breve ensaio, "Questão de método", que havia sido inicialmente publicado em 1957. Afinal, embora o autor tivesse descrito o objetivo comum de tais textos como a constituição de uma "antropologia histórica, estrutural", o foco deles na verdade diferia de maneira significativa. A "Questão de método" tratava essencialmente dos instrumentos teóricos necessários para compreender o sentido total da vida de um indivíduo, como o que Sartre chamou de "universal singular", propondo a integração de conceitos marxistas, psicanalíticos e sociológicos num método interpretativo unitário. Ele apontava na direção da biografia. A *Crítica* propriamente dita, por outro lado, tinha o objetivo de apresentar um estudo filosófico das "estruturas formais elementares" de qualquer história possível, ou uma teoria dos mecanismos gerais da construção e da subversão de todos os grupos sociais. A história em si, "totalização diacrônica" de todas essas "multiplicidades práticas e de todas as suas lutas"[2], seria objeto de um segundo volume prometido. Em outras palavras, o horizonte da *Crítica* era uma tentativa de compreender não a verdade de uma só pessoa, mas – segundo expressão de Sartre – "a verdade da humanidade como um todo" (ainda que, para ele, existisse uma continuidade epistemológica básica entre as duas). Isso apontava na direção de uma história global, cujo fim declarado seria uma compreensão totalizante do sentido da época contemporânea. Essa promessa, talvez a maior feita por qualquer escritor no século XX, não seria cumprida. Sartre escreveu o segundo volume, tão extenso quanto o primeiro, mas o abandonou inacabado e não publicado. Nesse eloquente ato de desistência e no silêncio que se seguiu, estava sendo decidido – podemos ver agora – grande parte do destino intelectual subsequente da esquerda francesa. Doze anos depois, Sartre encerrou sua carreira com um estudo de Flaubert* cujas proporções monumentais não puderam ocultar – e, à sua maneira, até mesmo anunciaram – a modéstia de sua reversão ao microprojeto biográfico de "Questão de método".

Nesse ínterim, todo o terreno de disputa teórica – as terras mais elevadas, com seus penhascos e suas escarpas – havia sido esvaziado. Isso porque em 1962, [Claude] Lévi-Strauss publicara *O pensamento selvagem*. Tendo vindo logo em

---

[2] Jean-Paul Sartre, *Critique of Dialectical Reason* (trad. ing. Alan Sheridan-Smith, Londres, New Left Books, 1976), p. 817, 822 [ed. bras.: *Crítica da razão dialética*, trad. Guilherme João de Freitas Teixeira, Rio de Janeiro, DP&A, 2002].

* Jean-Paul Sartre, *O idiota da família*, 3 v., trad. Julia da Rosa Simões (v. 1) e Ivone Benedetti (v. 2 e 3), Porto Alegre, L&PM, 2013-2015. (N. E.)

seguida à *Crítica da razão dialética*, ele continha não só uma antropologia, em todos os sentidos da palavra, inteiramente alternativa como também concluía com um ataque direto ao historicismo de Sartre, em nome das propriedades invariantes de todas as mentes humanas e da dignidade igual de todas as sociedades humanas. Num único gesto obliterativo, ele passou por cima de todas as pretensões da razão dialética ou da diacronia histórica que Sartre havia construído – ideias que Lévi-Strauss simplesmente equiparou à mitologia do pensamento "civilizado" em oposição ao pensamento "selvagem", sem superioridade intrínseca sobre ele. Sartre, interlocutor tão ágil e fértil, polemista tão infatigável até então, não respondeu.

"O objetivo final das ciências humanas não é constituir o homem, mas dissolvê-lo"[3], concluiu Lévi-Strauss, soltando o lema da década. Quando finalmente veio uma resposta marxista, em 1965, não foi de repúdio, mas de aval à afirmação estruturalista. Os dois livros de Louis Althusser, *A favor de Marx* e *Ler O capital*, em vez de se defrontarem com o ataque de Lévi-Strauss à história ou com sua interpretação do humanismo, endossaram-nos e incorporaram-nos no marxismo, agora reinterpretado como um anti-humanismo teórico, para o qual a diacronia não era mais que o "desenvolvimento das formas" do conhecimento sincrônico. Sartre – confidenciou Althusser nas páginas do semanário do Partido Comunista Italiano – era um falso amigo do materialismo histórico e estava, na realidade, mais distante dele que seu crítico ostensivo, Lévi-Strauss[4]. A novidade e a engenhosidade do sistema althusseriano eram inegáveis: já defendi seu legado em outra ocasião[5]. Rapidamente seus argumentos angariaram amplos prestígio e influência sobre a esquerda francesa, ocupando quase que por completo o espaço de correntes teóricas anteriores – representadas não somente por Sartre mas também por Lefebvre, Goldmann e outros – na formação de uma geração mais jovem de marxistas. No entanto, mesmo no auge de sua produtividade, o althusserianismo sempre se constituiu em dependência íntima e fatal de um estruturalismo que o precedeu e também sobreviveria a

---

[3] Claude Lévi-Strauss, *The Savage Mind* (Londres, Weidenfeld and Nicolson, 1966), p. 254-5, 247 [ed. bras.: *O pensamento selvagem*, trad. Maria Celeste da Costa e Souza e Almir de Oliveira Aguiar, São Paulo, Companhia Editora Nacional, 1976].

[4] Ver sua intervenção em duas partes, publicadas sob os títulos "Teoria e método" e "Gli strumenti del marxismo", em *Rinascita*, 25 jan. e 1º fev. 1964, criticando opiniões expressas por Umberto Eco sobre as principais correntes da cultura contemporânea. Esse texto tem sido constantemente negligenciado nas bibliografias costumeiras dos escritos de Althusser.

[5] Perry Anderson, *Arguments within English Marxism* (Londres, New Left Books, 1980).

ele. Lévi-Strauss havia buscado peremptoriamente cortar o nó górdio da relação entre estrutura e sujeito retirando este último de qualquer campo do conhecimento científico. Em vez de resistir a esse movimento, Althusser o radicalizou, com uma versão do marxismo na qual os sujeitos são completamente abolidos, a não ser como efeitos ilusórios de estruturas ideológicas. Mas num leilão objetivista como esse, seus lances estavam fadados a ser cobertos pelos de outros. Um ano depois, seu ex-aluno Foucault, proclamando a plenos pulmões a retórica do "fim do homem", reduziu o marxismo a efeito involuntário de uma episteme vitoriana ultrapassada, e não mais que uma episteme derivativa, ainda por cima[6]. O avanço do estruturalismo, em vez de ser desviado ou contido por uma nova leitura do marxismo, foi acelerado por ela, apesar de todas as suas afirmações de distância.

A prova mais surpreendente do tipo de hegemonia resultante foi fornecida pelo teste dos acontecimentos de maio na França. Ali – teria parecido plausível pensar –, o estruturalismo como postura teria encontrado a derrota nas mãos de uma dinâmica histórica que ele havia buscado despistar ou negar. Quem poderia imaginar irrupção mais espetacular de sujeitos individuais e coletivos que a revolta de estudantes, trabalhadores e tantos outros em 1968? Se alguma espécie de discurso, dentre os reinantes antes de maio, pudesse ser capaz de responder a essa notável explosão política da luta de classes e sobreviver para teorizá-la, seria de se pensar que o candidato era logicamente a variante marxista desenvolvida por Althusser. Afinal, por mais adaptada que fosse à mudança de outras maneiras, ela ao menos possuía uma teoria da contradição e da sobredeterminação, portanto, do tipo de "unidade de ruptura"[7] que poderia dar origem a uma situação revolucionária desse tipo numa sociedade dividida por classes como havia ocorrido na França. Na realidade, o que aconteceu foi o oposto exato. Althusser tentou, com atraso, ajustar sua teoria abrindo espaço ao papel das "massas", que, como ele agora admitia, "fizeram história", ainda que não "os homens e as mulheres"[8]. Mas, como a direção geral das investigações de Althusser não foi corrigida nem desenvolvida, a introdução do problema do

---

[6] Michel Foucault, *The Order of Things* (Londres, Pantheon, 1970), p. 261-2 [ed. bras.: *As palavras e as coisas*, trad. Salma Tannus Muchail, São Paulo, Martins Fontes, 2000].

[7] Ver Louis Althusser, *For Marx* (trad. ing. Ben Brewster, Londres, Allen Lane the Penguin Press, 1969), p. 99-100 [ed. bras.: *A favor de Marx*, trad. Dirceu Lindoso, Rio de Janeiro, Zahar, 1979].

[8] Idem, *Lenin and Philosophy* (trad. ing. Ben Brewster, Londres, New Left Books, 1971), p. 21-2 [ed. port.: *Lenine e a filosofia*, trad. Herberto Helder, Lisboa, Estampa, 1974].

sujeito histórico no mecanismo da causalidade estrutural, exposto em *Ler O capital*, simplesmente redundou em incoerência. Não apareceu nenhuma nova síntese comparável a sua obra anterior. A consequência foi o progressivo apagamento e a dissolução do marxismo althusseriano como corrente em meados da década de 1970.

Em contrapartida, o estruturalismo propriamente dito, contrariando todas as expectativas, passou pela prova de Maio de 1968 e ressurgiu como uma fênix do outro lado – mitigado e modulado, é verdade, mas nada mais, nada menos, que pelo prefixo equívoco de uma cronologia: onde um dia houvera estruturalismo, agora havia pós-estruturalismo. A relação exata entre os dois – a semelhança familiar ou a ascendência comum que os une através da tênue linha temporal – ainda está por ser estabelecida. Ela pode mostrar-se como a característica mais reveladora de ambos. Mas poucos duvidaram da existência do vínculo entre eles. De fato, duas das figuras mais destacadas do primeiro não foram menos proeminentes no segundo: Lacan, cujos *Escritos**, coligidos em 1966 com muita propaganda estruturalista, já antecipavam boa parte da crítica interna do estruturalismo desenvolvido depois de 1968; e Foucault, que se deslocava sem preocupação nem inquietação de uma constelação para a seguinte, sempre a par do momento. O próprio [Jacques] Derrida, um pensador pós-estruturalista mais puro, cujo primeiro trio de obras publicado em 1967** preparou as posições para a "reversão de vereditos" generalizada depois de Maio de 1968, apesar de todos os seus achincalhes entediantes dirigidos a Lévi-Strauss, não poderia deixar de lhe render homenagem como aquele que buscava um "novo estatuto de discurso" no qual "tudo começa com estrutura, configuração ou relação", mas ao mesmo tempo no "abandono de qualquer referência a um centro, a um sujeito, a uma origem ou a alguma *arquia* absoluta"[9].

Durante os anos 1970, então, a relegação do marxismo às margens da cultura parisiense tornou-se ainda mais pronunciada. O Flaubert de Sartre, quando finalmente publicado, quase tinha o ar de obra póstuma – não em relação à vida do autor, mas ao ciclo de cultura no qual fora concebido. A produção de

---

*   Ed. bras.: trad. Vera Ribeiro, Rio de Janeiro, Zahar, 1998. (N. E.)

**   Trata-se das obras *Gramatologia* (trad. Miriam Schnaiderman e Renato Janine Ribeiro, São Paulo, Perspectiva, 1973), *A voz e o fenômeno* (trad. Lucy Magalhães, Rio de Janeiro, Zahar, 1989) e *A escritura e a diferença* (trad. Maria Beatriz Marques Nizza da Silva, Pedro Leite Lopes e Pérola de Carvalho, São Paulo, Perspectiva, 2014). (N. E.)

[9] Jacques Derrida, *Writing and Difference* (trad. ing. Alan Bass, Londres, Routledge & Kegan Paul, 1979), p. 286.

Althusser foi definhando em exíguos fragmentos e glosas. Enquanto isso, o estruturalismo e sua progênie continuavam sendo prodigiosamente produtivos. Nos vinte anos seguintes à publicação de *O pensamento selvagem*, surgiram: a tetralogia antropológica de Lévi-Strauss sobre mitos; o fluxo cada vez maior dos ensaios e seminários de Lacan (vinte volumes prometidos) sobre psicanálise; os seguidos estudos de Michel Foucault, acompanhados de comentários de procedimentos, sobre loucura, medicina, prisão e sexualidade; a obra versátil de [Roland] Barthes sobre literatura; e as inúmeras desconstruções de Derrida em filosofia; isso para não falar na abundante obra de [Gilles] Deleuze e outros. Raramente os sinais externos de uma vitória intelectual pareceram tão conclusivos. No entanto, ainda permanece a pergunta: no que consistiu essa vitória? De que maneira e até que ponto o estruturalismo e o pós-estruturalismo têm respostas superiores para o problema com base no qual construíram sua fama e ilustraram sua ascendência sobre o marxismo na França, qual seja, o problema da relação entre estrutura e sujeito? Aqui se abre uma literatura torrencial, que não se pode explorar sem atentar para nuances ou detalhes adequados.

Eu me limitarei, portanto, à demarcação de um espaço básico no qual as teorias estruturalistas e pós-estruturalistas possam ser unificadas, como uma série de possíveis movimentos ou operações lógicas dentro de um campo comum. Nenhum dos pensadores que mencionei ou que citarei realizou todos esses movimentos, assim como tampouco há total concordância entre dois quaisquer deles. Entretanto, todos os seus maiores temas e afirmações se inserem nas fronteiras desse campo comum. A primeira operação – digo primeira, pois iniciou a emergência do estrutural*ismo* como tal – tem a ver com o que podemos chamar de *exorbitância da linguagem*. A disciplina originária, da qual o estruturalismo extraiu praticamente todos os seus conceitos distintivos, foi a linguística. Foi ali que [Ferdinand de] Saussure desenvolveu a oposição entre *langue* e *parole* ("língua" e "fala"), o contraste entre as ordens sincrônica e diacrônica e a noção de signo como unidade de significante e significado, cuja relação para com seu referente era essencialmente arbitrária ou imotivada dentro de qualquer língua dada. O avanço científico representado pelo *Curso de linguística geral** de Saussure foi decisivo em seu próprio campo. A aplicação de seus conceitos fora da disciplina para a qual ele os forjou começou, de modo moderado, em estudos literários, com a obra de [Roman] Jakobson e a Escola de Praga. Nesse

---

* Ed. bras.: trad. Antônio Chelini, José Paulo Paes e Izidoro Blikstein, São Paulo, Cultrix, 1995. (N. E.)

ponto, o material linguístico ainda estava sendo tratado, mesmo que por definição, como obras específicas de literatura, mantinham-se do lado da *parole*, segundo a divisão de Saussure, e não do lado da *langue*, que ele havia considerado passível unicamente de análise sistemática. De Jakobson o instrumental saussuriano passou para Lévi-Strauss, e foi com sua intrépida generalização para o domínio antropológico que nasceu o "estruturalismo" como movimento. Para ele, "os sistemas de parentesco são "um tipo de linguagem" condizente com as formas de análise cujos pioneiros no campo da fonologia haviam sido Trubetzkoi e Jakobson. Desenvolvendo essa identificação, ele argumentava que as regras de casamento e os sistemas de parentesco são como são por formarem

> um conjunto de processos que possibilita o estabelecimento de certo tipo de comunicação entre indivíduos e grupos. O fato de o fator mediador, neste caso, ser constituída pelas *mulheres do grupo*, que *circulam* entre clãs, linhagens ou famílias (e não [...] pelas *palavras do grupo* [...]), não altera em nada a identidade do fenômeno considerado em ambos os casos.[10]

Criada essa equação, foi curto o passo para estendê-la a *todas* as grandes estruturas da sociedade, na forma como Lévi-Strauss as via: a própria economia era agora somada, sob a rubrica da troca de bens, formando um sistema simbólico comparável ao da troca de mulheres em redes de parentesco e ao da troca de palavras na linguagem. A próxima grande extensão do modelo linguístico foi, sem dúvida, a reformulação da teoria psicanalítica por Lacan. "O inconsciente estrutura-se como uma linguagem", anunciou[11]. A aplicação, nesse caso, foi até mais radical do que essa famosa frase implica. Afinal, o verdadeiro mote da obra de Lacan não é que o inconsciente é estruturado "como" uma linguagem, e sim que a linguagem como tal é que forma o domínio alienante do inconsciente – como Ordem Simbólica que institui o insuperável e irreconciliável Outro – e, com isso, de um mesmo golpe, o desejo e seu recalque por toda a cadeia de significantes. Depois de expansões tão fundamentais da jurisdição da linguagem, inevitavelmente se seguiu uma série de especulações e

---

[10] Claude Lévi-Strauss, *Structural Anthropology* (Londres, Allen Lane, 1968), p. 60 [ed. bras.: *Antropologia estrutural*, trad. Beatriz Perrone-Moisés, São Paulo, Ubu, 2017].

[11] Ex: Jacques Lacan, *The Four Fundamental Concepts of Psychoanalysis* (trad. ing. Alan Sheridan, Londres, Hogarth Press and the Institute of Psycho-analysis, 1977), p. 20 [ed. bras.: *Seminário 11 – Os quatro conceitos fundamentais da psicanálise*, trad. M. D. Magno, Rio de Janeiro, Zahar, 1985].

anexações menores: roupas, carros, culinária e outros artigos de moda ou de consumo foram submetidos a diligente escrutínio semiológico, derivado da linguística estrutural. O último passo nesse caminho seria dado por Derrida, que – marcando a ruptura pós-estruturalista – rejeitou a ideia de linguagem como sistema estável de objetificação, mas radicalizou as pretensões desta como suserana *universal* do mundo moderno, com o decreto realmente imperial de que "não existe nada fora do texto", "nada antes do texto, nenhum pretexto que já não seja um texto"[12]. O Livro do Mundo, que o Renascimento, em sua ingenuidade, entendeu como metáfora, torna-se a última e literal palavra de uma filosofia que sacudiria toda a metafísica.

Foi o próprio Saussure, ironicamente, quem alertou para as irrefreáveis analogias e extrapolações abusivas de seu próprio domínio feitas nas últimas décadas. A língua – escreveu ele – é "uma instituição humana de tal espécie que todas as outras instituições humanas, com exceção da escrita, só podem nos enganar quanto a sua essência real se confiarmos na analogia entre elas"[13]. De fato, ele selecionou, como incomensuráveis com a língua, o parentesco e a economia – precisamente os dois sistemas com que Lévi-Strauss inaugurou o estruturalismo como teoria geral, ao assemelhá-los à língua. Instituições familiares como a monogamia ou a poligamia, notou, são objetos impróprios para análise semiológica, porque estavam longe de ser imotivados da mesma maneira que o signo. Da mesma forma as relações econômicas não são passíveis de submeter-se a suas categorias, porque o valor econômico está "enraizado em coisas e em suas relações naturais": "o valor de um terreno, por exemplo, está relacionado a sua produtividade"[14]. Todo o esforço de Saussure, ignorado por aqueles que tomaram suas ideias de empréstimo, foi de enfatizar a *singularidade* da linguagem, tudo o que a separava de outras práticas ou formas sociais: "Estamos profundamente convencidos de que se pode dizer que quem puser os pés no terreno da linguagem se despoja de todas as analogias de céu e terra"[15]. Na verdade, as analogias que

---

[12] Jacques Derrida, *Of Grammatology* (trad. ing. Gayatri Chakravorty Spivak, Baltimore, Johns Hopkins University Press, 1976), p. 158; *Dissemination* (trad. ing. Barbara Johnson, Chicago, The University of Chicago Press, 1981), p. 328.

[13] Robert Godel, "Notes inédites de Ferdinand de Saussure", em *Cahiers Ferdinand de Saussure*, n. 12, 1954), p. 60. A melhor exposição sobre as origens e tensões do pensamento de Saussure pode ser encontrada em Sebastiano Timpanaro, *On Materialism* (trad. ing. Lawrence Garner, Londres, New Left Books, 1976), p. 135-58, que discute essa passagem e outras semelhantes.

[14] Ferdinand de Saussure, *Course in General Linguistics* (trad. ing. Wade Baskin, Londres, Owen, 1960), p. 73, 80.

[15] Robert Godel, "Notes inédites de Ferdinand de Saussure", cit., p. 64.

seriam prontamente descobertas por Lévi-Strauss e Lacan, ao estender categorias linguísticas à antropologia e à psicanálise, não resistem à menor inspeção crítica. O parentesco não pode ser comparado à língua como sistema de comunicação simbólica no qual mulheres e palavras são respectivamente "trocados", como queria Lévi-Strauss, visto que nenhum falante aliena vocabulário a qualquer interlocutor, mas pode livremente reutilizar cada palavra "dada", tantas vezes quantas desejar depois, ao passo que os casamentos – ao contrário das conversas – são em geral vinculantes: as esposas não são recuperáveis pelos pais depois do casamento. A terminologia da "troca" garante assimilação ainda menor à economia: ainda que se considere que, na maioria das sociedades, os falantes e as famílias estabeleçam ao menos uma equivalência aproximada entre palavras e mulheres, é notório que isso não é verdadeiro com relação a bens. Em outras palavras, nenhuma economia pode ser primariamente definida em termos de troca: a produção e a propriedade sempre vêm antes. A fórmula tríplice de Lévi-Strauss opera, na verdade, no sentido de eliminar seletivamente todas as relações de poder, exploração e desigualdade inerentes não só às economias mais primitivas, quanto mais à nossa civilização de capital, mas também em todas as ordens familiares ou sexuais que nos são conhecidas, nas quais a conjugalidade está atrelada à propriedade, e a feminilidade, à subalternidade. Considerações familiares desse tipo valem igualmente no caso de Lacan. Longe de estruturar o inconsciente como uma linguagem ou de coincidir com ela, o construto que Freud fez dele como objeto da investigação psicanalítica é definido precisamente como *in*capaz da gramática generativa que, para uma linguística pós-saussuriana, compreende as estruturas profundas da língua, ou seja, a competência para formar frases e efetuar corretamente as regras de suas transformações. O inconsciente freudiano, inocente até da negação, é estranho a qualquer sintaxe.

Essas objeções localizadas, por mais conclusivas que possam ser para as disciplinas em questão, ainda assim não transmitem em si mesmas a razão geral pela qual a língua não é modelo adequado para nenhuma outra prática humana. Poderemos ver a distância entre elas com mais clareza, talvez, se nos lembrarmos do argumento de Lévi-Strauss em *O pensamento selvagem*, segundo o qual a língua representa uma experiência apodítica de uma realidade totalizante e dialética anterior e exterior à consciência e à vontade de qualquer sujeito falante, cujas afirmações, ao contrário, nunca constituirão totalizações conscientes das leis linguísticas[16]. A suposição básica do estruturalismo sempre foi a de que essa

---

[16] Claude Lévi-Strauss, *The Savage Mind*, cit., p. 252.

assimetria é paradigmática da sociedade e da história em geral. Na realidade, porém, a relação entre *langue* e *parole* é uma bússola particularmente aberrante para traçar as diversas posições de estrutura e sujeito no mundo extralinguístico. Isto se dá por ao menos três razões básicas. Primeiramente, as estruturas linguísticas têm um coeficiente excepcionalmente baixo de mobilidade histórica, entre instituições sociais. Alterando-se muito devagar e, com poucas e recentes exceções, inconscientemente, elas são, nesse aspecto, bem diferentes das estruturas econômicas, políticas ou religiosas, cujos índices de mudança – assim que o limiar da sociedade de classes é alcançado – têm sido, de modo geral, incomparavelmente mais acelerados. Em segundo lugar, entretanto, essa imobilidade característica da língua como estrutura é acompanhada por uma *inventividade* não menos excepcional do sujeito dentro dela: o reverso da rigidez da *langue* é a liberdade volátil da *parole*. Afinal, a alocução não tem nenhuma restrição *material*: as palavras são livres e gratuitas*: produzi-las não custa nada, e elas podem ser multiplicadas e manipuladas à vontade, dentro das leis da significação. Todas as outras principais práticas sociais estão sujeitas às leis da *escassez* natural: pessoas, bens ou poderes não podem ser gerados *ad libitum* e *ad infinitum*. Entretanto, a própria liberdade do sujeito falante é curiosamente inconsequente, isto é, em circunstâncias normais, seus efeitos sobre a estrutura são praticamente nulos. Mesmo os maiores escritores, cujo gênio influenciou culturas inteiras, alteraram relativamente pouco a língua. Isso, sem dúvida, indica de imediato a terceira peculiaridade da relação estrutura-sujeito na língua, a saber, o sujeito da fala é axiomaticamente *individual*: "não falem todos juntos" é a maneira costumeira de dizer que a fala plural é não-fala, pois não pode ser ouvida. Em contrapartida, os sujeitos relevantes no domínio das estruturas econômica, cultural, política ou militar são acima de tudo *coletivos*: nações, classes, castas, grupos, gerações. Precisamente por assim ser, a ação *desses* sujeitos é capaz de provocar profundas transformações nessas estruturas. Essa distinção fundamental é uma barreira intransponível para qualquer transposição de modelos linguísticos a processos históricos de uma variedade mais ampla. O movimento de abertura do estruturalismo, em outras palavras, é um engrandecimento especulativo da linguagem que, comparativamente, não cumpre os requisitos.

Quais são as consequências intelectuais *dentro* do estruturalismo dessa absolutização da linguagem? O mais importante efeito imediato é o que podemos

---

* No original, "*free, in the double sense of the term*", ou seja, "*free*" em duas acepções que a palavra tem em inglês. (N. E.)

chamar – e esta é a segunda operação modal no interior de seu espaço característico – a *atenuação da verdade*. Saussure havia distinguido no signo o significante e o significado – ou, como ele os concebia, a "imagem acústica" e o "conceito". Por um lado, ele enfatizava o caráter arbitrário do signo relativamente a qualquer referente por ele "nomeado" – em outras palavras, a separabilidade entre o "conceito" e seu "som"; por outro lado, ressaltava que, como a língua não é simplesmente um processo de nomeação, cada significante adquire valor semântico apenas em virtude de sua posição diferencial dentro da estrutura da *langue* – em outras palavras, a imbricação de conceitos no sistema sonoro como um todo. O valor linguístico "é determinado simultaneamente ao longo desses dois eixos", escreveu[17]. "Uma palavra pode ser trocada por algo dessemelhante, uma ideia", e "ela pode ser comparada a algo da mesma natureza, outra palavra"[18]. O resultado é um equilíbrio precário entre significante e significado em sua complexa concepção de signo. Esse equilíbrio estava fadado a ser quebrado assim que a língua fosse tomada como modelo para todos os objetivos fora do domínio da comunicação verbal propriamente dita. Afinal, a condição para sua conversão em paradigma portátil era seu fechamento num sistema autossuficiente, não mais atrelado a nenhuma realidade extralinguística.

O estrutural*ismo* como projeto, então, empenhou-se desde o começo na repressão do eixo do referente da teoria do signo de Saussure. O resultado só podia ser a megalomania gradual do significante. Lévi-Strauss deu início à escalada de suas afirmações com a tese improvável de que a língua foi inventada pelo homem em bloco, como um sistema completo que já excedia seus possíveis usos. "O homem dispõe, desde sua origem, de uma integralidade de significante, a qual tem muita dificuldade para alocar a um significado dado como tal mas nem por isso conhecido", escreveu. O resultado é a permanente "superabundância de significante, relativamente aos significados sobre os quais ele pode ser posto"[19]. Lacan, mais uma vez, foi o responsável pelo degrau seguinte, quando simplesmente identificou as redes de significantes a suas posições diferenciais dentro da *langue*, relegando o significado ao mero fluxo das coisas ditas como *paroles*. Enquanto Lévi-Strauss invocava um "significante flutuante" acima de um significado implicitamente

---

[17] Ferdinand de Saussure, *Cours de linguistique generale — Édition critique par Rudolph Engler* (Wiesbaden, Otto Harrasssowitz, 1968), v. 1, p. 259.
[18] Ferdinand de Saussure, *Course in General Linguistics*, cit., p. 115.
[19] Claude Lévi-Strauss, "Introduction", em Marcel Mauss, *Sociologie et anthropologie* (Paris, Presses Universitaires de France, 1950), p. xlix [ed. bras.: "Introdução", em Marcel Mauss, *Sociologia e antropologia*, trad. Paulo Neves, São Paulo, Ubu, 2017].

estável, Lacan passou a falar do "incessante deslizar do significado *sob* o significante"[20], por sua vez tomado como metáfora do sujeito; daí a efetiva impossibilidade de significar qualquer sentido estável intencional, em virtude do dinamismo inter-relacional da cadeia de significantes, coextensiva com o inconsciente, que desfaz perpetuamente a identidade ilusória do ego representado por eles. Assim, só restava a Derrida rejeitar a própria noção de signo como uma unidade-na-distinção do significante e do significado, cancelando qualquer autonomia residual do significado. A linguagem agora se torna um processo em que "cada significado também está na posição de significante"[21], ou seja, um sistema de significantes flutuantes puro e simples, sem relação determinada com nenhum referente extralinguístico.

Está claro que a consequência necessária de tal contração da língua em si mesma é romper qualquer possibilidade de verdade como correspondência entre proposições e realidade. Foram Foucault e Derrida que assumiram mais impavidamente a lógica subsequente: ao fazê-lo, foram capazes de retroceder para além de Saussure, ao legado filosófico do Nietzsche tardio, em sua incansável denúncia das ilusões da verdade e da fixidez do sentido. Para Derrida, qualquer conceito de verdade deve ser equiparado à compulsiva metafísica da presença, com a qual Nietzsche rompeu em sua – e aqui cito – "alegre afirmação do jogo do mundo e da inocência de se tornar [...] sem culpa, sem verdade, sem origem"[22]. Em Foucault, a ênfase recai menos na libertação do cognitivo para o lúdico e mais na da tirania do veraz. A vontade de verdade, afirma ele, produz seu conhecimento por meio da "falsificação primordial e perpetuamente reiterada que afirma a diferença entre o verdadeiro e o falso"[23]. A mudança de marcha em direção à ignorância desenfreada, proclamada por seus sucessores, ainda que nunca inteiramente praticada por eles, é estranha à geração anterior de pensadores estruturalistas. Tanto Lévi-Strauss quanto Lacan, quando a ocasião o exige, chegam a afetar aspirações científicas, na busca da matematização de suas respectivas disciplinas. Analisada mais de perto, contudo, a lógica circular da linguagem autorreferente que eles trazem para cada uma de suas disciplinas tem efeitos previsíveis. Assim, Lévi-Strauss pergunta "o que importa?" se

---

[20] Jacques Lacan, *Écrits* (trad. e org. Alan Sheridan, Londres, Tavistock, 1977), p. 154.
[21] Jacques Derrida, *Positions* (trad. ing. Alan Bass, Chicago, University of Chicago Press, 1981), p. 20 [ed. bras.: *Posições*, trad. Tomaz Tadeu da Silva, Belo Horizonte, Autêntica, 2001].
[22] Idem, *Writing and Difference*, cit., p. 292.
[23] Michel Foucault, *Language, Counter-Memory, Practice: Selected Essays and Interviews* (trad. ing. e org. Donald F. Bouchard, Ithaca/Nova York, Cornell University Press, 1977), p. 203; aqui também a fonte expressa é Nietzsche.

suas interpretações de mitos são forçadas ou arbitrárias, na medida em que elas mesmas podem ser lidas como nada mais que um mito; "em última instância é irrelevante se neste livro os processos de pensamento dos índios sul-americanos tomam forma por intermédio de meu pensamento ou se o meu toma forma por intermédio do deles"[24]. Aqui o que se exclui desde o começo é o erro, na identidade exibicionista da mente humana. De modo bem coerente, Lévi-Strauss exalta Wagner, nas mesmas páginas, como o verdadeiro "originador da análise estrutural dos mitos" tendo feito suas investigações no meio superior da *música* – mais elevada porque totalmente interior a si mesma, arte que em princípio está além do sentido ou da representação. A solução é semelhante em Lacan, que conserva um conceito vestigial do Real além do Simbólico, mas apenas como o "impossível" que não pode ser significado – um reino do inefável que, como ele reforça, nada tem em comum com a mera "realidade" como o "*prêt-à-porter* da fantasia". Inversamente, Lacan também ganhou uma reprimenda de Derrida por preservar a noção de verdade; mas por verdade ele entende a capacidade do sujeito de articular o desejo, e não de atingir o conhecimento. Essa expressiva redefinição da verdade acaba por se reincorporar em Lévi-Strauss. Afinal, a precisão literal não tem pertinência para a "palavra plena" do sujeito psicanalítico, que *não pode falar senão* "verdadeiramente", isto é, sintomaticamente, seja lá o que diga[25]. Aqui também, sem a inverdade, a verdade deixa de existir como tal, como viu Foucault corretamente. A *distinção* entre o verdadeiro e o falso é a premissa ineliminável de qualquer conhecimento racional. Seu lugar central é a demonstração. Não é por acidente que esta última é, em geral, tão desdenhada no espaço do estruturalismo. O curto trabalho de campo de Lévi-Strauss e seu mapa fictício de sistemas de parentesco; as sessões psicanalíticas de dez minutos de Lacan; a credulidade de Foucault na Nau dos Insensatos e na fábula do Grande Confinamento[26]: nada disso

---

[24] Claude Lévi-Strauss, *The Raw and the Cooked* (trad. ing. John e Doreen Weightman, Londres, Jonathan Cape, 1969), p. 13, 15 [ed. bras.: *O cru e o cozido*, trad. Beatriz Perrone-Moisés, São Paulo, Cosac Naify, 2004].

[25] Jacques Lacan, *Écrits*, cit., p. 649, 409; as primeiras palavras de *Television* (Paris, Seuil, 1973) são: "*Je dis toujours la verité*" (eu sempre digo a verdade), p. 9 [ed. bras.: *Televisão*, trad. Antonio Quinet, Rio de Janeiro, Zahar, 1993].

[26] Para o último, ver Hans Christian Erik Midelfort, "Madness and Civilization in Early Modern Europe: A Reappraisal of Michel Foucault", em Barbara Malament (org.), *After the Reformation: Essays in Honor of J. H. Hexter* (Filadélfia, University of Pennsylvania Press, 1980), p. 247-65 – crítica ainda mais danosa à adesão *pro forma* do autor ao respeito convencional prestado a Foucault.

decorre de limitações pessoais ou lapsos dos envolvidos, mas são licenças normais e naturais numa peça de significação além da verdade e da falsidade.

O ataque à representação, inerente na noção de linguagem autotélica, tem incidência previsível no estatuto da causalidade na esfera do estruturalismo. Com isso chegamos à terceira grande operação passível de descrição no estruturalismo, que pode ser chamada de *aleatorização da história*. Uma vez que o modelo linguístico se torna paradigma geral nas ciências humanas, a noção de causa determinável começa a passar por drástico enfraquecimento. A razão está na própria natureza da relação entre *langue* e *parole* na linguística estrutural. A supremacia da *langue* como sistema é a pedra angular do legado saussuriano: a *parole* é a ativação subsequente de certos recursos da *langue* pelo sujeito falante. Mas a prioridade de uma em relação à outra é de uma espécie curiosa: ela é ao mesmo tempo incondicional e indeterminante. Isso quer dizer que o ato de fala individual só poderá executar certas leis linguísticas gerais se pretender ser comunicação. Mas, ao mesmo tempo, as *leis* jamais podem explicar o *ato*. Existe um abismo intransponível entre as regras gerais da sintaxe e a elocução particular das frases, cuja forma ou ocasião nunca pode ser deduzida do somatório da gramática, do vocabulário ou da fonética. A língua como sistema fornece as *condições de possibilidade* formais da fala, mas não tem controle sobre suas *causas* reais. Para Saussure, a configuração das palavras faladas – o carretel da *parole* a desenrolar-se – ficava necessariamente fora do domínio da ciência linguística: estava relacionada a uma história mais geral e exigia outros princípios de investigação. A extrapolação do modelo linguístico pelo estruturalismo pós-saussuriano, entretanto, prosseguiu de modo geral até uma combinação tácita dos dois tipos de inteligibilidade. As condições de possibilidade eram sistematicamente apresentadas "como se" fossem causas. Os dois exemplos mais amplos dessa confusão de tendências seriam os estudos de Lévi-Strauss sobre mitologias nas sociedades primitivas e as tentativas de Foucault de construir uma arqueologia do conhecimento nas sociedades civilizadas.

Em cada caso, monta-se uma grande maquinaria analítica, cujo objetivo essencial é demonstrar a *identidade* do campo em questão – a função invariante de totens ou da estrutura de mitos, a unidade de epistemes ou a rigidez de formações discursivas. Uma vez construídas, entretanto, elas não deixam espaço epistemológico para a *diversidade* de mitos ou enunciações específicos, menos ainda para o *desenvolvimento* de uma para outra. O resultado é que, em vez de uma explicação genuína, a análise estruturalista tende constantemente à classificação: como observou Edward Said, a "adjacência eclipsa a "sequencialidade"[27]. O fracasso em distinguir essas duas operações intelectuais é a marca registrada da teorização de Lévi-Strauss de *O pensamento selvagem*, que conclui com a afirmação de que não existe diferença essencial entre a "lógica concreta" das sociedades primitivas – ou seja, suas taxonomias do mundo natural – e a "lógica abstrata" da ciência matematizada nas sociedades civilizadas[28]: ambas são expressões das mesmas propensões universais da mente humana. O poder explanatório da ciência moderna é posto no mesmo nível da magia classificatória do totemismo, num procedimento que, por sua vez, endossa a *démarche* básica do próprio Lévi-Strauss. Isso não quer dizer que não há explanações nos textos estruturalistas; mas, quando elas ocorrem, são curiosamente marginais ou frágeis, incapazes de manter o foco ou de sustentar o peso das descrições gerais em que elas aparecem de passagem. Em comparação com a enorme proliferação das meditações de Lévi-Strauss sobre os mitos ameríndios, os esparsos esquemas de sua redução ocasional – à simples função de mascarar ou mediar contradições reais, surgidas da dualidade de natureza e cultura, no domínio do imaginário – têm tão pouco peso quanto originalidade. Da mesma forma, o trabalho posterior de Foucault sobre sistemas prisionais do século XIX contém a tese de que a verdadeira função destes não era suprimir, mas gerar uma classe criminosa que servisse para justificar o policiamento global da população como um todo, no "*continuum* carcerário" da ordem social contemporânea em que escolas, hospitais, fábricas ou regimentos revelam o mesmo princípio organizacional. Aqueles que os policiam permanecem anônimos. Aqui é menos a modéstia da hipótese e mais seu cunho melodramático que a transforma numa espécie de lambri da obra como um todo, cujo efeito depende da densidade descritiva, e não da força explicativa. A causalidade, mesmo quando ganha o direito de admissão, nunca adquire centralidade convincente no terreno da análise estruturalista.

O que acontece, então, com a história propriamente dita? Um determinismo inicial total termina paradoxalmente na reintegração de uma contingência final absoluta, imitando a dualidade *langue* e *parole*. O exemplo mais impressionante dessa ironia é a obra de Derrida, que amalgama toda a história da filosofia ocidental numa única metafísica homogênea, definida pela identidade ubíqua da busca pela "presença", enquanto, por outro lado, qualquer frase, ou parágrafo,

---

[27] Edward Said, *Beginnings* (Baltimore, Johns Hopkins University Press, 1978), p. 302.
[28] Claude Lévi-Strauss, *The Savage Mind*, cit., p. 269.

dos porta-vozes dessa metafísica é suturada e minada pela heterogeneidade irredutível da *différance*. A escrita, portanto, é ao mesmo tempo implacável e indecidível, inescapavelmente a mesma em sua estrutura geral, diferindo (no duplo sentido de ser diferente e de postergar), inexplicavelmente, em suas textualizações particulares. A mesma antinomia reaparece pontualmente no pensamento de Lévi-Strauss e de Foucault. Lévi-Strauss termina *Do mel às cinzas* renegando qualquer "recusa da história"; mas o lugar que atribui a ela é puramente aleatório. "A análise estrutural" concede à história "aquilo que por direito pertence à contingência irredutível" e faz uma reverência "ao poder e à inanidade do acontecimento"[29], escreve ele. As transformações *históricas* mais profundas – as revoluções Neolítica e Industrial – podem assim ser teorizadas por Lévi-Strauss em termos de um jogo de roleta múltipla, em que a combinação vencedora que torna possíveis esses levantes é alcançada por uma coalizão de jogadores em várias rodas, e não por um indivíduo, ou seja, por um grupo de sociedades em vez de uma única[30]. O desenvolvimento diacrônico, em outras palavras, é reduzido ao resultado casual de uma combinação sincrônica. Foucault, que também foi incapaz de explicar as súbitas mutações entre as sucessivas epistemes de sua obra inicial, cada uma das quais é tratada como unidade homogênea, recorreu mais tarde à celebração cada vez maior do papel do *acaso* como governante dos eventos, o que – argumentou ele em *A ordem do discurso** – não deveria mais ser visto em termos de causa e efeito, mas como seriais e imprevisíveis. Na prática, a obra subsequente de Foucault converteu essas prescrições metodológicas numa ontologia: uma vontade de poder panúrgica pulsando em todas as estruturas sociais e psíquicas de qualquer tipo. Sua derivação comum a partir de Nietzsche indica o vínculo entre acaso e poder, assim interpretados, no pensamento de Foucault. Uma vez hipostasiado como um novo Primeiro Princípio, no estilo de Zaratustra, o poder perde qualquer determinação histórica: já não existem detentores específicos do poder, tampouco algum objetivo específico ao qual seu exercício sirva. Como *vontade* pura, seu exercício é sua própria satisfação. Porém, como permeia tudo, essa vontade precisa gerar seu próprio oposto. "Onde há poder há resistência" – mas essa resistência é

---

[29] Claude Lévi-Strauss, *From Honey to Ashes* (trad. ing. John e Doreen Weightmn, Londres, Jonathan Cape, 1973), p. 475 [ed. bras.: *Do mel às cinzas,* trad. Beatriz Perrone-Moisés, São Paulo, Cosac Naify, 2009].

[30] Idem, *Race and History* (Paris, Unesco, 1952), p. 37-9 [ed. port.: *Raça e História*, trad. Inácia Canelas, Lisboa, Presença, 1980].

* Ed. bras.: trad. Laura Fraga de Almeida Sampaio, São Paulo, Loyola, 2012. (N. E.)

também um contrapoder[31]. No fluxo volitivo sem fronteiras da conação conjurada pelo Foucault tardio, desaparece a causalidade como necessidade inteligível das relações sociais ou dos acontecimentos históricos: a disputa mútua é incondicionada, e seu resultado só pode ser contingente. O poder *é* a inanidade do acontecimento, nessa versão. As relações de poder são "reversíveis" – da forma como Foucault as apresenta – no mesmo sentido e pelas mesmas razões teóricas que as significações textuais são "indecidíveis" para Derrida. O oximoro de Said resume o que pode propriamente ser chamado de filosofia estruturalista da história: "acidente legislado"[32].

Talvez seja mais fácil entender agora por que o estruturalismo engendraria o pós-estruturalismo com tanta facilidade e congruência, pois o trânsito de um para o outro representa o movimento final logicamente disponível no interior do espaço que estamos delimitando. Isto poderia ser denominado de *emborcação das estruturas*. Por que o objetivismo aparentemente ascético de meados dos anos 1960 – o momento, vamos dizer, de *As palavras e as coisas* – teria com tanta frequência redundado no subjetivismo saturnal de meados dos anos 1970 – o momento de *Anti-Édipo* – sem ruptura significativa de continuidade entre homens e ideias? A resposta está no problema apresentado para qualquer estruturalismo autêntico por seu ponto de partida cognitivo. Afinal, se apenas as estruturas prevalecem num mundo além dos sujeitos, o que garante a objetividade delas? O alto estruturalismo soou mais estridente do que nunca ao anunciar o fim do homem. Foucault fez soar essa nota caracteristicamente profética quando declarou em 1966: "O homem está em vias de perecer, à medida que brilha mais forte em nosso horizonte o ser da linguagem"[33]. Mas quem é o "nós" a perceber ou possuir tal horizonte? No vazio do pronome reside a aporia do programa. Lévi-Strauss optou pela solução mais coerente. Ecoando – até mesmo amplificando cosmicamente – Foucault em suas visões do "crepúsculo do homem", ele postulou um isomorfismo básico entre natureza e pensamento, refletido igualmente nos mitos e na análise estrutural deles. O pensamento repete a natureza nos mitos porque ele próprio também é natureza, e o método

---

[31] "Não há relações de poder sem resistência", pois "a resistência ao poder" é "compatriota do poder". Em Michel Foucault, *Power/Knowledge: Selected Interviews and Other Writings, 1972--1977* (org. Colin Gordon, Brighton, Pantheon, 1980), p. 142.

[32] Edward Said, *Beginnings*, cit., p. 311; ou, na frase de Nietzsche exaltada por Foucault: "a mão de ferro da necessidade agitando os dados do acaso": ver Michel Foucault, *Language, Counter--Memory, Practice*, cit., p.155.

[33] Michel Foucault, *The Order of Things*, cit., p. 386.

estrutural repete as operações dos mitos que estuda; ou, nas palavras de Lévi-Strauss, "Os mitos significam o pensamento que os elabora por meio do mundo do qual ele próprio faz parte"[34]. Em meio a uma pletora de denúncias da filosofia, o que reaparece nas *Mitológicas* é, assim, uma das figuras mais antigas do idealismo clássico: a identidade sujeito-objeto.

Mas a identidade é, naturalmente, também uma ficção, pois o que Lévi-Strauss não consegue explicar é o surgimento de sua própria disciplina. De que modo as estruturas mentais inconscientes do primitivo se tornam as descobertas conscientes do antropólogo? A discrepância entre as duas fatalmente suscita a pergunta: o que garante que *sejam* descobertas, e não fantasias arbitrárias? No culto à música, com que sua tetralogia começa e termina, está a desistência de qualquer resposta: "supremo mistério da ciência do homem", a música, para Lévi-Strauss, contém "a chave para o progresso"[35] de todos os outros ramos. O enlevo wagneriano aí já não é mera idiossincrasia pessoal. O *nascimento da tragédia**, apoteose de Wagner e teorização da música como mãe da linguagem, é também a obra-fonte do tema de um frenesi dionisíaco original, o Outro da ordem apolínea e sempre subjacente na obra de Foucault. Para ele também a dificuldade era dar conta da capacidade do arqueólogo de revelar os arquivos do conhecimento ou reconstruir as diferenças temporais entre eles, dado o fechamento – "muito apertado, muito coerente"[36] – da moderna episteme em si mesma. O que então bloqueava o caminho para um completo relativismo? Inconfessável como tal, a continuidade da pesquisa de Foucault na realidade repousava, desde o começo, no recurso a uma experiência primal não domesticada, anterior a todas as ordens sucessivas da razão ocidental e capaz de subvertê-las, diante de que se revela a natureza comum destas como estruturas repressivas. "Ao longo da história do Ocidente, a *necessidade da loucura* [...] está ligada à *possibilidade da história*", escreve ele em sua primeira obra importante[37]. A loucura como pura alteridade – o som que deve ser calado para que

---

[34] Claude Lévi-Strauss, *The Raw and the Cooked*, cit., p. 341.
[35] Ibidem, p.18.
* Friedrich Nietzsche, *O nascimento da tragédia* (trad. Jacó Guinsburg, São Paulo, Companhia das Letras, 1992). (N. E.)
[36] Michel Foucault, *The Order of Things*, cit., p. 384, em que Foucault opta pela singela solução de que a "lógica" da moderna episteme leva à sua própria substituição, num evolucionismo simples.
[37] Idem, *Folie et deraison: histoire de la folie à l'age classique* (Paris, Plon, 1961), p. vi [ed. bras.: *História da loucura na Idade Clássica*, trad. José Teixeira Coelho Neto, São Paulo, Perspectiva, 1978]; itálicos meus.

a fala da socialidade racional se desenvolva como sua negação loquaz – recua no Foucault posterior, para quem o próprio conceito de repressão torna-se suspeito de ser mais um ardil da Razão. O princípio tácito do Outro originário, porém, persiste, sob novos disfarces. Em sua obra mais recente, é a inocência do "corpo e seus prazeres"[38] que, em sua unidade, oposta à mera "sexualidade" socialmente confeccionada e dividida, realiza a mesma função – a de uma acusação inominável.

Com Derrida, consuma-se o autocancelamento do estruturalismo, que estava latente no recurso à música em Lévi-Strauss e à loucura em Foucault. Sem nenhum compromisso que seja com a exploração de realidades sociais, Derrida teve pouco escrúpulo em desfazer as construções desses dois, condenando-os ambos a uma "nostalgia das origens" – respectivamente de Rousseau e dos pré-socráticos – e perguntando que direito qualquer um dos dois tinha de pressupor, em suas premissas, a validade de seus próprios discursos. "Se o mito-lógico é mito-mórfico, acaso todos os discursos sobre mitos se equivalem?", inquire ele, por um lado. Por outro, pergunta como poderia uma "história da loucura [...] que se mantém e respira antes de ser apanhada e paralisada nas redes da razão clássica" ser escrita "na mesma linguagem da razão clássica, utilizando os conceitos que eram os instrumentos históricos da captura da loucura?"[39]. O vício comum a todas as tradições intelectuais anteriores era "neutralizar ou reduzir" a "estruturalidade da estrutura", conferindo-lhe "um centro ou remetendo-a a um ponto de presença, uma origem fixa" que em si mesma "escapava à estruturalidade", de tal maneira que limita "o *jogo* da estrutura"[40]. O que Derrida viu com perspicácia é que a pressuposição de qualquer estrutura estável sempre dependera da postulação silenciosa de um centro que não estava inteiramente "sujeito" a ela: em outras palavras, de um *sujeito* distinto *dela*. Sua operação decisiva foi liquidar o último vestígio de tal autonomia. O resultado, entretanto, não foi atingir uma estrutura de ordem superior, agora inteiramente purificada, mas o contrário: o efeito foi radicalmente *desestruturador*. Pois, assim que libertadas de todo e qualquer sujeito e entregues totalmente a seu próprio jogo, as estruturas perderiam o que as *define* como estruturas, isto é, quaisquer coordenadas objetivas de organização. A estruturalidade, para Derrida, é pouco mais

---

[38] Michel Foucault, *The History of Sexuality* (trad. ing. Robert Hurley, Londres, Allen Lane, 1978), p. 157 [ed. bras.: *História da sexualidade*, trad. Maria Thereza da Costa Albuquerque, Rio de Janeiro, Graal, 1984].
[39] Jacques Derrida, *Writing and Difference*, cit., p. 287 e 34.
[40] Ibidem, p. 278-9.

que um gesto cerimonioso para o prestígio de seus predecessores imediatos: o jogo dela agora não conhece fronteiras de qualquer espécie; é o "acaso absoluto", a "indeterminação genética", "a aventura seminal do traço"[41]. A estrutura, portanto, é emborcada, transformando-se em sua antítese, e nasce o pós-estruturalismo propriamente dito, ou o que pode ser definido como subjetivismo sem sujeito.

A lição é que, nesse sentido, estrutura e sujeito sempre foram *interdependentes* como categorias. Um ataque integral ao segundo estava fadado a subverter também a primeira em seu devido momento. O termo final da operação só poderia ser uma subjetividade finalmente desenfreada. Adorno havia previsto esse desenvolvimento, observando com frequência que qualquer teoria que buscasse negar completamente o poder ilusório do sujeito tenderia a reafirmar essa ilusão ainda mais que uma teoria que superestimasse o poder do sujeito[42]. O pensador estruturalista que resistiu a esse movimento mais que qualquer outro foi Lacan, precisamente porque ele havia começado com um comprometimento mais firme para com o sujeito, tanto a partir de sua profissão de psicanalista, na qual não seria possível descartar essa categoria com tanta leviandade, quanto em consequência de sua formação filosófica anterior, essencialmente hegeliana, e não nietzschiana ou heideggeriana. Mas sua concepção do sujeito – que abolia o papel do ego e anulava o princípio de realidade tais como Freud os propusera, conferindo poderes plenipotenciários a um id desmaterializado – abriu caminho à substituição deste. Deleuze e [Félix] Guattari conseguiram superar isso, voltando-se contra a própria lei do simbólico, como recalque removível, em nome do imaginário e de seus objetos esquizofrênicos. As desintegradas máquinas desejantes de *O Anti-Édipo**, despidas de unidade ou identidade, são o desfecho do emborcamento das estruturas psíquicas numa subjetividade pulverizada além da medida ou da ordem.

---

[41] Ibidem, p. 292.

[42] "A objetividade da verdade realmente exige o sujeito. Assim que separada do sujeito, ela se torna vítima da pura subjetividade": Theodor Adorno, *Against Epistemology* (trad. ing. Willis Domingo, Oxford, Basil Blackwell, 1982), p. 72 [ed. bras.: *Para a metacrítica da teoria do conhecimento*, trad. Marco Antonio dos Santos Casanova, São Paulo, Editora Unesp, 2015]. A fórmula acima é da feliz autoria de Gillian Rose, em *The Melancholy Science – An Introduction to the Thought of Theodor W. Adorno* (Londres, Macmillan, 1978), p. 128. Note-se, entretanto, que, em suas reflexões sobre a dialética dos dois, Adorno insistia que "a questão da parte de cada um não deve ser resolvida de modo geral e invariável": *Against Epistemology*, cit., p 156.

* Ed. bras: trad. Luiz Orlandi, São Paulo, Editora 34, 2010. (N. E.)

Se esta, então, foi a curva aproximada da trajetória do estruturalismo para o pós-estruturalismo, nossa pergunta inicial se responde sozinha. As dificuldades e os entraves não resolvidos no interior da teoria marxista, que o estruturalismo prometeu transcender, nunca foram discutidos em detalhes dentro desse espaço rival. A adoção do modelo da linguagem como a "chave para todas as mitologias", em vez de esclarecer ou decodificar as relações entre estrutura e sujeito, levou do absolutismo retórico da primeira ao fetichismo fragmentado do segundo, sem nunca propor uma teoria de suas *relações*. Tal teoria, historicamente determinada e setorialmente diferenciada, só poderia ser desenvolvida num respeito dialético por sua interdependência.

3
Natureza e História

O quebra-cabeça que discuti ontem foi a razão para o recuo do marxismo latino, num momento de avanço geral da cultura marxista em outras partes do mundo ocidental. A hipótese que no começo parecia a mais atraente – sua derrota intelectual nas mãos de uma alternativa superior, a cultura estruturalista que ganhou predominância em Paris a partir de meados dos anos 1960 – provou-se implausível numa análise mais próxima do espaço estruturalista propriamente dito. O campo de batalha formal entre os dois – o problema das relações entre estrutura e sujeito – nunca foi ocupado com profundidade suficiente pelo estruturalismo para representar um desafio real a um materialismo histórico autoconfiante. Uma explicação intrínseca, a partir da lógica das ideias da época, encontra aqui um *fin de non recevoir**, o que nos leva de volta à história extrínseca da política e da sociedade em geral. Se considerarmos esse nível de nosso problema, poderemos notar de imediato algo que tende a confirmar a conclusão de que, apesar de toda a *atmosfera* polêmica do período, houve pouco embate direto e genuíno entre os dois antagonistas. Essa é a heteronomia política surpreendente do estruturalismo como fenômeno. Em nenhum momento, do começo dos anos 1960 até o começo dos anos 1980, ele ou suas continuações defenderam um ponto de vista social independente e próprio. Em vez disso, o que distinguiu o estruturalismo e o pós-estruturalismo foi a extraordinária *labilidade* das conotações políticas sucessivamente assumidas. Essa história externa é essencialmente uma história de adaptação passiva às modas e manias predominantes da época.

---

* Recurso processual, no direito francês, por meio do qual se impede o julgamento de uma ação com base na forma, e não no mérito. (N. E.)

Inicialmente a maior parte dos pensadores estruturalistas rendia homenagem formal ao marxismo, no momento em que ele ainda gozava da ascendência pós-Libertação na França. Lévi-Strauss declarou que suas pesquisas não eram mais que estudos de superestrutura, complementares à visão marxista da "incontestável primazia das infraestruturas"[1]. Foucault começou falando bem de Pávlov e da psiquiatria soviética. Os dois principais polos de referência contemporânea de Barthes eram Brecht e Sartre. [Jean-Bertrand] Pontalis, colaborador íntimo de Lacan, foi membro de *Les Temps Modernes* durante todo o período da reaproximação entre esta e o Partido Comunista Francês. Em meados dos anos 1960, isso já se havia alterado no clima consolidado do gaullismo em seu auge. A amenidade da semiologia da moda de Barthes estava agora muito distante de seu cáustico *Mitologias*. O credo político de Foucault pendeu para um funcionalismo tecnocrático, mediante o qual chegou a afirmar que "o funcionamento ótimo da sociedade pode ser definido de maneira interna, sem que seja possível dizer 'para quem' é melhor que as coisas sejam desse jeito"[2]. Então, depois dos acontecimentos de maio, quando o estruturalismo virou pós-estruturalismo, Foucault encontrou com facilidade um lugar na corrente neoanarquista predominante em grande parte da esquerda francesa, tornando-se importante porta-voz do esquerdismo libertário, na companhia de Deleuze e [Jean-François] Lyotard, enquanto os colaboradores de Derrida na *Tel Quel* defendiam o maoísmo. Hoje, Lévi-Strauss fala do marxismo como uma ameaça totalitária até mesmo para o reino animal; Foucault aplaude a literatura de gulaguismo; Sollers e Kristeva, da *Tel Quel*, redescobriram as virtudes do cristianismo e do capitalismo. Por mais conservadoras ou coniventes que possam ser essas posturas, elas têm pouca penetração e peso. Na realidade, não são tanto seus desmandos que impressionam, e sim sua leviandade. Por serem reflexões sobre uma conjuntura política num pensamento essencialmente apolítico, tais posições podem alterar-se novamente quando a conjuntura se alterar. Elas nos dizem algo de geral a respeito da história francesa das últimas décadas, mas pouco que seja específico das ideias do estruturalismo em si.

*

---

[1] Claude Lévi-Strauss, *The Savage Mind*, cit., p 130.
[2] Ver suas declarações em Paolo Caruso (org.), *Conversazioni con Levi-Strauss, Foucault, Lacan* (Milão, Mursia, 1969), p. 126; para comentários caracteristicamente ingênuos sobre causalidade, ver p. 105-6. A melhor discussão dos pronunciamentos políticos de Foucault pode ser encontrada no ácido ensaio de Peter Dews, "The Nouvelle Philosophie and Foucault", em *Economy and Society*, v. 8, n. 2, maio 1979, p. 125-76.

Isto talvez possa ser entendido com especial clareza se olharmos para o outro lado do Reno. Em nossa discussão anterior do mapa cambiante do marxismo, não mencionei a Alemanha, onde predominou uma estabilidade muito maior do que na zona latina ou na anglófona. O materialismo histórico sempre teve posição peculiar na *Bundesrepublik*. Por um lado, a tradição do marxismo germânico era a mais longa e mais rica da Europa, beneficiando-se não só das contribuições dos próprios alemães como também da zona muito mais ampla de influência e atração da cultura germanófona da Europa Central e do Leste Europeu, que inclui Áustria, Suíça, Boêmia, Hungria e Polônia. Luxemburgo, Kautsky, Bauer e Lukács vieram todos dessas fronteiras. Também foi ali que ocorreu o primeiro impacto intelectual mais amplo das descobertas de Freud. No período de Weimar assistiu-se à ascensão do Instituto de Pesquisa Social em Frankfurt e ao surgimento do teatro de Piscator e de Brecht, em meio a uma cultura geral da esquerda dotada de grande brilho e vitalidade, cujo pano de fundo social era o movimento operário mais forte do Ocidente, com o maior e mais dinâmico Partido Comunista. Depois do exílio e da guerra, a maior parte da Escola de Frankfurt pôde regressar à Alemanha Ocidental, assim como Brecht regressou à Alemanha Oriental, e desenvolver seu trabalho em uma continuidade criativa de temas e debates de antes da guerra que era inigualável na Europa. Por outro lado, ao fim da ocupação dos Aliados, o comunismo alemão havia sido esmagado no Ocidente, e o movimento operário estava firmemente subordinado ao capitalismo: em meados dos anos 1950, o Partido Social-Democrata havia abandonado formalmente qualquer ligação com o marxismo, e o Partido Comunista estava proscrito. A política da Alemanha de Adenauer rivalizava com a dos Estados Unidos de Eisenhower em sufocantes conformismo e reação.

O marxismo de Frankfurt, formado em outra época e temperado na adversidade no exterior, não se curvou como um todo à nova Restauração do "milagre" alemão. Mas sua distância tanto do discurso como do engajamento político direto, que já era grande antes da guerra, tornou-se quase absoluta. Entretanto, nas universidades, sua influência alimentou a emergência de uma camada de estudantes muito grande e cada vez mais militante, cuja revolta, em 1968, revelou que o marxismo havia se disseminado e diversificado de novo em uma numerosa geração mais jovem de intelectuais socialistas. Naquela altura, Horkheimer estava já senil, na Suíça. Adorno, tomado de profunda surpresa pela irrupção de seus discípulos, morreu um ano mais tarde. Coube a Habermas, o maior pensador a emergir da leva pós-guerra da tradição frankfurtiana, fazer frente ao movimento estudantil como força. Ferido por ataques diretos a ele e a colegas, denunciou a Federação Socialista de Estudantes Alemães (SDS) como coercitiva e irracional, e afastou-se da universidade. Escritor prolífico já nos anos 1960, fez sua obra desenvolver-se e expandir-se consistentemente ao longo da década seguinte, vindo a representar o projeto teórico mais completo e ambicioso da cena contemporânea alemã.

A fruição dessa obra torna claro que a ausência de qualquer referência a Habermas em *Considerações sobre o marxismo ocidental* foi na realidade um grande erro de apreciação. Houve duas razões para essa omissão. Uma delas foi a própria resposta de Habermas aos levantes do fim dos anos 1960, expressa em formulações improvisadas que pareciam desqualificá-lo como pensador político de peso. A segunda, e mais importante, foi o caráter híbrido de sua obra filosófica, que revela importações generalizadas do pragmatismo norte-americano e da teoria da ação para uma herança de Frankfurt em certos aspectos mais que nunca diretamente reelaborada através de Hegel, ainda que o do período de Jena. Isso pareceu tornar questionável sua inclusão no contexto do marxismo, ainda que de cunho tão ecumênico[3]. Tais motivações tinham sua plausibilidade. Numa interessante entrevista recente, o próprio Habermas havia aludido às bases para elas, de uma só vez retratando-se de seus comentários psicologistas sobre o movimento estudantil, que teriam sido imprudentes, e observando que ele também achava difícil saber se sua obra deveria ou não ser considerada marxista (ele relembra que a primeira descrição feita dele como tal, com a publicação de *Mudança estrutural da esfera pública**, no começo dos anos 1960, o surpreendeu). Entretanto, na mesma entrevista, enquanto discute livremente as ambiguidades constantes de sua posição intelectual, ele expressa um desejo modesto e franco de afiliação ao materialismo histórico hoje, suficiente por si mesmo para anular juízos convencionais anteriores sobre sua evolução[4]. Na

---

[3] Outro caso de tipo semelhante foi constituído pelo pensamento de Ernst Bloch, não menos injustamente omitido em meu breve levantamento, em razão de sua constante proximidade a formas de *Naturphilosophie* religiosa. Para um excelente estudo da difícil obra de Bloch, escrito num espírito de simpatia crítica que destaca a originalidade de sua contribuição ao cânone marxista ocidental, ver Wayne Hudson, *The Marxist Philosophy of Ernst Bloch* (Londres, Macmillan, 1982).

* Ed. bras.: trad. Denilson Luís Werle, São Paulo, Editora Unesp, 2014. (N. E.)

[4] Jürgen Habermas, "Today I value being considered a Marxist: Interview with Jürgen Habermas", *New German Critique*, n. 18, 1979, p. 33. Todo o teor desse texto, o melhor relato biográfico da evolução de Habermas, pode ser comparado com proveito às afirmações de Althusser feitas no mesmo período: ver a nota 25 do capítulo 1, p. 174 deste volume.

realidade, por trás dessas declarações existe agora um imponente *corpus* que, nas próprias palavras de Habermas, procura "reconstruir" o materialismo histórico em harmonia com a transformação crítica da tradição de Frankfurt que ele mesmo efetuou. A escala arquitetônica e a envergadura do edifício teórico resultante – que sintetiza investigações epistemológicas, sociológicas, psicológicas, políticas, culturais e éticas num único programa de pesquisa – não tem paralelo na filosofia contemporânea, seja de que inspiração for. A percepção adequada da distinção desse feito deve ser o ponto de partida para qualquer avaliação da obra de Habermas. As ideias que se entrelaçaram para formar esse sistema filosófico precisam, entretanto, ser situadas com o uso de balizas comparativas.

Afinal, se considerarmos as coordenadas características do pensamento de Habermas, a primeira coisa que deverá chamar a atenção de qualquer observador atento é a proximidade de muitas delas às do estruturalismo francês. As mesmas premissas e preocupações recorrem insistentemente, embora cada vez a partir de fontes diferentes e com conclusões diferentes. O ponto de partida da posição distintiva de Habermas, na divisa entre marxismo e não marxismo, foi seu argumento de que Marx errou ao dar primazia fundamental à produção material em sua definição de humanidade como espécie e em sua concepção da história como evolução de formas societárias. A "interação social", sustenta Habermas, é uma dimensão igualmente irredutível da prática humana. Tal interação é sempre mediada simbolicamente, constituindo o domínio específico do agir comunicativo, em oposição ao agir instrumental da produção material. Enquanto a produção tem como objetivo o controle cada vez maior sobre a natureza externa, a interação gera as normas que adaptam a natureza interna – necessidades e disposições humanas – à vida social. Não há correspondência necessária entre as duas: o progresso econômico ou científico não assegura necessariamente a libertação cultural ou política. A "dialética da vida moral", conforme ele chama, tem sua própria autonomia.

Essa linha de base original do programa habermasiano – uma doutrina de tipos "separados porém iguais" do agir humano – passou depois por uma série de mudanças cruciais, à medida que sua obra evoluía. Ocorreram três deslizamentos conceituais em especial. Em primeiro lugar, a noção de interação social – em sã consciência bastante vaga, mas de modo geral denotando o âmbito das formas culturais e políticas em seu sentido mais amplo, em oposição à economia – tende cada vez mais a abrir caminho à noção de comunicação, como se as duas coisas fossem simplesmente equivalentes, sendo a última mais precisa. Mas, como é evidente, existem muitas formas de interação social que não constituem comunicação, a não ser em sentido puramente abusivo ou metafórico: a guerra, uma das práticas mais proeminentes da história humana, é o exemplo mais óbvio, enquanto o trabalho associado na produção material é interação social do tipo mais básico. A seguir, entretanto, a comunicação veio a ser cada vez mais identificada com a língua, como se essas duas fossem também intercambiáveis, a despeito da conhecida multiplicidade de tipos não linguísticos de comunicação, do gestual ao plástico ou musical. Realizado esse deslizamento da comunicação para a língua, a etapa seguinte foi subsumir a própria produção sob uma rubrica comum derivada *da* comunicação. Isso se deu com a extensão do conceito de "processos de aprendizado" a partir de sistemas culturais para sistemas econômicos, como categoria evolucionária básica a explicar o desenvolvimento de um nível de forças de produção para outro no curso da história humana. O terceiro estágio consistiu em asseverar a total *primazia* da função comunicativa sobre a produtiva tanto na definição de humanidade como no desenvolvimento da história: isto é, nos termos de Habermas, da "linguagem" sobre o "trabalho". Já na época de *Conhecimento e interesse*, Habermas declarou, tocando uma nota digna de Vico: "o que nos eleva acima da natureza é a única coisa cuja natureza podemos conhecer: a *linguagem*"[5]. Na época em que escreve *Para a reconstrução do materialismo histórico*, meados dos anos 1970, essa declaração tem um fundamento ontogenético. Se os hominídeos realizavam trabalho com ferramentas, o que fazia dele uma atividade pré-humana, o *Homo sapiens* como espécie foi caracterizado pela inovação da linguagem e pela família que só ela podia instituir. Ademais, esse privilégio da comunicação sobre a produção não é simplesmente constitutivo do que significava tornar-se totalmente "humano", mas continua operando como princípio dominante da mudança histórica dali em diante. Afinal, no longo desenvolvimento dos dois conjuntos de processos de aprendizado entre a sociedade paleolítica e a capitalista, são as regulamentações morais, e não as forças econômicas, que determinaram grandes transformações; foram elas que, de fato, provocaram ou possibilitaram os reordenamentos sucessivos das relações econômicas associadas à evolução da civilização, e não o contrário. Como escreve Habermas:

> O desenvolvimento dessas estruturas normativas é o que marca o ritmo da evolução social, pois novos princípios organizacionais de organização social significam novas

---

[5] Idem, *Knowledge and Human Interests* (trad. ing. Jeremy J. Shapiro, Londres, Heinemann, 1972), p. 314 [ed. bras.: *Conhecimento e interesse*, trad. José N. Heck, Rio de Janeiro, Zahar, 1982].

formas de integração social, e estas últimas, por sua vez, tornam possível implementar forças produtivas disponíveis ou gerar novas, além de possibilitarem o aumento da complexidade social.[6]

Essa posição pareceria entrar diretamente em conflito com a sugestão, onipresente nos primeiros trabalhos de Habermas, de que o desenvolvimento normativo, "a dialética da vida moral", em vez de definir o ritmo do progresso econômico, tende a atrasar-se desastrosamente em relação a ele; ou, conforme ele explicou em termos muito próximos aos conceitos clássicos da Escola de Frankfurt, a "libertação da fome e da miséria não converge necessariamente com a libertação da servidão e da degradação, pois não existe relação automática de desenvolvimento entre trabalho e interação"[7]. Habermas resolve a dificuldade recorrendo à noção de uma "lógica do desenvolvimento" da mente humana, ou seja, uma estrutura ao mesmo tempo crescente e invariante, tomada de empréstimo à psicologia genética de Piaget e projetada do plano individual para o societário. Essa lógica especifica de antemão a gama de possíveis padrões normativos na evolução social, ao mesmo tempo que os classifica ao longo de um espectro de graus crescentes de maturidade. Nesse sentido, todas as formas de civilização estão contidas embrionariamente na própria aquisição da linguagem. Habermas escreve:

> Sem dúvida, os desenvolvimentos cognitivos e interativos simplesmente esgotam o espectro lógico das formações estruturais possíveis que já emergiram com a inovação natural-histórica da intersubjetividade linguisticamente estabelecida no limiar da forma de vida sociocultural.[8]

Qual é, então, a relação entre o "espectro lógico" formal e o real "registro histórico" de sociedades sucessivas?

---

[6] Idem, *Communication and the Evolution of Society* (trad. ing. Thomas McCarthy, Londres, Heinemann, 1979), p. 120.

[7] Idem, *Theory and Practice* (trad. ing. John Viertel, Londres, Heinemann, 1974), p. 169 [ed. bras.: *Teoria e práxis*, trad. Rúrion Melo, São Paulo, Editora Unesp, 2011].

[8] Idem, *Zur Rekonstruktion des historischen Materialismus* (Frankfurt, Suhrkamp, 1976), p. 38 [ed. bras.: *Para a reconstrução do materialismo histórico*, trad. Rúrion Melo, São Paulo, Editora Unesp, 2016). Essa frase é omitida na tradução para o inglês do ensaio de mesmo título em Jürgen Habermas, *Communication and the Evolution of Society* (trad. ing. Thomas McCarthy, Boston, Beacon Boston Press, 1979).

Para Habermas, a resposta é que a sequência de formações sociais concretas na história é essencialmente contingente. Sua "teoria da evolução social" explica a "lógica de desenvolvimento [que] prenuncia a independência – e, nesse sentido, a história interna – da mente"[9], ao passo que a *narrativa* historiográfica estuda as circunstâncias fortuitas e as maneiras por meio das quais essas estruturas mentais persistentes, de diferentes níveis de maturidade, encontram sua expressão social. Há um abismo intransponível entre as duas. "As explicações evolucionário-teóricas", insiste ele, "não só não *precisam* ser transformadas em narrativa como também *não podem* ser postas em forma narrativa"[10]. Portanto, não existe garantia de que a ordem social contemporânea corresponda ao estágio mais elevado de desenvolvimento moral inscrito na lógica processional da mente. Nesse sentido, Habermas opta pela ênfase crítica de sua distinção original entre a "fazibilidade" de um progresso econômico cumulativo, e a "maturidade" dos sujeitos socioéticos capazes – ou incapazes – de assegurar o controle responsável dele. Entretanto, uma vez que ao processo de aprendizado comunicativo se atribui primazia causal no desenvolvimento histórico, e que ele se fundamenta num potencial inerente para o crescimento moral em cada mente humana, há na teoria uma tendência embutida de tender a um providencialismo benigno. Esse é o sentido da "pragmática universal" de Habermas. A linguagem passa a ser aqui não apenas o distintivo da humanidade como tal, mas também a nota promissória da democracia – por sua vez concebida essencialmente como a comunicação necessária para se chegar a uma verdade consensual. Instala-se uma dupla elisão eufórica. A linguagem como tal é identificada com a aspiração à boa vida. "Nossa primeira frase expressa de modo inequívoco a intenção do consenso universal e livre", sustenta Habermas[11]. Esse consenso sempre pode ser atingido, em princípio, por sujeitos de boa vontade, numa "situação ideal de fala". É esse pacto de acordo que estabelece o que é verdade, e "a verdade dos enunciados está vinculada, em última análise, à intenção da boa vida"[12]: uma vida "antecipada" em cada ato de fala, mesmo

---

[9] Ibidem, p. 123.
[10] Ibidem, p. 244-5. "Às funções que a *pesquisa* histórica tem para uma teoria da evolução social não corresponde nenhuma tarefa que uma teoria da evolução pudesse assumir para a *escrita* histórica." Os exemplos oferecidos por Habermas são da transição para as civilizações arcaicas, com o surgimento do Estado, e da transição para a "modernidade", com a diferenciação de uma sociedade de mercado e o surgimento complementar de um Estado fiscal.
[11] Idem, *Knowledge and Human Interests*, cit., p. 314.
[12] Idem.

quando há embuste ou dominação, uma vez que mesmo estes só têm efeito em razão da suposição comum da verdade da qual se desviam. A ética comunicativa baseia-se, assim, nas "normas fundamentais da fala racional". Nessa reconstrução, a psicanálise torna-se uma teoria da "deformação da intersubjetividade linguística ordinária", cujo objetivo é restituir ao indivíduo a capacidade de comunicação linguística sem distorções. Da mesma forma, no nível da coletividade, a democracia pode ser definida como institucionalização das condições para a prática da fala ideal, isto é, livre de dominação. É um "processo autocontrolado de aprendizado"[13].

A semelhança entre o universo habermasiano e o do estruturalismo francês e suas continuações é, como se pode ver, grande, porém curiosa. Tudo que se mostra duvidoso, escuro ou amaldiçoado neste último emerge translúcido e redimido à luz do primeiro. Ambas as empreitadas representaram tentativas continuadas de arvorar a linguagem em arquiteto e árbitro final de toda sociabilidade. Habermas conseguiu articular a premissa subjacente à sua ambição com mais clareza que qualquer um de seus contemporâneos parisienses, argumentando – como diz seu comentador mais competente – que, "visto que a fala é o meio distintivo e onipresente da vida no nível humano, a teoria da comunicação é o estudo dos fundamentos das ciências humanas: ela revela a infraestrutura universal da vida sociocultural"[14]. É na passagem de "meio" para "fundação" que reside toda a confusão do paradigma da linguagem geral. No entanto, poderíamos dizer, enquanto o estruturalismo e o pós-estruturalismo desenvolveram uma espécie de diabolismo da linguagem, Habermas produziu, imperturbavelmente, um angelismo. Na França, como disse Derrida, quando " invadiu a problemática universal"[15] – o verbo, como sempre em sua escrita, é significativo –, a linguagem bombardeou o sentido, atropelou a verdade, passou uma rasteira na ética e na política e aniquilou a história. Na Alemanha, ao contrário, na obra de Habermas a linguagem restitui ordem à história, fornece à sociedade o bálsamo do consenso, assegura as bases da moralidade, fortalece os elementos da democracia e está congenitamente propensa a não se desviar da verdade. Entretanto, apesar de todos esses contrastes de conclusão e de *pathos*, as preocupações e os pressupostos comuns são inconfundíveis.

---

[13] Idem, *Communication and the Evolution of Society*, cit., p. 186.
[14] Thomas McCarthy, *The Critical Theory of Jürgen Habermas* (Cambridge-MA, The MIT Press, 1978), p. 282. Habermas prestou justo tributo à qualidade excepcional da obra de McCarthy como investigação de seu pensamento.
[15] Jacques Derrida, *Writing and Difference*, cit., p. 280.

De modo geral, Habermas procurou dar uma solução positiva ou racional a questões que o estruturalismo se contentou em deixar negativamente irresolvidas ou celebrou como insolúveis, mas fez isso sem abandonar um terreno comum aos dois. Assim, a teoria das estruturas mentais universais de Lévi-Strauss não conseguia explicar o desenvolvimento da sociedade: Habermas tenta preencher a lacuna com a noção de "lógica do desenvolvimento" dessas estruturas, a gerar sua própria combinatória. Mas, ao fazer isso, acaba exatamente na mesma dicotomia irredutível de Foucault ou Lévi-Strauss, entre necessidade e contingência, estruturas espirituais e processos históricos governados pelo acaso. O discurso possui poderes igualmente taumatúrgicos nos dois conjuntos opostos de obras; enquanto em Foucault ele significa a exclusão de afirmações não reguláveis ou de verdades determináveis, para registro na servidão do arquivo, em Habermas representa o mais alto nível de competência comunicativa, o reino em que poderia realizar-se a fala ideal e, com ela, as condições de liberdade como tais. Lacan vê a especificidade da fala humana, em oposição aos códigos animais, na habilidade de mentir, ao passo que Habermas reduz a mentira a mero parasitismo da verdade, que ela trairia em vão no ato de fala, o qual deve anunciar a promessa do verdadeiro para ser compreendido. Embora Habermas insista não somente na possibilidade como também na inevitabilidade da verdade, porém, ele não é menos veemente que seus opostos parisienses ao condenar qualquer tipo de teoria de correspondência dela como tentativa impossível "de sair do domínio da linguagem"[16]; a própria definição dela como nada mais que consenso racional é, em si mesma, uma variante do subjetivismo pragmático, separado do abismo do relativismo parisiense por pouco mais que o tênue guarda-corpo de uma hipotética "situação de fala ideal", cuja não facticidade ele próprio admite. Da mesma forma, para Lacan, a psicanálise busca restituir ao paciente a "palavra total" do inconsciente, que precisamente *não é* a exatidão vazia da linguagem egoica comum e suas fixações; já Habermas vê a psicanálise como terapia cujo objetivo é restaurar a capacidade do sujeito para a "linguagem comum da intersubjetividade", uma estimativa muito mais tradicional da instância positiva do ego, mais próxima da de Freud. Seja qual for o caso, entretanto, a teoria de Freud sofreu uma desmaterialização na qual as pulsões instintivas ou são destruídas ou se resolvem em mecanismos linguísticos.

---

[16] "Somente dentro da qual podem ser resolvidas as reivindicações de validade dos atos de fala": "Wahrheitstheorien", em Helmut Fahrenbach (org.), *Wirklichkeit und Reflexion: Walter Schulz zum 60. Geburtslag* (Pfullingen, Neske, 1973), p. 216.

Dito tudo isso, o fato é que a diferença entre a filosofia da linguagem e da história de Habermas e a de suas contrapartes estruturalistas e pós-estruturalistas não é meramente redundante. Mencionei a curiosa inocência da visão de Habermas, mas ela também comporta uma espécie de integridade e dignidade de pensamento em geral estranhas aos exemplares franceses do modelo linguístico. O próprio estilo de Habermas – frequentemente (nem sempre) monótono, desajeitado, laborioso – evidencia seu contraste com as nervosas coloraturas dos mestres de Paris. O que há por trás dele não são os harmônicos wagnerianos à *fin-de-siècle*, e sim os mais honestos ideais e o sério otimismo do Iluminismo alemão. *Bildung* é o verdadeiro *Leitmotiv* a unificar o característico espectro habermasiano de interesses e argumentos. Ele leva a uma visão essencialmente pedagógica da política, o fórum transformado em sala de aula quando suas lutas e confrontos são transmutados em processos de aprendizado. Apesar de todas as limitações dessa ótica, dolorosamente óbvias numa perspectiva marxista clássica, ela não exclui a política como tal. Ao contrário de seus homólogos franceses, Habermas tentou uma análise estrutural direta das tendências imanentes do capitalismo contemporâneo e da possibilidade de que elas originem crises capazes de mudar o sistema, em consonância com o projeto tradicional do materialismo histórico. Sua noção de crise de "legitimação" moral a minar a integração social – crise gerada, paradoxalmente, pelo próprio sucesso da regulamentação estatal do ciclo de acumulação econômica – está, nesse aspecto, em fiel conformidade com o esquema da primazia normativa postulado por sua teoria evolucionária da história como um todo[17]. Desenvolvida no fim da década de 1960, essa concepção recebeu desde então pouca confirmação empírica. Se tanto, a eclosão da recessão mundial dos anos 1970 minou a regulação econômica dos grandes Estados capitalistas, *sem* gerar crise alguma na legitimação do

---

[17] Jürgen Habermas, *Legitimation Crisis* (trad. ing. Thomas McCarthy, Londres, Heinemann, 1976), especialmente p. 75-94 [ed. bras.: *A crise de legitimação no capitalismo tardio*, trad. Vamireh Chacon, Rio de Janeiro, Tempo Brasileiro, 1980]. Para uma crítica certeira dessas concepções de Habermas, ver David Held, "Crisis Tendencies, Legitimation and the State", em John Thompson e David Held (orgs.), *Habermas: Critical Debates* (Londres, Macmillan, 1982), p. 181-95. Esse volume, que contém um amplo espectro de colaborações, começando com um ótimo ensaio de Agnes Heller, "Habermas and Marxism", e terminando com uma resposta detalhada e esmerada de Habermas, é em si mesmo um admirável exemplo prático dos princípios discursivos defendidos por ele. Note-se que, nessa "resposta aos meus críticos", Habermas confessa que a "dimensão comprobatória" do conceito de verdade em sua epistemologia "precisa muito de mais esclarecimentos", ao mesmo tempo que segue tentando explorar a correspondência empírica como um "caso-limite", e não como critério fundamental dessa verdade: ibidem, p. 275.

sistema de mercado como tal. O resultado até agora tem sido o oposto do esperado por Habermas: 12 milhões de desempregados só nos Estados Unidos e no Reino Unido, presididos, contudo, por governos revigorados de extrema direita, com Reagan e Thatcher no comando. Essa falha – provavelmente provisória – de alguma maneira talvez seja menos séria que a completa ausência no texto de Habermas de qualquer *ação* coletiva para converter uma deslegitimação da ordem social existente em avanço para a nova legitimação de uma ordem socialista. O problema estrutura e sujeito está aqui, mais uma vez, situado em sua forma mais aguda no terreno da política prática.

Habermas tampouco tem resposta para o problema, como se poderia esperar da predisposição de sua teoria social como um todo para o modelo de comunicação. Contudo – e aqui está a diferença decisiva com relação ao estruturalismo, apesar de todos os limites do modelo linguístico, comuns a ambos –, o mais surpreendente é a constância e a fidelidade do compromisso de Habermas com sua própria versão de um socialismo no estilo de Frankfurt, sem vacilações nem reviravoltas ao longo dos últimos 25 anos. Esse compromisso nunca foi revolucionário nem podia fazer frente ao choque de 1968. Mas também não foi subjugado pelas sequelas daquele ano. Enquanto muitos intelectuais franceses, no fim da década, passavam do anarquismo ou do maoismo ao anticomunismo da Guerra Fria, Habermas permanecia firme contra os expurgos repressivos do *Berufsverbot**, reafirmando sua própria forma de lealdade ao legado de Marx expressamente contra a corrente do esforço oficial da República Federal de extirpá-lo como subversivo. Essa divergência, inexplicável de dentro da lógica da exorbitância linguística, remete-nos de volta à história política na qual ela se torna inteligível.

*

Deixem-me resumir os argumentos que já expus, visto que agora as pontas se juntam. Comecei comparando as previsões que havia feito, no começo dos anos 1970, para o futuro do marxismo como teoria crítica, com seu desenvolvimento real desde então. Defendi que o balanço seguiu bem de perto algumas das linhas que eu havia conjeturado. Acima de tudo, o marxismo havia dado mostras de uma virada para o concreto e, ao mesmo tempo, da disseminação no mundo de língua inglesa, que, somadas, representavam um notável renascimento de sua

---

* "Veto profissional", em alemão. Termo costumeiramente usado na então Alemanha Ocidental para se referir ao chamado Decreto Antirradical de 1972, mediante o qual servidores públicos ligados a organizações consideradas extremistas – incluindo as comunistas – podiam ser exonerados. (N. E.)

vitalidade intelectual e de seu apelo internacional. Ao mesmo tempo, entretanto, havia dois déficits marcantes nessa contabilidade geral. Um deles era tópico: o não surgimento de um discurso verdadeiramente estratégico dentro do tipo de materialismo histórico que sucedeu a um marxismo ocidental predominantemente filosófico. O outro era geográfico: o súbito colapso da confiança e do moral na zona da cultura latina, onde o marxismo ocidental havia sido mais forte no pós-guerra. Quais foram as razões para essa "crise regional do marxismo" na Europa Meridional? O maior poder do estruturalismo, que à primeira vista parecia ser uma resposta óbvia, num exame mais minucioso mostrou-se implausível, visto que o acidentado histórico político deste ressalta sua dependência de um contexto externo que ele não conseguia teorizar. Na Alemanha, onde não se assistiu nem ao crescimento qualitativo da cultura marxista de tipo anglo-americano nem ao recuo precipitado de tipo franco-italiano, e sim à consolidação de uma produção tradicionalmente forte, temas muito semelhantes aos do estruturalismo foram reelaborados na tentativa de Habermas de reconstruir o materialismo histórico, mas em coexistência com uma postura política bastante distinta. Para compreender essa configuração intelectual no todo, nas três regiões, é necessário olhar para fora, para aquela história *extrínseca* bem mais ampla, à qual o marxismo sempre garantiu a primazia provisória de princípio em tentativas de explicar seu próprio desenvolvimento.

*

Até agora, nestas palestras, mal fiz menção à grande realidade que inevitavelmente incidiu sobre esse desenvolvimento no período que estamos analisando. Trata-se, naturalmente, da sorte do movimento comunista internacional. A tradição marxista ocidental sempre foi marcada por uma combinação peculiar de tensão e dependência em sua relação com esse movimento. De um lado, tratava-se de uma filiação que, desde o princípio, no começo dos anos 1920 – como bem nos lembrou Russell Jacoby recentemente[18] – havia incorporado esperanças e aspirações de uma *democracia* socialista desenvolvida que a maquinaria implacável da ditadura burocrática esmagou na União Soviética com a ascensão de Stálin. Por mais que tenha sido mediado, sublimado ou deslocado – e houve tudo isso no decorrer dos quarenta anos seguintes –, o ideal de uma ordem política além do capital que fosse mais, e não menos, avançada que os regimes parlamentaristas do Ocidente nunca ficou para trás. Daí a distância

---

[18] Russell Jacoby, *Dialectic of Defeat* (Cambridge, Cambridge University Press, 1981), p. 61-2 e seg.

permanentemente crítica mantida pela tradição marxista ocidental em relação às estruturas estatais da União Soviética, distância que pode ser discernida até nos textos de seus representantes mais próximos do movimento comunista internacional: em momentos diferentes, Sartre e Lukács, Althusser e Della Volpe, para não falar de Korsch, Gramsci ou Marcuse. Por outro lado, essa tradição quase sempre teve noção de que a Revolução Russa e as que vieram em sua esteira, fossem quais fossem suas barbaridades ou deformidades, representavam, em grande medida, a única ruptura real com a ordem do capital que o século XX havia visto, donde a ferocidade dos ataques dos Estados capitalistas contra elas, desde a intervenção da Entente na guerra civil russa até o ataque nazista à União Soviética, a Guerra da Coreia travada contra a China, a tentativa de ataque a Cuba e, depois, a própria guerra do Vietnã. No Ocidente, além do mais, a tradição alternativa dentro do movimento operário, a da social-democracia, perdera toda a força de verdadeira oposição ao capitalismo, tornando-se um sustentáculo geralmente servil do *status quo*. Ali, os únicos adversários militantes que as burguesias locais enfrentaram continuaram a ser os partidos comunistas ideologicamente ligados à União Soviética, nos lugares em que se constituíam como organizações de massa. Por todas essas razões, a tradição marxista ocidental também costumava ser evasiva e prudente em suas críticas aos Estados comunistas. A análise teórica direta e ampla desses Estados raramente era tentada, se é que era mesmo, sem dúvida em forte contraste com a tradição subterrânea proveniente de Trótski, cujas raízes estavam nas lutas políticas dos anos 1920 na União Soviética. *Marxismo soviético*, de Herbert Marcuse, é uma exceção honrosa, mas mesmo esse livro se preocupou caracteristicamente com a ideologia, e não com a forma política da União Soviética.

Essa ambiguidade de atitude, constitutiva da tradição marxista ocidental, encontrou seu foco intelectual mais agudo, durante algum tempo, na obra de um pensador, Jean-Paul Sartre. Isso se devia a sua posição peculiar em meio às duas opções dominantes do marxismo ocidental nos anos 1950: ser membro formal de um partido comunista, para estar, na prática, próximo da política popular, à custa do silêncio teórico *sobre* essa política (Lukács, Althusser ou Della Volpe), ou manter distância de qualquer forma de comentário ou comprometimento organizacional sobre a política da época (os sobreviventes da Escola de Frankfurt). Sartre, à frente do periódico *Les Temps Modernes*, jamais entrou para o Partido Comunista Francês, mas tentou *de fato* desenvolver uma prática consequente de intervenção política marxista e interpretação teórica do curso da luta de classes dentro e fora da França. Foi esse projeto que o levou à série de ensaios polêmicos sobre os comunistas e a paz*, à ruptura com Merleau-Ponty daí resultante, aos famosos artigos de 1956-1957 sobre o stalinismo e, depois, à composição da própria *Crítica da razão dialética*. Ontem observei que o abandono do segundo volume da *Crítica*, no fim da década de 1950 ou no começo da de 1960, foi um momento crucial na história intelectual da França do pós-guerra. A razão dessa renúncia certamente estava, em parte, nas dificuldades filosóficas intransponíveis que Sartre encontrou quando começou a tentar construir o que chamou de "totalização totalizada" de práxis antagonistas que fundaria a unidade de uma "pluralidade de epicentros conflitantes de ação"[19]. Esse foi o problema decisivo das relações recorrentes entre estrutura e sujeito, conforme vimos. Pelo manuscrito, não há dúvida de que Sartre se perdeu aí. A

---

* Título original: "Les Communistes et la paix", série de artigos publicados na revista *Les Temps Modernes* e reunidos no volume *Situations VI: Problèmes du marxisme*, *1* (Paris, Gallimard, 1964). (N. E.)

[19] Jean-Paul Sartre, *Critique de la raison dialectique* (Paris, Gallimard, 1985), v. 2, p. 13 [ed. bras.: *Crítica da razão dialética*, trad. Guilherme João de Freitas Teixeira, Rio de Janeiro, DP&A, 2002]. Discuti alguns pontos de desvio do programa teórico de Sartre no volume 2 da *Crítica* em *Arguments Within English Marxism*, cit., p 52-3. Eles estão essencialmente em sua tentativa de construir a inteligibilidade de todo um período histórico e de uma formação social – a URSS da década de 1930 à de 1950 – por meio da figura de Stálin como sua instância final de unificação: em outras palavras, numa *elisão* sub-reptícia da distância entre biografia e história que as duas partes do volume 1 haviam, à sua maneira, reconhecido. Podemos agora ver como Sartre se preocupava com esse problema desde cedo e como foi forte o impulso na direção desse processo de curto-circuito, desde a publicação de seus diários da guerra de mentira, *Les Carnets de la drôle de guerre* (Paris, Gallimard, 1983) [ed. bras.: *Cadernos de guerra*, trad. Manuela Torres e Carlos Araújo, Rio de Janeiro, Difel, 1985]. Essa obra, de vivacidade e brilhantismo insuperáveis no seu conjunto de textos, contém antecipações de praticamente cada grande tema de sua produção do pós-guerra. O exemplo mais fascinante é o longo episódio sobre a personalidade histórica do kaiser Guilherme II e sua relação com o advento da Primeira Guerra Mundial, estudo esse ensejado pelo começo da Segunda: p. 357-75, 377-80, 383-7. Depois de um esboço brilhante da constituição sociopsíquica do último dos Hohenzollerns, que anuncia cada tema filosófico significativo de seu estudo posterior sobre Flaubert, Sartre conclui: "Tudo o que tentei mostrar é que o que gera a divisão da História em camadas paralelas de sentido são o método histórico convencional e os preconceitos psicológicos que o governam, e não a estrutura das coisas em si. Esse paralelismo desaparece quando as personagens históricas são tratadas à luz da unidade de sua historialização. Admito, porém, que o que penso ter demonstrado só é válido quando o estudo histórico em questão é uma *monografia* que mostre o indivíduo como artífice de seu próprio destino. Mas é claro que ele também atua sobre os *outros*. Daqui a alguns dias, tentarei refletir sobre a parcela de 'responsabilidade' de Guilherme II pela guerra de 1914" (p. 386-7). É sugestivo que essa resolução nunca tenha sido realizada, ao menos nas partes dos diários que sobreviveram.

escala colossal de sua obra sobre Flaubert testemunharia, porém, que suas energias teóricas estavam longe de se exaurir. Ele poderia ter voltado a atacar esse nó teórico com renovado vigor posteriormente, como outros filósofos haviam feito em circunstâncias análogas antes dele. O motivo pelo qual ele não o fez está em outro lugar na massa até agora inédita do volume 2.

Afinal, o que Sartre havia tentado fazer era conduzir sua investigação crítica por intermédio dos processos históricos reais que levaram da Revolução de Outubro à apoteose de Stálin após a Segunda Guerra Mundial e além, na União Soviética. São as lutas de classe e os conflitos políticos dessa experiência longa e sangrenta que formam seu laboratório dialético. A escolha não foi mero acaso. Logo após a publicação do primeiro volume da *Crítica*, Sartre observou – quando lhe perguntaram sobre a publicação do segundo – que, como a sequência era sobre a própria história, dependeria de como a história se apresentasse, "do que acontecesse a seguir". O significado dessa resposta críptica foi esclarecido pela leitura do manuscrito[20]. O verdadeiro horizonte intelectual da *Crítica* era político: a esperança de Sartre no desenvolvimento da democratização da União Soviética sob Khruschov expressava exatamente essa perspectiva otimista sobre a história soviética como um todo, tão eloquentemente exposta em seu longo ensaio de 1956, *O fantasma de Stálin**, que, numa descompostura da intervenção russa na Hungria, se manteve firme na previsão de que a "desestalinização irá desestalinizar os desestalinizadores"[21]. É quase certo que a decepção com essa expectativa, no início dos anos 1960, tenha afetado as intenções do segundo volume.

De 1954 a 1960, a sociedade soviética tinha parecido estar se distanciando, de modo geral, da herança de Stálin, com a dissolução de campos de trabalho forçado, a libertação de prisioneiros, a liberalização da vida cultural, as reformas econômicas outorgadas para beneficiar consumidores e o campo, e o estabelecimento da nova política internacional de "coexistência pacífica". Sartre esperava ansioso pela radicalização desse processo, com a recuperação da soberania direta pela classe operária e pelo campesinato russos, além do restabelecimento das liberdades políticas e da garantia dos direitos pessoais. Os fracassos dos últimos anos de Khruschov – desde a crise dos mísseis cubanos até as colheitas

---

[20] Que em breve será analisado extensivamente pelo acadêmico Ronald Aronson, dos Estados Unidos [ver Ronald Aronson, *Sartre's Second Critique*, Chicago, University of Chicago Press, 1987].

* Ed. bras.: trad. Roland Corbisier, Rio de Janeiro, Paz e Terra, 1967. (N. E.)

[21] Jean-Paul Sartre, *Situations VII: Problèmes du marxisme* (Paris, Gallimard, 1965), p. 261.

desastrosas do começo dos anos 1960 – levaram, no caso, à direção oposta. Seguiram-se duas décadas de sombrio conservadorismo brejneviano. Entretanto, ainda haveria uma última experiência de comunismo liberal e reformista no Leste Europeu, bem mais esclarecida que a do khruschovismo: a Primavera de Praga, na Tchecoslováquia. Ali, num ambiente industrial e cultural semiocidentalizado, com fortes tradições parlamentaristas de antes da guerra, brotou do interior do partido do governo um esforço consciente e genuíno para acabar com a dominação burocrática e progredir na direção de uma verdadeira democracia dos produtores. A destruição dessa perspectiva, com a invasão promovida pelo Pacto de Varsóvia em agosto de 1968, acabou com o ciclo de desestalinização no bloco soviético. O último ensaio político de peso de Sartre – *Le Socialisme qui venait du froid** [O socialismo que vinha do frio] – foi um obituário da experiência tchecoslovaca[22]. Não por acaso ele depois perdeu a bússola e nunca mais produziu uma grande declaração política; seus pronunciamentos nos anos 1970 foram se tornando cada vez mais ocasionais e erráticos.

Enquanto isso, entretanto, uma nova força gravitacional exerce influência gigantesca sobre a cultura marxista ocidental do fim da década de 1960 e começo da década de 1970. O descrédito do modelo de reforma de Khruschov na União Soviética criou as condições nas quais o lançamento, por Mao, daquilo que se proclamou oficialmente como "revolução cultural" na China veio a parecer uma forma superior de ruptura com a herança institucional da industrialização e da burocratização stalinistas, uma ruptura historicamente mais avançada porque mais radical, em todos os sentidos. No exterior, a política externa chinesa atacava a conivência diplomática com poderes imperialistas, convocando a solidariedade ativa para com os povos oprimidos do Terceiro Mundo. Em casa, acentuava-se, contra o privilégio burocrático, uma ação espontânea de massas vinda de baixo, em lugar de reformas cautelosas vindas do alto; em vez de maior espaço para forças de mercado, exaltava-se o igualitarismo social em todos os níveis. Para além das divisões de classe, a Revolução Cultural anunciava como objetivo a superação da divisão entre o trabalho intelectual e o manual, assim como da velha divisão entre cidade e campo. Tudo isso seria realizado por meio da administração popular direta, no espírito da Comuna de Paris, graças à energia e ao entusiasmo libertos trazidos pela geração mais jovem. O apelo desse

---

*   Em *Situations, IX: mélanges* (Paris, Gallimard, 1972). (N. E.)
[22] Ver idem, *Between Existentialism and Marxism* (trad. ing. John Matthews, Londres, New Left Books, 1974), p. 84-117.

programa ideológico era muito grande no Ocidente, onde ele parecia reverberar, do outro lado do mundo, temas de hostilidade ao consumismo tecnocrático, à hierarquia educacional e à superindustrialização parasitária. Na Europa, Althusser foi o pensador marxista mais proeminente e influente a investir grande parte de suas esperanças num comunismo democrático segundo o projeto maoista na China. Sua correspondente e colaboradora italiana, [Maria Antonietta] Macciocchi, tornou-se autora de um dos elogios mais incondicionais a tal projeto[23]. Mas a onda de simpatia e admiração pela Revolução Cultural arrebatou uma faixa muito ampla de intelectuais socialistas, para não falar de militantes estudantis, afetando em diferentes graus e de diferentes maneiras [Rudi] Dutschke e [Hans Magnus] Enzensberger na Alemanha, Poulantzas, Glucksmann e Kristeva na França, [Rossana] Rossanda e [Giovanni] Arrighi na Itália, Sweezy e [Harry] Magdoff nos Estados Unidos, [Joan] Robinson e [Malcolm] Caldwell na Grã-Bretanha.

A substância e a direção verdadeiras da experiência maoista na China, entretanto, dariam mostras de ser muito diferentes das imagens ideais que ganharam tanta difusão no exterior. Já no começo dos anos 1970, o ímpeto de uma campanha antissoviética descontrolada – inicialmente até inteligível, depois cada vez mais desequilibrada e histérica – levaram o Estado chinês a uma aproximação cada vez maior do governo dos Estados Unidos e ao abandono cada vez mais acentuado do apoio ou da solidariedade aos movimentos de libertação nacional do Terceiro Mundo, em troca de amizade com os regimes mais brutais e reacionários em três continentes, do Chile ao Zaire, do Irã ao Sudão. Internamente, ficou cada vez mais claro que a Revolução Cultural não só era manipulada pela própria cúpula burocrática contra a qual no primeiro momento ela se voltara ostensivamente, como também, na prática, significou algo muito diferente de seus objetivos declarados: um gigantesco expurgo de aparatos do partido e do Estado, o que redundou em milhões de vítimas da repressão política; uma estagnação econômica, com o aumento das pressões demográficas; e o obscurantismo ideológico, uma vez que cada área da cultura e da educação regredia no irracionalismo de um culto a Mao que foi superior ao do próprio Stálin. O balanço final foi muito mais nefasto que o do khruschovismo. O repúdio popular à Revolução Cultural, após a morte de Mao, foi avassalador. A reação a ela, de fato, logo veio a lembrar, em muitas de suas características, os traços pragmáticos, ao mesmo tempo liberais e cínicos, do reformismo de Khruschov.

---

[23] Maria-Antonietta Macciocchi, *Daily Life in Revolutionary China* (Nova York, Monthly Review, 1972).

O impacto que essa parábola sombria teve sobre o teor do marxismo ocidental que o acompanhava a distância não podia deixar de ser grande. Entretanto, ele receberia a carga adicional de uma segunda experiência decisiva daqueles anos. A Revolução Cultural e suas consequências tinham consumado o cisma oriental dentro do movimento comunista internacional dominado pelos soviéticos. O advento do eurocomunismo uma década depois efetuou um cisma ocidental simétrico. Seu ponto de partida também foi a crítica ao legado do stalinismo na União Soviética e à petrificação da perspectiva de reformas internas nela e no Leste Europeu. Mas, enquanto o maoismo havia reagido sobretudo contra o khruschovismo, o eurocomunismo – posterior e tematicamente distinto – foi uma reação ao enterro dele na consolidação brejneviana dos anos 1960 e 1970. Sua verdadeira gênese data da invasão da Tchecoslováquia, ação soviética que foi pela primeira vez condenada de modo praticamente unânime pelos partidos comunistas da Europa Ocidental. A alternativa eurocomunista ao modelo russo, tal como se cristalizou em meados dos anos 1970, dava ênfase primordial à necessidade de preservar, em qualquer modelo de socialismo que viesse a se concretizar no Ocidente, todo o espectro de liberdades civis características da democracia capitalista, numa ordem política que também consolidasse direitos pessoais e pluralidade de partidos, mantivesse as instituições parlamentares e repudiasse qualquer ruptura violenta ou súbita com a propriedade privada dos meios de produção. Em outras palavras, era uma via pacífica, gradual e constitucional para o socialismo, oposta ao modelo da Revolução de Outubro e ao regime bolchevique que dela emergiu.

A atração dessas propostas para muitos sobreviventes ou herdeiros do marxismo ocidental era compreensível. A adoção de posições eurocomunistas pelos líderes dos maiores partidos comunistas do Ocidente, acima de tudo na Itália, na França e na Espanha, poderia ser vista como uma aceitação oficial tardia da preocupação heterodoxa com a democracia socialista que estava na base de grande parte da tradição marxista ocidental desde o começo: a crítica ao modelo soviético finalmente se incorporava naquela pressagiada por Korsch ou Gramsci quarenta anos antes. Duas circunstâncias ajudaram a tornar especialmente abundante a adesão de intelectuais marxistas à perspectiva eurocomunista. Apesar das profundas diferenças no conteúdo das duas cisões, visto que, de muitas maneiras, maoismo e eurocomunismo representavam polos ideológicos opostos, havia em comum entre eles o fato de considerarem a União Soviética uma referência negativa. Em meados dos anos 1970, a propaganda ideológica chinesa se tornara obsessiva e violentamente antissoviética. A China propriamente dita já havia nessa altura perdido muito de seu brilho no exterior, mas, nos círculos mais amplos da Europa Ocidental que haviam sido influenciados pelo maoismo, subsistia a russofobia que ela ajudara a difundir. Em alguns casos, o resultado foi simplesmente a rápida transição para um anticomunismo convencional *tout court*: foi essa, essencialmente, a trajetória dos "novos filósofos" franceses. Mas o que aconteceu com maior frequência foi a evolução do maoismo *para* o eurocomunismo, mediada pela rejeição veemente à experiência soviética, comum a ambos. Esse movimento foi especialmente marcante na França, e Althusser, um caso emblemático, apesar de todas as suas desconfianças iniciais com o abandono da fórmula "ditadura do proletariado" pelo Partido Comunista Francês. Fator muito mais poderoso na adesão geral ao eurocomunismo, entretanto, foi a situação política da Europa Meridional. Em meados da década de 1970, toda essa região parecia pronta para o avanço popular e a mudança social. Na França, depois de quase duas décadas de governo ininterrupto, a direita estava afundando em descrédito e divisão. Na Itália, a corrupção e a incompetência dos democratas cristãos geravam protestos cada vez maiores e aumentavam o eleitorado do PCI. Na Espanha, em Portugal e na Grécia, as ditaduras fascistas ou militares estavam no fim de suas forças. Em todos esses países, os partidos comunistas ainda eram a maior força organizacional da classe trabalhadora, fosse na legalidade, fosse na clandestinidade. Parecia real a chance de avanço histórico, para além do impasse social a que chegara o capitalismo de bem-estar social da Europa Setentrional, conforme a expectativa eleitoral de governos de coalizão de esquerda coincidia com a conversão ideológica a um pluralismo especificamente ocidental anunciado pelo eurocomunismo. Pode-se dizer que, desde o fim da Libertação, não se via tamanho acúmulo de esperanças populares tanto no interior da ampla massa de trabalhadores como entre os intelectuais.

Nesse caso, o resultado foi uniformemente desalentador. Um após o outro, cada qual à sua maneira, os grandes partidos comunistas perderam as oportunidades. O Partido Italiano desperdiçou sua essência na busca infrutífera de uma parceria minoritária com a principal organização da burguesia italiana, o Partido Democrata Cristão, decepcionando seus apoiadores sem ganhar o gabinete almejado. O Partido Francês, preocupado com *seu* parceiro social-democrata, desarticulou a União de Esquerda quando ela ainda era uma organização forte, precipitando o fracasso eleitoral de 1978 – para, apenas três anos depois, já enfraquecido e subordinado, entrar no governo ao lado da mesmíssima social-democracia. O Partido Português, sozinho na rejeição ao eurocomunismo, tentou sem sucesso tomar o poder num golpe burocrático e, com isso, acabou com a Revolução Portuguesa. O Partido Espanhol, força central na resistência subterrânea ao regime franquista, aliou-se à monarquia legada por Franco para, ao fim, ver-se marginalizado e em desvantagem numérica diante de um partido socialista que ficara completamente inativo durante a ditadura. Esses fracassos cumulativos foram um golpe desalentador para todos aqueles que tinham almejado uma nova aurora do movimento operário europeu com o fim da antiga ordem no Sul. Foi aí que a chamada "crise do marxismo" teve origem e ganhou significado. Seus verdadeiros determinantes tinham muito pouco a ver com seus temas manifestos. O que a detonou foi essencialmente uma *dupla decepção*: primeiro com a alternativa chinesa e depois com a da Europa Ocidental à experiência pós-revolucionária central do século XX até então, ou seja, a da União Soviética. Cada uma dessas alternativas havia se apresentado como uma solução historicamente *nova*, capaz de superar os dilemas e evitar os desastres da história soviética: entretanto, cada um dos seus resultados mostrou ser um retorno a impasses já conhecidos. O maoísmo pareceu desembocar em pouco mais que um truculento khruschovismo oriental. O eurocomunismo decaiu para o que parecia cada vez mais uma versão de segunda classe da social-democracia ocidental, envergonhada e subalterna em sua relação com a tradição dominante, que descendia da Segunda Internacional.

Essa última decepção foi, é óbvio, a crucial. Ela afetou diretamente as condições e as perspectivas do socialismo nos países capitalistas avançados que até então haviam parecido oferecer as maiores oportunidades para o progresso real do movimento operário no Ocidente. Aqui então podemos ver por que a "crise do marxismo" foi um fenômeno essencialmente *latino*: foi precisamente nos três maiores países latinos – França, Itália e Espanha – que as chances do eurocomunismo pareciam mais razoáveis e que sua deflação subsequente foi maior. As formas dessa deflação variaram bastante, desde clamorosas guinadas para a direita até saídas silenciosas e completas da política. A modalidade mais difundida, entretanto, foi o súbito retraimento da contestação e da aspiração socialista – com má consciência e piores pretextos – a fim de buscar se encaixar na penosa acomodação de uma nova social-democracia ao capitalismo. Enfeitados como um novo "eurossocialismo", beneficiário da queda do eurocomunismo, os governos e os partidos de Mitterrand, González e Craxi angariaram desde então a fidelidade da maioria dos arrependidos e desenganados, numa perspectiva de prudente reforma doméstica e pronunciada adesão à "comunidade do Atlântico" no exterior.

A situação em outros lugares foi necessariamente diferente. Na Grã-Bretanha e nos Estados Unidos, na Alemanha Ocidental e na Escandinávia, nunca houve partidos comunistas de massa que atraíssem as mesmas projeções e esperanças no pós-guerra. No norte da Europa – ao contrário do sul – os governos social-democratas tinham sido a norma durante décadas: a administração reformista do capitalismo não continha muitas novidades para o marxismo que ali se desenvolvera desde os anos 1960, pois seu principal foco político era precisamente a crítica a tal administração. Nos Estados Unidos, aos efeitos da Guerra do Vietnã se sucederam, praticamente sem interrupção, os da recessão mundial, criando-se o contexto não para uma crise, mas para um crescimento contínuo da cultura marxista, de um ponto de partida bem modesto. Essas condições produziram um ambiente que dava pouca margem para conversões coletivas ou colapsos de tipo francês ou italiano. Um materialismo histórico mais estável e resoluto deu mostras de ser, em geral, capaz de resistir ao isolamento ou à adversidade política e de gerar um trabalho cada vez mais sólido e maduro nesse ambiente e valendo-se de seus fatores. Isso não quer dizer que desenvolvimentos análogos não possam afetar setores das esquerdas estadunidense ou nórdica no futuro. A consolidação popular de regimes políticos de reação imperialista na Grã-Bretanha ou nos Estados Unidos, em meados dos anos 1980, poderá abalar a coragem de alguns socialistas, levando-os para a direita na busca ansiosa por um caminho do meio. O tamanho que terão respostas como essas, entretanto, ainda está por ser visto. Por enquanto, já é bem forte o contraste entre, de um lado, a relativa robustez e vitalidade do marxismo nessa zona e, de outro, sua corrosão e debilidade nas regiões da experiência eurocomunista abortada.

Agora, ainda que as vicissitudes do eurocomunismo tenham sido a causa principal, deslocada e oculta, do desarranjo do marxismo latino, *também* representam a principal explicação para a outra contradição fundamental desse programa para o futuro do materialismo histórico com o qual comecei. A única área crucial, cabe lembrar, em que ocorreu pouco ou nenhum trabalho correspondente a minhas previsões foi a da *estratégia* marxista. Minha suposição havia sido de que a ressurgência da militância de massa da classe trabalhadora e dos estudantes no fim dos anos 1960 tornara possível e previsível a reunificação da teoria marxista e da prática popular, único fato que poderia gerar o tipo de estratégia revolucionária alcançada pelo marxismo clássico da época da Revolução de Outubro e cuja ausência havia paralisado o marxismo ocidental por tanto tempo. O que de fato aconteceu esteve ao mesmo tempo próximo e distante desse cenário. Houve grande diminuição da lacuna entre teoria marxista e prática política de massas, que provocou efeitos vitais e fecundos sobre a teoria, mas o circuito que as reuniu foi predominantemente *reformista*, e não revolucionário. O referencial de minhas reflexões em meados dos anos 1970 havia admitido formalmente essa variante, em meio a uma série de combinações possíveis, mas a conclusão que lhes dei não a levou suficientemente em conta. Apesar de todas as suas limitações, o eurocomunismo de fato pôs na agenda da teoria marxista questões práticas em torno de uma transição para o socialismo em condições de capitalismo avançado. A aparente iminência de governos de esquerda com participação comunista na França, na Itália e na Espanha exigiu grande empenho mental de intelectuais marxistas em todo o Ocidente.

Esse desenvolvimento contribuiu em grande medida para aquela virada em direção ao concreto que, como expus, caracterizou as formas típicas de materialismo histórico que sucederiam à tradição principalmente filosófica do marxismo ocidental. Passaram então a ser produzidas em abundância análises políticas, econômicas e sociológicas onde antes elas tinham sido escassas. Porém, no campo estratégico em sentido estrito, surgiu pouca coisa de valor. Pois, embora o eurocomunismo se apresentasse como uma "terceira via" (conforme designação de seus porta-vozes italianos) entre o stalinismo e a social-democracia, sua prática real cada vez mais parecia mera repetição do triste caminho de volta ao capitalismo da Segunda Internacional. Nenhum pensamento estratégico *novo* poderia surgir ao longo dessa jornada. Quanto às áreas situadas fora da arena eurocomunista, no norte da Europa ou na América do Norte, nenhum movimento socialista de massas de dimensões comparáveis se desenvolveu por enquanto; ali, a paisagem permitia poucas ilusões, mas também poucas possibilidades por ora de enfrentar diretamente o problema da derrubada da autoridade do capital.

Cumpre dizer que, embora tenha ênfase e intuição estratégicas muito maiores, a tradição alternativa do marxismo revolucionário – que parecia possuir potencial para dar contribuições importantes a qualquer transição factível para o socialismo no Ocidente – tampouco provou ser significativamente mais frutífera que suas rivais históricas. Quando eu estava escrevendo *Considerações sobre o marxismo ocidental*, a filiação marxista proveniente de Trótski parecia bem posicionada para reingressar na política de massas pós-stalinizada da esquerda nos países de capitalismo avançado, após décadas de marginalização. Sempre bem mais próxima das principais preocupações da prática socialista – a econômica e a política – que a linha filosófica do marxismo ocidental, a herança teórica distintiva da tradição trotskista deu-lhe óbvias vantagens iniciais na nova conjuntura de levantes populares e depressão mundial que marcou o começo dos anos 1970. De qualquer maneira, contudo, a promessa que ela continha não seria cumprida nesse período. As concepções e evasivas do eurocomunismo tinham seus críticos mais eficazes na literatura trotskista. Mas, embora a carga polêmica de textos como *Crítica ao eurocomunismo*, de Ernest Mandel*, tenha deixado seu objeto sem réplica[24], essas demonstrações negativas da incoerência e da implausibilidade dos principais pressupostos eurocomunistas não foram acompanhadas por nenhuma construção positiva continuada de cenário alternativo para a derrota do capitalismo no Ocidente. O bloqueio derivou de uma adesão forte demais ao paradigma da Revolução de Outubro, que fora realizada contra a carcaça de uma monarquia feudal, e de uma preocupação teórica distante demais dos contornos de uma democracia capitalista que os bolcheviques jamais precisaram confrontar.

Recentemente, a história apresentou uma experiência decisiva a esse movimento, mas o teste se provou acima de suas forças. A queda do fascismo português criou as condições mais favoráveis para uma revolução socialista num país europeu desde a rendição do Palácio de Inverno: uma grande maioria eleitoral para os partidos operários nos aparelhos estatais representativos (provisórios) *combinou-se* ali com a decomposição dos aparatos estatais repressivos (herdados) e a emergência de grandes setores insurgentes no corpo de oficiais e praças das Forças Armadas, resolvidos a forçar uma passagem para o socialismo. Uma oportunidade dúplice como essa nunca havia surgido em outro lugar em condições de capitalismo avançado. O Partido Comunista Português, tentando em vão repetir o caminho tcheco para o poder burocrático de 1948, inevitavelmente acabou por perdê-la. A mesma coisa aconteceu, porém, com o pequeno movimento trotskista que operava nos seus flancos. Embora tenha produzido o debate interno mais agudo e mais interessante da década no decorrer do processo português[25], ele não conseguiu sintetizar as posições conflitantes (cada qual com sua fatia contraditória de verdade), em uma estratégia séria ou inovadora. A Quarta Internacional perdeu o caminho na encruzilhada da Revolução Portuguesa, como mostrariam os arranjos incertos dos anos subsequentes. A

---

* Ed. port.: trad. A. Castro, Lisboa, Antídoto, 1978. (N. E.)

[24] Uma exceção indireta talvez seja encontrada no interessante diálogo entre Nicos Poulantzas e Henri Weber, "The State and the Transition to Socialism", *Socialist Review*, mar.-abr. 1978, p. 9-37.

[25] Ver os arquivos oficiais da Inprecor para 1974-1975, passim.

falta de inventividade e de recursos estratégicos – ações e ocasiões, projeções e surpresas, formas e demandas, organizações e iniciativas, maneiras e meios capazes, em sua totalidade, de suplantar e desalojar a ordem capitalista – não acabaria seriamente remediada em lugar nenhum nesse período.

Ainda hoje, como tem sido há cinquenta anos, o problema de tal estratégia continua sendo a esfinge a encarar o marxismo no Ocidente. Está claro que a liberdade da democracia capitalista, magra porém real, com suas votações e declarações de direitos, só pode ceder à força de uma liberdade qualitativamente maior da democracia socialista, exercida sobre o trabalho e a riqueza, a economia e a família, bem como sobre a forma política. Mas como suplantar as flexíveis e duradouras estruturas do Estado burguês, infinitamente elásticas na retificação do consentimento no qual, em última instância, ele se apoia e infinitamente rígidas na preservação da coerção da qual ele depende? Que bloco de forças sociais pode ser mobilizado, e de que maneiras, para assumir os *riscos* de desconectar o ciclo de acumulação do capital em nossas economias de mercado intrincadamente integradas? São questões que nos lembram, vezes sem conta, de que o problema da estrutura e do sujeito – estruturas de poder político e econômico em vigor, sujeitos de qualquer insurgência calculável contra elas – é coisa não só para a teoria crítica, mas também para a mais concreta de todas as práticas.

*

Não desejo terminar, entretanto, com uma nota triste, e sim com uma nota esperançosa. As questões agora discutidas são as que defendi como centrais quase uma década atrás. Mas existem outras que também precisam ser exploradas e que não levantei na época. Afinal se o momento do poder é o alfa de qualquer problemática marxista séria, ele não é o ômega. *Para que fins*, em nome de quais valores e ideais se poderia imaginar que um movimento social se inspiraria hoje a lutar contra o domínio do capital avançado no mundo? Aqui eu arriscaria a previsão de que o maior desafio ao marxismo como teoria crítica nas próximas décadas virá de uma direção muito diferente daquela examinada aqui, e de que é no terreno desse desafio que ele terá de desenvolver seu ômega. Numa frase memorável, Frank Lentricchia falou das "sereias estereofônicas do idealismo"[26] que seduziram tantos em anos recentes. O estruturalismo, entre

---

[26] Frank Lentricchia, *After the New Criticism* (Chicago, The University of Chicago Press, 1980), p. 208: aliás, frase especialmente adequada para o torpor em alta fidelidade percebido anteriormente.

outras coisas, decerto foi isto: uma forma imensamente sedutora de idealismo. Minha estimativa, entretanto, é de que no futuro um desafio intelectual mais poderoso virá do *naturalismo*. Os sinais estão, acho, ao nosso redor: sínteses variáveis deles que talvez estejam aguardando logo além do horizonte. Tradicionalmente, em especial nas culturas anglo-americanas, a ênfase em determinantes biológicos de realidades sociais sempre foi associada à direita. Essa linhagem foi recentemente reforçada com o advento da chamada sociobiologia, por sua vez derivada da disciplina relativamente recente da etologia, cada qual ocupando uma posição no longevo behaviorismo que as precede. A deriva ideológica dessa tradição sempre foi uma concepção reacionária da natureza humana, entendida como um permanente nexo fisiológico que restringe bastante toda e qualquer escolha social possível. A natureza em questão é invariavelmente agressiva e conservadora, individualista porém inercial: um aviso contra experiências radicais ou mudanças revolucionárias.

A esquerda sempre combateu essas ideias de natureza humana eterna e inflexível, em nome da *variabilidade* social dos seres humanos sob diferentes ordens históricas e de sua *capacidade de aprimoramento* em condições que os emancipem, em vez de oprimi-los. Entretanto, é digno de nota que escritores tanto de convicção socialista quanto de esquerda liberal tendam cada vez mais a argumentar em nome de outra versão da natureza humana, que se poderia chamar de tipo *protetor*, em vez de *restritivo*. Os maiores exemplos americanos são Noam Chomsky e Barrington Moore. O tema comum deles, poderíamos dizer, é certa noção de autonomia ou criatividade naturais nos seres humanos. Chomsky sustenta que as ideias políticas "devem enraizar-se em alguma concepção de natureza humana e necessidades humanas". Em sua visão, "a capacidade humana fundamental é a necessidade de autoexpressão criativa para o livre controle de todos os aspectos da vida e do pensamento de uma pessoa"; ao passo que "se os seres humanos são apenas organismos plásticos e aleatórios, então por que não controlar essa aleatoriedade por meio da autoridade estatal ou do tecnólogo comportamental?"[27]. A posição de Moore é um tanto mais pessimista, mas evidentemente relacionada. Para ele, concepções mínimas de justiça – o que ele chama de padrões de "tratamento decente" – são universais da natureza humana[28];

---

[27] Noam Chomsky, "Linguistics and Politics – an Interview", *New Left Review*, n. 57, set.-out. 1969, p. 31-2.
[28] Barrington Moore Jr., *Injustice: the Social Bases of Obedience and Revolt* (Nova York, M. E. Sharpe, 1978), p. 5-13 [ed. bras.: *Injustiça: as bases sociais da obediência e da revolta*, trad. João Roberto Martins Filho, São Paulo, Brasiliense, 1987].

mas mecanismos suficientemente poderosos de mistificação ou coerção social podem induzir a uma amnésia – não à obliteração – deles, do tipo que Chomsky temeria. O estudo de Moore da *injustiça*, consequentemente, leva em conta tanto a fixidez quanto a variabilidade das respostas humanas à organização social. Nem Chomsky nem Moore, claro, são marxistas. Dentro do próprio marxismo, contudo, a obra pujante do filólogo italiano Sebastiano Timpanaro defende há muito tempo na esquerda outra variante da natureza humana, que, à guisa de distinção, poderíamos chamar de concepção *privativa*, que insiste pura e eloquentemente nos limites biológicos de toda vida humana, seja do indivíduo, seja da espécie, na doença, na decrepitude e na morte[29]. A função desse naturalismo nos três autores é fundar uma *ética*. A notória ausência de qualquer coisa que se aproxime de tal ética no *corpus* do materialismo histórico – sua destituição regular ou pela política ou pela estética – empresta a esse projeto importância e força.

É óbvio que em cada caso surgem perguntas difíceis, em essência as suscitadas pela *relação* entre natureza, assim concebida, e história. Eu argumentaria que é a articulação entre esses dois termos que representaria outro grande nó para o marxismo como teoria crítica, comparável ao da relação entre estrutura e sujeito. O mesmo problema reaparece ao longo de quase todas as fronteiras sintomáticas das preocupações e concepções tradicionais do materialismo histórico, onde novos movimentos políticos ou questões que extrapolem seu perímetro clássico se tornaram incontornáveis. Os três exemplos mais óbvios são as questões da mulher, da ecologia e da guerra. Quais são as razões para a opressão imemorial das mulheres, tão próxima de um universal sociológico, presente tanto em sociedades de classe quanto pré-classe, como a antropologia nos revela? A polêmica sobre o assunto é acesa até hoje no movimento feminista – necessariamente, pois ela orienta as formas futuras da emancipação da mulher. Num dos polos, feministas radicais como [Shulamith] Firestone optaram por um biologismo integral, ainda que no fim seja desesperadamente mutável. No outro, as teóricas da construção de gênero praticamente negam toda e qualquer base natural para a divisão sexual do trabalho. Entretanto, até mesmo a interpretação antinaturalista mais renitente da desigualdade sexual ainda deve ser capaz de explicar por que diferenças *biológicas* teriam sido selecionadas para a construção das divisões sociais. A articulação entre natureza e história é ineludível.

---

[29] Sebastiano Timpanaro, *On Materialism* (trad. ing. Lawrence Garner, Londres, New Left Books, 1975), p. 29-72.

Se for verdade que a tendência dominante do movimento feminista hoje é de fazer a relação pender de modo bastante unilateral na direção culturalista, a tendência oposta certamente predomina no movimento ecológico, no qual a natureza externa e a interna frequentemente adquirem uma fixidez e uma identidade metafísicas muito além de qualquer concepção materialista do espectro de suas variações históricas. Mesmo assim, os problemas da interação da espécie humana com seu ambiente terrestre, essencialmente ausentes do marxismo clássico, são de inadiável urgência. Uma das virtudes distintivas da tradição de Frankfurt era sua consciência desse problema, sempre no nível filosófico de reflexão. Em diferentes registros, Raymond Williams e Rudolf Bahro deram grande atenção a essas questões, e não por acaso, para ambos, a questão dos significados aceitáveis ou inaceitáveis da natureza *na* humanidade é imediatamente abandonada pela das relações aceitáveis ou inaceitáveis da humanidade *com* a natureza[30]. História e natureza são necessariamente reunidas em qualquer discussão ecológica.

Finalmente, o que há de mais terrível, a possibilidade da guerra nuclear global, destruindo todas as formas de vida na Terra, apresenta pela primeira vez a ameaça imediata e mortal de um fim comum das duas coisas: o fim da história humana na extinção na natureza animada. A ideia mesma dessa contingência jamais teria ocorrido aos fundadores do materialismo histórico; sua realidade, portanto, impõe problemas inteiramente novos a uma teoria crítica que tente olhar de frente o fim do século XX. Também nesse aspecto, não é por acaso que as mediações ou conjeturas atuais sobre a dinâmica que levou ao perigo crescente no campo de forças internacional, que testemunhamos hoje e que promete perigos piores de proliferação e tensão amanhã, tenham recorrido a especulações naturalistas. Edward Thompson e Régis Debray – dois pensadores muito contrastantes, embora ambos com um histórico de comprometimento com o marxismo – convergiram em tempos recentes na proposta de uma dialética virtualmente ontológica do Eu e do Outro, trans-historicamente inerente aos vínculos humanos coletivos, como explicação última da multiplicação dos ódios nacionais e da corrida armamentista internacional do mundo pós-guerra[31]. Todas essas noções terão de ser examinadas de forma muito

---

[30] Raymond Williams, *Problems in Materialism and Culture*, cit., p. 67-122; Rudolf Bahro, *Socialism and Survival* (trad. ing. David Fernbach, Londres, 1982); por exemplo, p. 24-43.

[31] Compare-se Edward Thompson, *Zero Option* (Londres, Merlin Press, 1982), p 170-88, a Régis Debray, *Critique of Political Reason* (trad. ing. David Macey, Londres, New Left Books, 1983), p. 298-345.

tranquila e cuidadosa. Mas o que elas nos dizem é que, se as relações entre estrutura e sujeito são a província por excelência da estratégia socialista, as relações entre natureza e história levam-nos ao momento já muito adiado da moralidade socialista. O marxismo não completará sua vocação como teoria crítica enquanto não cumprir essa etapa adequadamente.

Pós-escrito

Resta uma última questão que nenhuma tentativa de avaliar a situação do marxismo hoje consegue evitar. Qual é a natureza da relação entre marxismo e socialismo? Existe uma resposta simples e clássica para essa pergunta: o primeiro designa uma teoria capaz de levar ao que o último designa como sociedade. Tal resposta, entretanto, contorna as reais complexidades e ambiguidades das conexões entre os dois. Pois "socialismo" não é apenas o fim prático de um processo histórico que nos está esperando além do horizonte. Ele é também um movimento ideal de princípios e valores, sustentado por paixão e argumentação, que está ativo e desdobrando-se no presente, com um passado de quase dois séculos atrás de si. Nesse sentido, socialismo representa um campo de força cultural e político que ao mesmo tempo precede e excede o marxismo. A teoria propriamente dita, nesse sentido, não é monopólio do materialismo histórico: houve pensadores socialistas importantes antes e depois de Marx, cujo trabalho tem pouca ou nenhuma relação direta com o arcabouço intelectual do materialismo histórico. Seria presunção identificar os dois; obviamente não há coincidência completa entre eles. Recentemente, aliás, Edward Thompson procurou não só distingui-los, mas também os contrapor de maneira bastante nítida, ao mesmo tempo prescindindo das pretensões cognitivas do "marxismo" e reafirmando as reivindicações morais do "comunismo", numa defesa eloquente de um novo utopismo. Entretanto, a dificuldade de tal posição é que ela não dá conta do motivo por que o marxismo teria assumido a esmagadora importância que adquiriu no movimento operário internacional no século XX. Aqui, uma vez mais, precisam ser respeitadas as exigências da reflexividade com as quais começamos. Devemos perguntar: quais foram as bases históricas do predomínio global do materialismo histórico no pensamento e na cultura socialistas como um todo? Mais exatamente: *em que* reside o caráter único do marxismo como teoria para um socialismo – e *até onde* ele se estende?

Qualquer resposta aqui deverá ter forma um tanto taquigráfica. Mas, de modo muito aproximado, poderíamos dizer que a primazia estrutural do materialismo histórico na esquerda hoje em dia repousa em três marcos que o distinguem de todas as outras contribuições à cultura do socialismo.

1) A primeira é seu puro âmbito de *sistema intelectual*. Embora tenha havido muitos outros pensadores socialistas de interesse e mérito, de Saint-Simon a [William] Morris, de [Jean] Jaurès a [Ernst] Wigforss, de [Aleksandr] Tchaiánov a [Gunnar] Myrdal, apenas Marx e Engels produziram um corpo teórico abrangente e capaz de propiciar desenvolvimento contínuo e cumulativo depois deles. Sem dúvida essa capacidade derivou da síntese que realizaram entre "filosofia alemã, economia britânica e política francesa", nas palavras de Lênin, o que rendeu a inter-relação de uma série de conceitos e teses que cobriam um espectro de formas e práticas sociais maior que o mobilizado por qualquer alternativa. Nesse sentido, não houve iguais nem mesmo rivais em potencial dentro do socialismo. Existem outros pensadores socialistas: até agora há somente um *corpus* de *pensamento* socialista a constituir um genuíno paradigma coletivo de pesquisa, que possibilita debates e trocas através de gerações e continentes numa linguagem comum.

2) O segundo poder peculiar do marxismo, dentro do campo mais amplo do pensamento socialista, sempre residiu em seu caráter de *teoria do desenvolvimento histórico*. Aqui também houve bons historiadores socialistas de outras linhas – [R. H.] Tawney ou [Georges] Lefebvre, [Charles] Beard ou [A. J. P.] Taylor. Mas só existe um proponente de uma explanação geral do desenvolvimento humano através dos séculos, desde as sociedades primitivas até as formas atuais de civilização. É o materialismo histórico. Todas as outras versões parciais são derivações ou fragmentos. Somente o marxismo produziu um conjunto de instrumentos analíticos ao mesmo tempo suficientemente gerais e diferenciais para ser capaz de integrar numa narrativa inteligível sucessivas épocas de evolução histórica e suas características estruturas socioeconômicas[1]. Nesse aspecto, de fato, ele permanece sem rival não só dentro da cultura socialista como também da não socialista como um

---

[1] Para algumas reflexões sugestivas a respeito da instância narrativa no materialismo histórico, ver Fredric Jameson, *The Political Unconscious*, cit., p. 19-20.

todo. Não há narrativa que dispute com ele. A obra de Weber chega perto, mas, apesar de toda a extraordinária riqueza de suas investigações, ela carece consideravelmente de uma dinâmica geral ou de princípios de movimento: as tentativas subsequentes de deduzi-los a partir dela, em teorias banalizadas de "modernização", não fizeram mais que esvaziar a riqueza da erudição de Weber, deixando uma casca tautológica oca.

3) O marxismo tem se distinguido de todas as outras tradições do pensamento socialista no efeito de seu radicalismo como um *chamado político às armas*, na luta contra o capitalismo. Houve no passado tendências em competição dentro do movimento operário, intransigentemente militantes em princípio (o anarquismo espanhol, por exemplo), mas sem eficácia como movimentos de transformação social. Também houve tendências de considerável eficácia prática, como a social-democracia sueca em seu auge, mas sem nenhum radicalismo de realizações. O capitalismo caiu vítima das forças que lutavam contra ele somente onde o marxismo ganhou predominância. Todas as revoluções socialistas de sucesso até hoje foram guiadas pela bandeira do materialismo histórico ou a ela se aliaram.

Essas três faculdades não abandonaram o marxismo até hoje, mas não são motivo para triunfalismo. De muitas maneiras, o materialismo histórico como um corpo de pensamento racional a informar uma prática controlada de mudança social sofreu com sua própria proeminência no universo intelectual do socialismo. Como teoria ele tem sido – poderíamos dizer – poderoso *demais* para seu próprio bem. Precisamente em razão de seus excessivos dotes, a marginalização a que fadou os concorrentes da esquerda foi muitas vezes fácil demais, e sua vitória sobre críticos da direita, barata demais para valer a pena. Por muito tempo, o marxismo nunca se confrontou com nenhum grande desafio intelectual dentro do movimento socialista nem fora dele, nem mesmo com uma exposição de questões históricas relevantes que demonstrasse solidez ou confiança comparáveis[2]. O resultado só podia ser a perpetuação de seus pontos

---

[2] A abundância de denúncias mais ou menos rituais do marxismo nos manuais da Guerra Fria nunca produziu nada muito pertinente: o mais recente desses compêndios (e de muitas maneiras um dos mais rudimentares) é *Main Currents of Marxism*, de Leszek Kołakowski (trad. ing. P. S. Falla, Oxford, Oxford University Press, 1978). Para algo de caráter bem diferente, de genuíno empenho teórico a partir de outro arcabouço sociológico, ver Anthony Giddens, *A Contemporary Critique of Historical Materialism* (Londres, Macmillan, 1982) [ed. bras. parcial: *O Estado-nação e a violência: segundo volume de Uma crítica contemporânea ao*

fracos. O conhecimento raramente cresce sem um coeficiente adequado de resistência. Com muita frequência, o marxismo tem sido vítima de suas próprias vantagens, desenvolvendo certas inércias e vícios característicos por falta de correções e contrapesos adequados.

Entretanto, essas vantagens estão sofrendo nova pressão hoje – uma mudança que só pode ser bem-vinda. De fato, cada um dos privilégios tradicionais do materialismo histórico hoje enfrenta importante desafio. O primeiro e mais óbvio deles é que a sistematicidade do marxismo como teoria abrangente da sociedade tem sido questionada pela ascensão do movimento feminista, desenvolvendo discursos sobre família ou sobre a sexualidade que fogem muito de seu alcance tradicional. A literatura clássica do marxismo contém, sem dúvida, um capítulo memorável dedicado a essas questões na obra do Engels tardio, mas esse tema acabou por nunca se consolidar como preocupação constante e central depois, caindo na negligência ou no adiamento endêmico. Assim, mesmo que as contradições e omissões dessa herança tenham sido em parte compensadas pelo recurso precário a corpos de pensamento menos científicos, como a psicanálise, não pode haver dúvida a respeito da natureza salutar e radical da mudança perceptual – a irreversível alteração óptica – que o novo feminismo provocou. A preeminência mais estritamente histórica do marxismo não está sendo tão ameaçada ainda, embora aqui também o surgimento de uma vigorosa história das mulheres possa vir a ser um teste crítico para ele. Além disso, a notável importância da demografia como um campo da história não inteiramente dominado pelo marxismo (na verdade, em grande parte inexplorado por ele) é mais um motivo de perturbação futura em seu interior, e o efeito desse estímulo – quando o conhecermos em toda sua extensão – ainda está por ser visto[3]. É de se notar que nos últimos anos assistiu-se ao estabelecimento bem-sucedido de uma revista de historiadores *socialistas* (não marxistas) no mundo de língua inglesa, atraindo ampla gama de colaboradores internacionais: uma nova categoria[4].

Terceiro e último: a espécie de radicalismo político, antes propriedade peculiar do marxismo, foi diminuída pelo progressivo ofuscamento da imagem

---

materialismo histórico, trad. Beatriz Guimarães, São Paulo, Edusp, 2008], e a resposta de Erik Olin Wright, "Giddens's Critique of Marxism", *New Left Review*, n. 138, mar.-abr. 1983, p. 11-35. É um tipo de confronto infelizmente raro.

[3] Uma incursão pioneira nesse território pode ser encontrada em Wally Seccombe, "Marxism and Demography", *New Left Review*, n. 137, jan.-fev. 1983, p. 22-47.

[4] *History Workshop Journal*, fundada em 1976.

dos Estados comunistas a leste e pela crescente integração dos partidos comunistas do Ocidente às estruturas constitucionais convencionais do capitalismo. Os fracassos gêmeos do khruschovismo e do maoismo como tentativas de reformar as estruturas oficiais da Rússia e da China, deixando atrás de si um prolongado impasse, com tensões mútuas e sufocamento de liberdades populares, provocou efeitos drásticos na reputação da doutrina em nome da qual eles se justificavam. Isso foi acompanhado, por sua vez, pelo conformismo embotado e pelo paternalismo doméstico, pela sustentação da soberania burguesa do lado de fora e da autoridade burocrática do lado de dentro, vistas em tantos partidos eurocomunistas que ainda invocam a memória do marxismo. Nenhuma dessas constelações históricas está destinada a durar para sempre: mas, enquanto durarem, as frentes da verdadeira insurgência política, ao menos nos países capitalistas avançados, provavelmente passarão por deslocamentos significativos. O movimento pacifista europeu, bem à esquerda dos grandes partidos comunistas na militância de seus métodos e no radicalismo de seus objetivos, já é um sinal disso.

Esse exemplo, entretanto, suscita outra dúvida. A relação entre o marxismo e o socialismo situa-se em um campo intelectual comum: tem a ver essencialmente com questões de investigação teórica. Mas também temos de perguntar: qual é a relação entre o socialismo propriamente dito, como prática, e o processo de emancipação humana de modo geral? Será que ambos podem ser identificados de modo simples no fim do século XX? Aqui, mais uma vez, é a emergência de um movimento radical internacional para a libertação das mulheres que suscitou a questão de modo mais direto. Que ligação existe entre a abolição da desigualdade sexual e o advento de uma sociedade sem classes? A dificuldade de qualquer equiparação simples dos dois eventos não está tanto na persistência do privilégio masculino sobre uma grande faixa da vida social nas sociedades pós-revolucionárias de hoje, pois essas ordens transicionais ainda não são, nem de longe, defináveis como socialistas, em termos marxistas, embora também costumem revelar avanços significativamente maiores na direção da igualdade que as sociedades pré-revolucionárias em estágios comparáveis de desenvolvimento econômico, sejam elas recém-industrializadas, sejam ainda agrárias. O verdadeiro problema para qualquer integração direta das perspectivas socialista e feminista será encontrado na natureza e na estrutura do capitalismo.

Pois está perfeitamente claro que a dominação social dos homens sobre as mulheres antecede o capitalismo em muito tempo: na verdade, ela é praticamente coextensiva com a história da própria espécie, não apenas a história registrada, mas também a conjeturável. Nenhuma sociedade primitiva conhecida hoje está isenta de assimetria em sua distribuição de poder e posições entre os sexos. O modo capitalista de produção, em seus primórdios, herdou e reelaborou essa desigualdade milenar com toda a sua miríade de opressões, utilizando-a amplamente e transformando-a de modo profundo. No decorrer de sua subsequente evolução, entretanto, não pode haver dúvida de que ele, no todo, mitigou, em vez de acentuar, o peso da limitação e da perda sofridas pelo segundo sexo nas mãos do primeiro. Os índices elementares de ocupação, alfabetização e legalidade – trabalho, cultura e cidadania – avançaram numa única direção. Existe necessariamente um ponto de parada para esse processo dentro das fronteiras do capital? A persistência da discriminação generalizada, tanto na vida privada quanto na pública, arraigada em estruturas familiares, profissionais e educacionais, não é argumento conclusivo contra a compatibilidade formal entre igualdade sexual e propriedade privada dos meios de produção: afinal de contas, houve e continua havendo progresso mensurável sob o capitalismo tardio. Economicamente, os mecanismos puros do processo de valorização do capital e a expansão da forma mercadoria não enxergam gêneros. A lógica do lucro é indiferente à diferença sexual. Muito embora as sociedades burguesas existentes, para terem estabilidade cultural e política, dependam em algum grau calculável da persistência da família tradicional, portanto da feminilidade, o capitalismo como modo de produção é em princípio concebível com a equiparação – e até mesmo com a inversão – dos atuais papéis masculino e feminino, num nível mais elevado de abundância. As classes ainda poderiam subsistir, com diferentes relações com os meios de produção, sem famílias nucleares ou barreiras de gênero dentro delas.

Mas será que essa é uma perspectiva prática? Não é, por uma razão fundamental e inalterável. A dominação sexual é muito mais antiga historicamente e tem raízes culturais mais profundas, como padrão de desigualdade, que a exploração de classes. Detonar suas estruturas exigiria, em termos de energias e esperanças psíquicas coletivas, uma carga igualitária bem maior que a necessária para nivelar a diferença entre classes. Mas, se essa carga um dia explodisse no interior do capitalismo, seria inconcebível que ela pudesse deixar de pé as estruturas de desigualdade de classe, que são mais recentes e estão relativamente mais expostas. A explosão de uma arrastaria inevitavelmente a outra. Qualquer movimento que encarnasse valores capazes de realizar uma sociedade sem hierarquia de gênero seria constitutivamente incapaz de aceitar uma sociedade fundamentada na divisão de classes. Nesse sentido, o domínio do capital e a emancipação das mulheres são, historicamente e também na prática, irreconciliáveis.

Será que um cenário desses poderia ocorrer algum dia? Isto é, a luta contra a dominação sexual poderia ocasionar o ímpeto principal para uma libertação humana mais ampla, arrastando em sua vaga a luta de classes para uma vitória comum? A resposta é, obviamente, não. As razões para essa impossibilidade levam-nos diretamente aos paradoxos da relação entre socialismo e feminismo. As estruturas da dominação sexual, embora sejam mais remotas no tempo e culturalmente mais profundas que as da exploração de classe, do ponto de vista político também costumam gerar menos resistência coletiva. A divisão entre sexos é um fato da natureza, não pode ser abolida como a divisão entre classes, que é um fato da história. Muito depois de o capitalista e o trabalhador terem desaparecido, as mulheres e os homens permanecerão. Além disso, as diferenças biológicas que definem os dois sexos os tornam interdependentes, enquanto a espécie subsistir: se a abolição dos sexos é impossível, sua separação também o é. Essas necessidades recíprocas entre ambos, que constituem uma constante ao longo da história humana, através da ampla diversidade de disfarces sociais que assumiram, sempre asseguraram que as regras e os mecanismos de dominação masculina fossem acompanhados de formas e graus de compensação feminina que não têm equivalente estrito nas relações econômicas entre produtores imediatos e aqueles que se apropriam de seus produtos. Sem essa dialética, a maior parte da história dos afetos humanos seria inimaginável. Os laços de sentimento e apoio assim formados, dentro mesmo de muitos dos costumes e práticas de desigualdade, também são ordinariamente sustentados pela igualdade mais ou menos comum de condições materiais que até o momento prevaleceram com tanta frequência (mas nem sempre) entre parceiros sexuais no interior de qualquer classe[5].

Por fim, o mais crucial é que, exatamente em razão dessa configuração, os objetos imediatos de resistência ou revolta dentro do sistema da dominação sexual tenderão normalmente a ser individuais, uma vez que é dentro das normas intersexuais do matrimônio ou da família que a opressão sempre foi

---

[5] Para um retrato delicado e comovente das relações entre os sexos, que exemplifica esses aspectos numa sociedade próxima às da Idade da Pedra, com estruturas muito acentuadas de dominação masculina, ver Maurice Godelier, *La Production des grands hommes: pouvoir et domination masculine chez les Baruya de Nouvelle-Guinée* (Paris, Fayard, 1982), p. 221-51, livro escrito por um acadêmico marxista que sem dúvida ocupará um lugar de destaque entre os clássicos da antropologia moderna.

exercida de modo mais íntimo e duradouro. Os trabalhadores se rebelarão contra os empregadores ou o Estado, coletivamente: a luta de classes é social ou não é nada. As mulheres não têm a mesma unidade de posição nem um adversário totalizado. Divididas elas próprias por classe econômica, dependentes, em sua classe, dos homens que dependem delas, suas forças são geralmente mais moleculares e dispersas, e o ponto de concentração de seu esforço tanto pode ser um parceiro em particular quanto um gênero em geral. Nesse aspecto, a peculiaridade da condição feminina nas sociedades dominadas pelos homens pode ser vista na ausência de quaisquer ações especializadas para a regulamentação ou a repressão das mulheres, ou seja, de qualquer equivalente ao aparato coercitivo do Estado no plano da classe social. Sem dúvida, esse é o motivo pelo qual as sociedades tribais, sem classes nem Estado, podem ainda assim impor todos os graus de desigualdade sexual, desde os relativamente brandos até os drasticamente severos. Nunca existe uma *centralização* geral das estruturas da opressão da mulher, e essa difusão enfraquece demais a possibilidade de insurgência unitária contra elas. Sem um foco centrípeto para oposição, a solidariedade coletiva e a organização comum são sempre mais difíceis de atingir, mais fragmentáveis na hora de se manter. Nada disso significa, está claro, que seja impossível uma ação conjunta da parte das mulheres para sua libertação. Ao contrário, podemos dizer que na última década essas ações conseguiram um avanço maior que qualquer luta dos trabalhadores no Ocidente. Isso é verdade não só em termos de mudança legal ou atitude cultural, mas também no sentido mais radical: o desafio do movimento feminista desde os anos 1970 provavelmente fez mais que qualquer outro fenômeno para forçar a consideração da ideia de um futuro qualitativamente diferente em uma sociedade burguesa que viva na bonança.

Mas persiste uma distinção importante. Por mais universal e por mais radical que seja a causa da emancipação das mulheres, a tal ponto que, por meio dela, os homens também se libertarão, ela é insuficientemente operacional como ação coletiva real ou potencial, capaz de extirpar a economia ou o governo do capital. Para isso, é necessária uma força social dotada de outro poder estratégico. Somente o moderno "trabalhador coletivo", os trabalhadores que constituem os produtores imediatos de uma sociedade industrial, possui esse poder, em razão de sua "capacidade de classe" específica, ou posição estrutural no processo de maquinofatura capitalista como um todo, que somente eles podem paralisar ou transformar; assim como somente eles, por meio de sua potencial coesão e massa, podem fornecer os contingentes mais importantes do exército organizado da vontade e da aspiração populares necessárias a qualquer confronto decisivo com o Estado burguês. Esse exército incluirá, claro, muitas mulheres trabalhadoras; e isso ocorrerá cada vez mais, à medida que a composição da força de trabalho continuar a se afastar de seu desequilíbrio sexual tradicional nos anos por vir; assim como também incluirá feministas que também são socialistas, reunidas sob suas próprias bandeiras. Qualquer bloco insurgente capaz de desencadear uma transição para o socialismo será variado e plural em sua composição: mas isso só transcorrerá assim, como algo mais que uma mera colagem de dissidências, se houver um centro de gravidade naqueles que produzem diretamente a riqueza material sobre a qual a sociedade do capital está fundada.

A tensão entre universalidade de objetivo e especificidade de efeito, inscrita na relação entre as causas práticas do feminismo e do socialismo hoje, já é visível na sucessão teórica original do socialismo "utópico" para o "científico". O utopismo de Saint-Simon, [Charles] Fourier ou [Robert] Owen dedicou à desarmonia dos sexos uma atenção bem mais lúcida e consistente que o pensamento de Marx e Engels, que acabou por suplantá-lo, e procurou de modo mais ousado e persistente imaginar maneiras de remediá-lo. Engels pôde retrospectivamente "regozijar com os embriões de ideias e os pensamentos geniais que irrompem por todo lado do invólucro fantasioso e para os quais esses filisteus são cegos"[6], na escrita desses predecessores: mas não existe equivalente exato à orientação de muitos deles no *corpus* do materialismo histórico. Não por acaso as feministas contemporâneas se voltaram com tanto entusiasmo aos utópicos, buscando continuidade e inspiração para seu próprio trabalho[7]. Não restam dúvidas quanto à perda da ênfase política e da imaginação que acompanhou a codificação geral do socialismo pós-utópico na virada do século XX, mas ao mesmo tempo é necessário entender de modo igualmente claro por que a tradição utópica foi eclipsada tão depressa. Apresentando-se como um programa para a reforma ética da humanidade como um todo, ela não tinha nenhum "operador" histórico para *desalojar* o enorme peso da miséria material por ela denunciado de modo tão fervoroso. Precisamente porque procurava livrar da servidão a raça humana "de uma só vez", a tradição utópica podia explorar

---

[6] Friedrich Engels, *Anti-Dühring* (trad. Nélio Schneider, São Paulo, Boitempo, 2015), p. 291.
[7] Ver agora o excepcional trabalho de Barbara Taylor, *Eve and the New Jerusalem* (Londres, Pantheon, 1983), que recupera de modo admirável o registro do feminismo owenista, com toda sua mordacidade e paixão, e também explora as razões históricas para seu eclipse posterior (menos absoluto, no fim do século XIX, do que os relatos convencionais nos levaram a crer).

questões de sexo tanto quanto as de classe, ou mais; pelo mesmo motivo, porém, não tinha como situar *dentro* da humanidade as linhas divisórias capazes de carrear a nova civilização. Seu universalismo irênico – o evangelho de uma religião secular, segundo a formulação de seus fundadores[8] – impedia o conflito social como princípio fundamental de mudança política: donde seu recurso necessário à conversão moral para substituí-lo. O avanço decisivo do socialismo "científico" romperia esse impasse ao identificar o fulcro de determinada ação social, enraizada em formas historicamente específicas de produção econômica, como o ponto de apoio da alavanca de Arquimedes, a partir do qual a velha ordem poderia ser derrubada, qual seja, a posição estrutural ocupada pela classe trabalhadora industrial criada a partir do advento do capitalismo. Esse processo, por definição, implicava a bissecção mais incisiva da sociedade em campos políticos opostos e uma guerra endêmica entre eles. O ganho registrado por essa transformação de perspectiva foi tão imenso que, durante um longo período, levou a problemática utópica anterior praticamente ao esquecimento dentro do pensamento socialista. Mas pagou-se um preço por isso: o estreitamento do espectro característico de preocupações do marxismo como ideologia dominante do movimento dos trabalhadores no século XX.

A mesma divergência é suscitada hoje pela outra questão, ainda maior, que inunda os tradicionais canais do pensamento socialista: a perspectiva da guerra nuclear. Aqui também, mas de modo bem mais dramático e definitivo, estão em jogo interesses humanos universais que transcendem a luta entre capital e trabalho: nada menos que a sobrevivência da própria humanidade. É bastante lógico, então, que aqueles que fizeram mais que a maioria em prol do surgimento de um novo movimento pacifista, fazendo soar o alarme diante dos riscos cada vez maiores de aniquilação global, também tenham exigido com frequência o revivescimento da herança utópica dentro do socialismo. Edward Thompson e Rudolf Bahro são exemplos notáveis. Ambos perceberam a insuficiência moral do marxismo para lutar com o tipo de perigo que agora afrontava o futuro da humanidade, insensibilidade esta cujos fundamentos estão em sua própria natureza de teoria de luta entre classes que lança forças antagonistas sem descanso uma contra outra, em vez de ser uma redenção da espécie como

---

[8] Para uma análise esclarecedora dessas características e de outras correlatas do socialismo utópico, ver Gareth Stedman Jones, "Utopian Socialism Reconsidered", em Raphael Samuel (org.), *People's History and Socialist Theory* (Londres, Routledge & Kegan Paul, 1981), p. 138-42. Sintomaticamente, o último projeto político significativo de Owen foi chamado "Associação de Todas as Classes de Todas as Nações".

um todo, à medida que "o sangrento século XX se arrasta para seu fim"[9]. Contra esse legado, eles recorreram a um universalismo *imediato*, num reflexo humano comum – além das barreiras de país e classe – para afastar a ameaça de extinção termonuclear.

O poder e a lógica desse apelo são incontestáveis. Trabalhadores e empresários, burocratas e camponeses, todos perecerão em qualquer guerra global que eclodir hoje. A paz internacional é a condição para a busca de qualquer forma de socialismo, assim como para a preservação de qualquer forma de capitalismo. Hoje é necessário que haja a mais ampla mobilização concebível, e amanhã ela será mais urgente que nunca, contra o ímpeto crescente da corrida armamentista nuclear. Mas também nesse caso, em escala planetária, a relação entre objetivo e ação é disjuntiva. Os benefícios de deter a ofensiva em direção a uma conflagração geral não podem deixar de ser universais, mas as forças capazes de assegurá-lo serão necessariamente particulares. O prolongado ímpeto da Guerra Fria que conduziu à atual deterioração nas relações internacionais não deriva de defeitos ou perversões herdadas pela constituição moral da humanidade, como todo diagnóstico do novo utopismo inevitavelmente tende a sugerir. É o terrível, porém inteligível produto da luta de classes global, cuja compreensão deu à luz o materialismo histórico: conflito fundado na incessante determinação dos grandes Estados capitalistas de sufocar toda e qualquer tentativa de construir o socialismo – da revoluções dos russos à dos vietnamitas, das da Europa Central às da América Central – e nas deformidades que a resistência a isso provocou neles[10]. O resultado potencial desse conflito transcende a oposição entre capital e trabalho, mas seus móbeis reais continuam firmemente retesados nela. É por essa razão também que as classes dominantes do Ocidente, embora previsivelmente possam *ceder* a medidas de desarmamento, com base num cálculo racional dos riscos e custos do armazenamento nuclear indefinido, jamais serão as *iniciadoras* de qualquer movimento na direção de uma paz não nuclear. As

---

[9] Para uma análise potente dos perigos atuais da guerra, ver dois ensaios de Edward Thompson, "Notes on Exterminism: The Last Stage of Civilization" e "Europe, the Weak Link in the Cold War", em Edward Thompson et al. (org.), *Exterminism and Cold War* (Londres, New Left Books, 1982), p. 1-34 e 329-49 [ed. bras.: *Exterminismo e Guerra Fria*, trad. Denise Bottmann, São Paulo, Brasiliense, 1985]: o volume contém ampla gama de colaborações internacionais a discutir questões contemporâneas do movimento pacifista.

[10] Para uma ampliação desses pontos, ver os ensaios fundamentais "Nuclear Imperialism and Extended Deterrence", de Mike Davis, e "The Sources of the New Cold War", de Fred Halliday, em Edward Thompson et al., *Exterminism and Cold War*, cit., p. 35-64 e 389-428, respectivamente.

únicas ações políticas capazes de arrancar a humanidade dessa prolongada corrida em direção à guerra estão do lado do trabalho, não do capital: os despossuídos, e não os possuidores, dos meios fundamentais de produção e coerção nas sociedades imperialistas de hoje. Não existe espaço, geométrico ou histórico, em que as categorias de direita e esquerda possam ser magicamente negadas. A própria paz, enquanto significar nada mais que ausência (negativa) de guerra, dificilmente mobilizará as profundezas da paciência ou os píncaros do entusiasmo necessários para vencê-la entre as grandes massas de homens e mulheres de todo o mundo, nas garras dessa calmaria sinistra que hoje em dia se faz passar por paz. Os contornos positivos de uma ordem social que vá além do capital e da burocracia, fator decisivo que apaziguaria a ameaça de guerra entre eles, constituem o único horizonte realista para um movimento pacifista que possa perdurar. Nas palavras de Williams: "Para construir a paz, hoje, mais que nunca, é necessário construir mais que paz"[11].

Nesse sentido, as duas causas de emancipação geral que acabaram de ser consideradas não têm laços inteiramente dessemelhantes com a causa específica do socialismo. Nenhuma é idêntica a ele. Mas em cada caso a rota para uma passa pelo outro, como condição provável. Sem a supressão das classes, há pouca chance de igualdade entre os sexos; assim como sem o desmantelamento do capital é pouca a probabilidade de impedir a guerra nuclear. Em termos de destino prático, o movimento pacifista e o movimento feminista são indissociáveis, no longo prazo, da dinâmica do movimento dos trabalhadores. Isso não confere superioridade de direitos a este último: a autonomia das duas forças cruciais de nosso tempo que fazem reivindicações universais exige respeito absoluto. Impõe, isto sim, novas responsabilidades ao movimento dos trabalhadores. Elas compreendem não só a solidariedade material com a luta pela coexistência pacífica entre as nações e por igualdade total entre sexos como também a capacidade ideal de reconstruir e desenvolver a ideia de socialismo, de tal modo que ele possa atuar genuinamente como fulcro entre elas.

A urgência dessa tarefa agora está clara. Nos últimos anos, a noção de socialismo como forma alternativa de civilização tornou-se apagada e remota entre as amplas massas da classe trabalhadora no Ocidente e caiu em descrédito popular em zonas significativas do Oriente. Nessas condições, é ainda mais necessário renovar a ênfase no socialismo como *sociedade futura*, que não existe em

---

[11] Raymond Williams, "The Politics of Nuclear Disarmament", em Edward Thompson et al., *Exterminism and the Cold War*, cit., p. 85.

parte alguma do mundo hoje nem parece muito próxima de existir, e no entanto é essencial debater sua forma articulada imediatamente, do modo mais ousado e completo possível. Já se pode discernir o campo de tal debate nos contrastes das atuais colaborações, que enfatizam os eixos opostos de valores e instituições. Para ficarmos com os dois exemplos mais paradigmáticos, por um lado Edward Thompson exaltou as faculdades da imaginação utópica como tal, em figurações de desejo moral isentas de qualquer cálculo demasiado trivial de cognição convencional; por outro lado, Raymond Williams condenou o impulso utópico clássico por tender na direção da simplificação escapista do mundo existente, e insistiu na maior necessidade de especificação institucional viável sobre um futuro socialista além deste mundo, a qual sempre implicará complexidade *maior*, e não menor, que os arranjos do presente capitalista[12]. Postas em confronto essas duas ênfases, o anarquismo e o fabianismo seriam a conclusão lógica de uma e de outra ênfase. Um marxismo aberto e inventivo deveria encontrar seu território no equilíbrio flexível entre elas.

Na realidade, o materialismo histórico foi, ao contrário, acusado de deficiências em ambas as direções ao mesmo tempo: esteve sujeito à crítica, *por parte do* utopismo, quanto à estreiteza utilitária de seu campo de preocupações políticas, e esteve sujeito à crítica *de* utopismo, pela vagueza nada prática de suas propostas de mudança social. A obra recente de Carmen Sirianni contém um exemplo veemente do segundo tipo de argumento[13]. Das duas críticas, apesar de cada uma delas ter sua própria dose de verdade, é a última a que tem mais força. O marxismo clássico sempre foi, de modo geral, cético em relação a "esquemas detalhados" de um futuro socialista ou comunista. Mas o vácuo criado por sua abstenção em relação a esse futuro não poderia deixar de ser preenchido: o que tomou o lugar dele foram os resíduos não processados da tradição do socialismo utópico, nunca completamente criticados nem reelaborados nos escritos maduros de Marx ou Engels, nem mesmo de seus sucessores. O resultado foi a persistência, dentro de um socialismo que procurava ser científico, de tais temas, quer retirados literalmente de Saint-Simon – como a "substituição do governo dos homens pela administração das coisas" —, quer de Fourier – o tema da "abolição

---

[12] Ver os comentários contrastantes sobre Morris em Edward Thompson, *William Morris: from Romantic to Revolutionary* (Londres, Merlin, 1977), p. 802-7; e Raymond Williams, *Problems in Materialism and Culture*, cit., p. 202-5.

[13] Ver Carmen Sirianni, *Workers' Control and Socialist Democracy: The Soviet Experience* (Londres, Verso, 1982), p. 261-88; idem, "Power and Production in a Classless Society", *Socialist Review*, n. 59, set.-out. 1981, p. 36-82.

da divisão do trabalho", que virtualmente excluía a possibilidade ou a necessidade de conceber arranjos políticos e econômicos de qualquer complexidade depois da derrubada do capital. A convicção quanto à inerente simplificação da administração e da produção, da economia e da política, encontrou sua expressão mais apaixonada nas páginas de *O Estado e a revolução*, segundo as quais qualquer cozinheiro poderia governar o Estado. Assim, o legado do pensamento institucional dentro do marxismo clássico foi sempre muito fraco, com nefastas consequências para o processo real de institucionalização da Rússia bolchevique. A tradição pós-clássica do marxismo ocidental nada fez para remediar essas deficiências. Porém desenvolveu uma gama de discursos filosóficos que projetavam diversas transvalorações de caráter ideal-civilizacional. A Escola de Frankfurt e os pensadores mais ou menos associados a ela foram muito fecundos nisso: Marcuse e Bloch, em especial, produziram variedades manifestas de utopia moral-estética, e Adorno, elementos velados de uma. Todas foram montadas num plano especulativo totalmente distante de qualquer movimento social ou realidade política existente. Não obstante, não pode haver dúvida quanto à herança positiva dessa linha dentro do marxismo ocidental. Parece provável que, possivelmente por meio de seu mutante "pedagógico" atenuado na teoria da comunicação de Habermas, ela venha a se revelar um estímulo significativo para tentativas criativas de futuras transvalorações.

Mesmo assim, o fato é que pouco ou nada desse trabalho tocou na realização de um futuro socialista tangível. O terreno institucional tem sido totalmente negligenciado. Entretanto, está muito claro que, sem exploração e mapeamento sérios, qualquer avanço político para além de um capitalismo parlamentar continuará a ser bloqueado. Nenhum bloco popular ou classe trabalhadora de uma sociedade ocidental dará um salto no escuro neste ponto na história, quanto mais no cinza sobre cinza de uma sociedade oriental do tipo que existe hoje. Um socialismo que permaneça incógnito jamais será abraçado.

Para unir mais os dois, existem quatro grandes áreas em que, acima de tudo, há necessidade de pesquisas e propostas práticas.

1) A primeira delas é a estrutura política de uma democracia socialista. Quais seriam as formas exatas de mandato, periodicidade, sufrágio e circunscrição num sistema "neossoviético" que articulasse os princípios de lugar de trabalho e de residência em uma democracia de produtores, abrangendo política governamental e economia? Até onde o aparelho administrativo profissional será capaz de subsistir? Que divisão de poderes seria codificada? Como seria

alocada a jurisdição entre instâncias de autoridade nacional e local? Existiria uma nova "tecnologia de delegação"? Quais seriam as maneiras ideais de dividir o controle sobre os meios de comunicação?

2) A segunda área fundamental de debate é obviamente o padrão de uma economia socialista avançada. Supondo-se uma democracia total de produtores e a determinação popular de planejamentos alternativos, persistem todos os problemas mais difíceis e intrincados. Qual seria a gama das formas de propriedade social? Que papel (pequeno ou grande) o mercado deveria desempenhar? O planejamento seria capaz se ajustar-se previamente a novas necessidades, com seu dinamismo inerente? Que dispositivos existiriam para resolver conflitos entre interesses centrais e regionais? Qual seria a combinação apropriada de mecanismos de preço? Como os direitos dos consumidores deveriam ser articulados com os dos produtores nos principais serviços? O volume de escolha de produtos deveria aumentar ou diminuir? Que padrões de tecnologia e que distribuição de horas de trabalho seriam desejáveis? Como seriam remunerados os diferentes empregos?

3) Uma terceira área que há muito tempo demanda cuidadosa reflexão é a que poderia ser chamada de padrão sociocultural de "nivelamento libertário", isto é, meios para abolir as desigualdades de classes e gênero para além da apropriação dos meios de produção pelos produtores diretos. Que tipos de transformação detalhada do sistema educacional e que transformações da divisão do trabalho tenderiam mais efetivamente a superar qualquer escala herdada ou imposta de oportunidades de vida, multiplicando, ao mesmo tempo, em vez de restringir, diferenças individuais e o desenvolvimento de talentos?

4) A última e mais desafiadora área de todas diz respeito às relações internacionais entre países socialistas desenvolvidos – inevitavelmente – de modo desigual. Em última análise, isso inclui o problema da relação entre as classes produtoras nas nações ricas e as das nações pobres, bem como a questão da relação entre o campesinato mundial e a classe trabalhadora mundial nos países mais pobres. Qual seria o padrão projetável de fluxos equitativos de comércio e investimentos entre o Norte e o Sul, se ambos se libertassem do domínio do capital? Qual é o melhor modo de dividir progressivamente a renda pública e os recursos? Que tipos de intercâmbio e difusão tecnológica mais ajudariam a despolarizar a geografia econômica deixada pelo capitalismo? O "desenvolvimento equiparado" seria historicamente imaginável? Caso fosse, o que isso significaria?

O simples ato de enumerar tais questões permite registrar como a maioria delas tem sido pouco enfrentada diretamente pela tradição marxista ocidental. Nesse contexto, a recente publicação do livro *A economia do socialismo possível*, de Alec Nove, é um avanço significativo[14]. Numa obra de frescor e clareza luminosos, senso comum e bom humor, lógica analítica e detalhes empíricos, Nove põe fim a um século de ilusões e preconcepções irrefletidas sobre o que poderia existir do outro lado do capital e desperta-nos para nossa primeira visão real de como poderia ser uma economia socialista sob controle democrático. As premissas dessa visão consistem numa crítica hábil e refinada da ideia de que os valores-trabalho poderiam ser preeminentes em qualquer forma de cálculo racional no socialismo; de que o mercado poderia ser algum dia substituído inteiramente pelo planejamento; de que o próprio planejamento central poderia se livrar de antinomias de nível em sua hierarquia de tomada de decisões; ou de que a divisão do trabalho algum dia poderia dar lugar à pura permutação de habilidades e funções. Contra todas essas concepções errôneas, Nove mostra como devem ser importantes os critérios de escassez e utilidade para a computação de valores no socialismo; como o mercado e o dinheiro continuam sendo necessários, como mediadores mais eficientes da escolha microeconômica democrática, num amplo espectro de consumo; até que ponto a preservação deles deixa de contradizer a orientação geral de um planejamento central, adequadamente construído e controlado; e em que grau é essencial que haja a diversidade de tipos de propriedades e empresas sociais em qualquer "livre associação de produtores". Suas próprias soluções preferidas preveem pelo menos cinco grandes formas: propriedade estatal de indústrias de bens de produção básica e de instituições financeiras; empresas socializadas autogeridas operando em escala local; cooperativas com controle de sua propriedade; pequenas empresas privadas com um teto estrito de capital; e, por fim, grande quantidade de trabalho autônomo qualificado. A sedução desse modelo está em sua combinação de realismo e radicalismo, marca registrada de grande parte do livro. Longe dos planos supercentralizados e dos monopólios burocráticos dos Estados comunistas, com suas vãs tentativas de suprimir o mercado e controlar as relações de preços por decreto, com grande custo tanto para os produtores quanto para os consumidores, o "socialismo possível" de Nove está igualmente distante de qualquer um dos substitutos social-democratas para o capitalismo: todo tipo de propriedade privada dos principais meios de

---

[14] Alexander Nove, *Economics of Feasible Socialism* (Londres, George Allen & Unwin, 1983) [ed. bras.: *A economia do socialismo possível*, trad. Sérgio Goes de Paula, São Paulo, Ática, 1989].

produção é abolido, numa economia em que os diferenciais de renda são mantidos dentro de uma faixa de 1:2 ou 1:3, compressão muito mais drástica até mesmo que a vista nas sociedades mais igualitárias do Leste.

O livro de Nove contém uma polêmica – memorável pela inteligência e ausência de rancor – com o grosso da sabedoria marxista convencional nos assuntos que discute (embora não com todos os marxistas, entre os quais Trótski – como ele aponta –, que antecipou parte de suas conclusões). *A economia do socialismo possível* talvez seja a primeira obra importante do pós-guerra sobre e pelo socialismo claramente escrita de fora da tradição marxista. Como tal, ela representa uma lição moral, bem como intelectual, para qualquer esquerda que se defina como marxista, agora alertada de que deve cumprir os mesmos padrões de honestidade e acuidade em suas próprias contribuições para as discussões em andamento a respeito de um socialismo futuro. Não se quer dizer com isso que a obra de Nove esteja isenta de críticas. Ele critica acertadamente a tradição marxista dominante pelo utopismo de grande parte de sua concepção de sociedade socialista, enfatizando, em termos praticamente idênticos aos de Williams, que não é a simplicidade, mas a complexidade que irá caracterizar qualquer modelo realista de socialismo. No entanto, seu tratamento do marxismo também, de certa forma, acaba esquecendo algumas coisas. Afinal, o que confere grande autoridade ao livro é seu conhecimento profundo e sua observação íntima das economias planejadas ao estilo soviético, economias reformadas ou não, desde seus primórdios, nos anos 1920, até o presente. Foi a elas que Nove dedicou a maior parte de sua vida acadêmica. Grande parcela da mensagem do livro é precisamente a de que nenhuma democracia socialista no Ocidente poderia se dar o luxo de ignorar o histórico detalhado do planejamento centralizado do Leste, simplesmente com base no argumento complacente de que ele era burocrático e, portanto, não tinha nada a ver com socialismo. Nesse sentido, a precondição histórica da realização teórica de *A economia do socialismo possível* foi a experiência prática cumulativa das tentativas de construir o socialismo, em condições muito duras e desvantajosas, em nome do marxismo. Não contamos com nenhuma outra experiência histórica: a social-democracia traz poucas lições para a empreitada de Nove e está essencialmente ausente de seu livro. Por trás dele não estão as vacuidades de um [Anthony] Crosland – cujo *Future of Socialism** [Futuro do socialismo], apropriadamente, mal é mencionado –, e sim a percepção e o conhecimento de reflexões como *Dilemmas of a Socialist Economy*

---

* Anthony Crosland, *The Future of Socialism* (Londres, Jonathan Cape, 1956). (N. E.)

[Dilemas de uma economia socialista], de [János] Kornai[15]. O laboratório a partir do qual o realismo de Nove foi forjado é constituído pela Europa Oriental e pela União Soviética.

*

Esse pano de fundo também indica, entretanto, o que está essencialmente faltando em seu trabalho. Como chegar de onde estamos hoje até o futuro que ele nos aponta? Nove não tem resposta para essa pergunta. Sua discussão titubeante sobre "transição" vai se apagando em advertências apreensivas de moderação ao Partido Trabalhista Britânico e pedidos de compensação adequada a capitalistas proprietários de grandes indústrias, se elas forem nacionalizadas. Em nenhuma parte se tem uma noção da mudança política titânica que teria de ocorrer, da ferocidade da luta social, para que o modelo econômico de socialismo que ele advoga se materialize algum dia. Entre o radicalismo do futuro Estado final que ele vislumbra e o conservadorismo das medidas atuais que ele está preparado para admitir existe um abismo intransponível. Como a propriedade privada dos meios de produção poderia algum dia ser abolida por políticas menos desrespeitosas ao capital que aquelas de um Allende ou de um Benn, que ele reprova? O que praticamente desapareceu das páginas de *A economia do socialismo possível* é a atenção à dinâmica histórica de qualquer conflito sério pelo controle dos meios de produção, como os demonstrados pelo registro histórico do século XX. Se o capital pôde provocar tanta destruição numa pequena e pobre província periférica de seu império como o Vietnã, a fim de impedir sua perda, seria provável que ele tolerasse mansamente sua extinção em sua própria terra? As lições dos últimos 65 anos ou mais são, nesse aspecto, isentas de ambiguidade ou exceção: não existe lugar algum – da Rússia à China, do Vietnã a Cuba, do Chile à Nicarágua – em que, desafiada a existência do capitalismo, não tenham sido deflagradas como resposta as fúrias da intervenção, do bloqueio e do conflito civil. Uma transição viável para o socialismo no Ocidente precisa procurar abreviar esse modelo, mas recuar diante dele ou ignorá-lo

---

[15] Para o conjunto da obra de János Kornai, ver sucessivamente *Anti-Equilibrium* (Amsterdã, North Holland, 1971); *Economics of Shortage* (Amsterdã, North Holland, 1980); e *Growth, Shortage and Efficiency: Macrodynamic Model of the Socialist Economy* (Oxford, Basil Blackwell, 1982), trio criado, como ele explica no último (p. 2), para definir as bases metodológicas gerais do estudo de sistemas econômicos alternativos; para contribuir com a teoria microeconômica de tal economia; e, por fim, para esboçar uma teoria macroeconômica dinâmica de tal economia. Observações práticas sobre a experiência húngara podem ser encontradas em sua palestra supracitada, *Dilemmas of a Socialist Economy* (Dublin, Irish Statistical Society, 1979).

é desviar-se completamente do mundo do possível. Da mesma maneira, construir um modelo econômico de socialismo num país avançado é um exercício legítimo, mas separá-lo – como essa obra faz – de qualquer relação calculável com o ambiente capitalista de seu entorno, necessariamente oposto a ele, é construí-lo no ar. A ironia da empreitada de Nove é que uma obra que se propõe ser resolutamente realista em todos os seus pontos acabe se baseando numa abstração tipicamente utópica da realidade histórica e de seu campo de forças empírico. Ao omitir essa história, *A economia do socialismo possível* fica exposto à mesma crítica que ele faz com tanta frequência ao marxismo: a de proceder com base em suposições manifestamente irrealistas sobre como as pessoas se comportam quando organizadas em classes antagônicas. Nesse sentido, somente uma *política do socialismo possível* poderia resgatá-lo do reino do pensamento utópico do qual procura escapar.

*

Nenhum livro sozinho, entretanto, poderia ter a ambição de abranger a totalidade dos problemas apresentados por uma transição ao socialismo para além da burocracia e do capital. Na abordagem de Nove a esse socialismo há algo do funcionário público que ele foi um dia, no melhor sentido: um roteiro de especialista, a explicar de modo lúcido e preciso, com certo distanciamento, que arranjos práticos seriam adequados caso se optasse por tal sociedade. De certa maneira, é essa mesma distância do calor da batalha política que confere força de atração ao trabalho dele. Liberta de qualquer cálculo estratégico, orientada apenas pela óbvia generosidade e decência que inclinam o autor – *ceteris paribus* – rumo a uma ordem econômica mais justa, a imagem resultante de uma sociedade possível é tão sensata e cativante que provavelmente faz mais por criar convertidos ao socialismo que qualquer outra obra recente, de fundo mais convencional ou engajado com a esquerda.

Há uma série de conclusões a extrair. A mudança do eixo dos valores para o das instituições, em projeções de um futuro socialista ou comunista, é há muito necessária e precisa trazer consigo uma nova percepção das complexidades práticas, mas essa mudança não representa por si só a saída do espaço utópico como tal, contanto que esteja dissociada de qualquer análise plausível dos processos históricos capazes de realizar valores ou instituições. Isso não significa depreciar nenhuma dessas ênfases. Ao contrário, o exemplo que acabamos de examinar demonstra quão importante pode ser uma contribuição feita pelo firme empenho em pensar os problemas de um socialismo possível dentro desse espaço. Explorações posteriores, de fato, se beneficiariam de uma dialética mais ativa entre a reforma de valores e o redesenho das instituições, em que cada um trabalhasse como mediação ou controle do outro, para permitir novos tipos de abertura. Vale observar que os dois principais impulsos na direção de preencher a lacuna entre discursos "institucionais" e discursos "ideais" por mudanças nos anos recentes ficaram em grande parte fora do âmbito da discussão socialista propriamente dita. Eles vieram do movimento feminista e do movimento ecológico. Ambos levantaram questões das mais transcendentais e fundamentais que se possam conceber: relações entre os sexos, relações entre humanidade e natureza, que não se situam no âmago das relações entre classes (preocupação central do marxismo), mas as atravessam transversalmente e, ao mesmo tempo, possibilitam pronta articulação com objetivos práticos de curto prazo. A margem de erro ou mesmo de mistificação que ocasionalmente cercou cada uma delas é inevitável. O impressionante, porém, é a *facilidade de transição*, em seu interior, por todo um espectro que vai das mais metafísicas transvalorações das relações existentes até as correções institucionais mais mundanas. Provavelmente não é por acaso que o único conjunto atual de trabalhos sobre os contornos de um socialismo alternativo que de fato ocupa posição intermediária criativa entre esses dois extremos, combinando reflexão filosófica e propostas práticas numa síntese distintiva, seja a originalíssima obra de André Gorz, diretamente alimentada por preocupações ecológicas[16].

Concluindo, então. Nem toda perspectiva de emancipação humana coincide com o advento do socialismo, que não tem o monopólio do discurso utópico hoje. Nem toda contribuição ao socialismo como elaboração intelectual coincide com a produção do marxismo, que tampouco tem o monopólio da teoria crítica na esquerda. Diante disso, qual é a posição do materialismo histórico nos anos 1980? De certa forma aquela em que ele sempre esteve: na encruzilhada de passado e futuro, economia e política, história e estratégia, isto é, no centro de toda e qualquer referência socialista hoje, até mesmo quando esta vai além dele. Tal centralidade não significa exclusividade. As reivindicações de exclusividade sempre foram infundadas. As bases da centralidade, entretanto, persistem por razões indicadas pelos próprios contraexemplos que citei.

---

[16] Ver especialmente a notável segunda metade de André Gorz, *Adieux au proletariat* (Paris, Galilée, 1980) [ed. bras.: *Adeus ao proletariado*, trad. Ângela Ramalho Vianna e Sérgio de Paula, Rio de Janeiro, Forense Universitária, 1982], e *Les Chemins du paradis* (Paris, Galilée, 1983). Esses livros propiciam uma interessante comparação com a obra de Nove. Aqui também prevalece o problema dos vetores políticos do presente para os valores culturais e as práticas econômicas do futuro.

Afinal, o materialismo histórico continua sendo o único paradigma intelectual suficientemente amplo para ser capaz de unir o horizonte ideal de um socialismo por vir com as contradições práticas e os movimentos do presente, descendentes das estruturas do passado, numa teoria da dinâmica distintiva do desenvolvimento social como um todo. Como qualquer programa de pesquisa de longo prazo das ciências tradicionais, ele conheceu períodos de repetição ou de suspensão, gerou ocasionalmente erros e má direção. Mas, como qualquer outro paradigma do gênero, não será substituído enquanto não houver candidato superior para o avanço global comparável de conhecimento. Ainda não há sinal disso; podemos, portanto, estar confiantes de que amanhã será realizado no marxismo tanto trabalho quanto está sendo realizado hoje. A classe trabalhadora do Ocidente está atualmente desorganizada, nos estertores de uma daquelas recomposições de longo alcance que marcaram periodicamente sua história desde a Revolução Industrial; está, no entanto, muito menos derrotada e dispersa que durante a última Grande Depressão e – não havendo guerra – ainda tem muitos dias pela frente. O marxismo não tem razão para abandonar sua vantagem arquimediana: a busca de ações subjetivas capazes de estratégias eficazes para o deslocamento de estruturas objetivas. Mas, em meio a mudanças que hoje permeiam todo o capitalismo mundial, esses três termos só podem ser combinados com sucesso se tiverem um fim comum que seja ao mesmo tempo desejável e crível para milhões de pessoas que estão agora hesitantes ou indiferentes a eles. Essa condição ainda está muito distante, segundo qualquer cálculo. Podemos ter certeza, porém, de que ela não será alcançada sem que em sua direção corra o fluxo da tradição dominante do socialismo, a corrente do materialismo histórico.

ÍNDICE REMISSIVO

Considerações sobre o marxismo ocidental

Adorno, Theodor, 11, 48-50, 55-7, 66-7, 74, 77-8, 82, 86, 90, 93-4, 96-7, 100-1, 105-7, 112-4, 128
Akselrod, Pável, 103
Albânia, 47
Alemanha, 18, 23, 27, 28, 30, 33-6, 38-40, 43-5, 47, 49, 50-4, 56-7, 60, 66-8, 70, 74, 76, 100, 121-4, 126, 136, 138, 141
Althusser, Louis, 10, 17, 19, 48-50, 61-2, 66-7, 73-4, 76-8, 81-2, 84, 87-90, 93-7, 102, 108-9, 112-5, 120, 126, 132
Aquino, Tomás de, 84
Argélia, 48, 61, 66-7, 140
Arquivo para a História do Socialismo e do Movimento Operário, 44
Áustria, 30, 33, 36, 39, 40, 43, 52
Bachelard, Gaston, 81-2,
Baran, Paul A., 69
Baudelaire, Charles, 100, 102
Bauer, Otto, 30, 32, 36, 39, 44-5, 73, 127-8
Beauvoir, Simone de, 60
Bélgica, 36
Benjamin, Walter, 11-2, 48-50, 59, 74, 78, 90, 100-2, 114-5, 128
Bernstein, Eduard, 27, 35
Bismarck, Otto von, 136

Bogdánov, Aleksandr, 83
Böhm-Bawerk, Eugen von, 31, 44
Bolchevismo, 42, 123
Brecht, Bertolt, 100-2
Bukhárin, Nikolai, 30, 32, 36-8, 42, 44, 49--50
Bulgária, 36, 47
Canguilhem, Georges, 81
Cassano, Franco, 64
Cerroni, Umberto, 64
China, 62, 126-7, 142
Colletti, Lucio, 48-9, 64-6, 68-9, 74, 84, 87-8, 90, 93-6
Comuna de Paris, 24-5, 29
Copérnico, Nicolau, 135
Cornu, Auguste, 61
Cremonini, Leonardo, 102
Croce, Benedetto, 51, 80
Cuba, 9, 11, 67, 142
De Sanctis, Francesco, 80
Deborin, Abram, 88
Della Volpe, Galvano, 17, 48-50, 63-6, 74--5, 77-8, 82, 86-7, 93-5, 101, 103
Descartes, René, 84, 88
Deutscher, Isaac, 10, 13, 122, 124, 139, 142
Die Neue Zeit, 28, 32, 38, 92

Dilthey, Wilhelm, 80
Engels, Friedrich, 8, 23-30, 32-3, 36, 38, 44, 49, 51, 58, 61, 63, 74, 83-4, 88, 92, 94, 100, 110, 114, 116, 122-3, 127-8, 134, 137, 139
Escandinávia, 53
Escola de Frankfurt (Instituto de Pesquisa Social), 12, 43-4, 54, 69, 73, 80, 95-6, 105, 107, 112-4, 118
Espanha, 36, 43, 50-1, 65, 108, 121, 124
Espinosa, Baruch, 21, 87-9, 97, 109
Estados Unidos, 36, 45-6, 53-4, 56-7, 66--70, 123-4, 126-7, 136-7, 139
Fascismo, 7-8, 40, 43, 45, 47, 50, 53-5, 56, 63-5, 68-9, 74, 106, 115-6, 121-2, 126, 140-1; *ver também* Nazismo
Feuerbach, Ludwig, 24, 26, 76, 84-5, 94
Fiori, Giuseppe, 54
Flaubert, Gustave, 81, 101-2
França, 10, 18, 24, 28, 36, 43, 47, 49-51, 57--62, 64, 66-8, 70, 75, 78, 81, 86, 92, 95, 100, 112, 119-21, 124-6, 136, 139, 141
Frente Popular, 57, 60, 141
Freud, Sigmund, 81-2, 107-9
Friedmann, Georges, 58
Galiani, Fernando, 109-11
Galilei, Galileu, 87, 135
Genet, Jean, 101
Goethe, Wolfgang, 100
Goldmann, Lucien, 48-50, 74, 82, 90, 93-4, 100-1
Grã-Bretanha, 18, 51, 121, 127
Gramsci, Antonio, 9-11, 17, 19, 48-52, 54, 55, 63, 65, 67-8, 74, 78-82, 91, 93-4, 99, 102-5, 112-5, 120, 128-9
Grécia, 65
Grossmann, Henryk, 44-5, 55, 128
Grünberg, Carl, 44, 55
Guterman, Norbert, 58, 75
Hamerow, Theodore, 25
Hegel, Georg W. F., 24-5, 27, 60, 63, 75-7, 84-7, 93-7

Heidegger, Martin, 60, 81
Hilferding, Rudolf, 30-2, 36, 39, 45, 56, 73
Hindess, Barry, 132
Hirst, Paul, 132
Hitler, Adolf, 56, 123
Hjelmslev, Louis, 82
Hobbes, Thomas, 111
Holanda, 56
Horkheimer, Max, 48-9, 55-7, 59, 90, 94, 105-6, 113, 118, 154, 164
Horthy, Miklos, 53
Hume, David, 84, 87
Hungria, 9, 39-40, 43, 47, 49, 52-3, 59, 61--2, 64-5, 67
Husserl, Edmund, 81
Índia, 105, 140
Instituto de Pesquisa Social, *ver* Escola de Frankfurt
Instituto Marx-Engels (Moscou), 38, 44
Itália, 10, 18, 28, 31, 36, 40, 43, 47, 50-1, 53-4, 58, 62-6, 68, 70, 75, 80, 82, 84, 86, 91, 95, 99, 102, 109, 116, 119, 126, 136
Iugoslávia, 47, 65
Jameson, Fredric, 81, 103
Japão, 70, 136
Jaspers, Karl, 60
Jaurès, Jean, 58
Jay, Martin, 43, 55
Jdanovismo, 60, 63
Kałecki, Michal, 70
Kant, Immanuel, 84, 87-8, 90, 97
Kautsky, Karl, 27-31, 35-6, 73, 82, 92, 118
Keynes, John Maynard, 12, 46, 69-70
Kierkegaard, Søren, 86, 97
Kojève, Alexandre, 60
Korsch, Karl, 48-9, 52-5, 73-4, 77, 84, 94, 120
Koyré, Alexandre, 60
Labriola, Antonio, 27-8, 30, 40, 51, 63, 85, 92, 116, 128
Lacan, Jacques, 81-2
Lask, Emil, 80

Lefebvre, Henri, 48-50, 58-61, 66, 74-5, 82, 90, 101
Leibniz, Gottfried Wilhelm, 84
Lênin, Vladímir Ilitch, 8-10, 21, 29-38, 40-3, 50, 67, 70, 73, 80, 82-3, 85, 88, 90, 92-6, 102, 108-9, 115-6, 120-1, 123, 126-9, 134-5, 137-42
Leopardi, Giacomo, 116
Levi, Paul, 38
Lincoln, Abraham, 137
Lukács, György, 9-11, 13, 17, 48-50, 52-5, 59, 62, 65-7, 73-5, 77-8, 80-2, 84-6, 90, 93-4, 100-1, 103, 120, 128
Luxemburgo, Rosa, 29-30, 32, 35-6, 38, 45, 54-5, 70, 73, 92, 128
Mach, Ernst, 83
Mahler, Gustav, 100
Mallarmé, Stéphane, 101
Malraux, André, 101
Mandel, Ernest, 13, 123-4
Mann, Thomas, 100
Maquiavel, Nicolau, 91, 104
Marcuse, Herbert, 17, 48-50, 55, 57, 66-7, 74-5, 77, 81-2, 84, 86, 90, 93-4, 101, 107-8, 112-3, 128
Mártov, Julius, 38
Marx, Karl, 7-10, 23-34, 36-8, 44-5, 51, 58, 61, 66, 69-70, 73-8, 81, 83-92, 94-6, 99, 102-3, 109-10, 114, 116-7, 122-3, 127--9, 134-7, 140-2
Mehring, Franz, 27-30, 36, 61, 87, 128
Merker, Nicolao, 64
Merleau-Ponty, Maurice, 60, 75
Mondolfo, Rodolfo, 63
Montesquieu, Charles-Louis de Secondat, 90, 97
Morris, William, 27
Moszkowska, Natalie, 45, 70
Mussolini, Benito, 43, 54, 64
Napoleão III, 136
Nazismo, 43, 45, 47, 50, 53, 56-7, 74, 121--4, 141

Nietzsche, Friedrich, 90
Nizan, Paul, 58-60
Oposição de Esquerda, 54, 125
Partido Comunista da Alemanha (KPD), 30, 39, 43, 51-3, 55-7, 66
Partido Comunista da União Soviética (PCUS), 42, 54, 61, 64, 120
Partido Comunista Francês (PCF), 50-1, 57--63, 66, 119
Partido Comunista Húngaro (KMP), 52-3, 62
Partido Comunista Italiano (PCI), 50-2, 54, 62-5, 68, 99
Partido Comunista da Polônia (KPP), 44, 70, 122
Partido Operário Social-Democrata Russo (POSDR), 28, 38
Partido Social-Democrata da Alemanha (SPD), 27-8, 30-1, 35-6, 50, 55-6, 73
Partido Social-Democrata da Polônia (PSDRP), 30
Partido Socialista Francês (PSF), 58
Partido Socialista Italiano (PSI), 28, 40, 50, 62, 116
Pascal, Blaise, 90, 97
Pasquali, Giorgio, 116
Piaget, Jean, 82
Pietranera, Giulio, 64
Platão, 84
Plekhánov, Gueórgui, 27-30, 36, 87-8, 92, 103, 128
Politzer, Henri, 58-60, 90
Polônia, 30, 35-6, 40, 44-7, 70, 122, 124
Portugal, 43
Poulantzas, Nicos, 125
Preobrajiénski, Evguiéni, 30, 37-8, 42
Primeira Guerra Mundial, 18, 29-30, 32-8, 41, 43-4, 48-50, 52, 58, 73, 78, 80, 82, 112, 116, 141
Primeira Internacional, 24-5
Procacci, Giuliano, 31
Proudhon, Pierre-Joseph, 24, 58

Quarta Internacional, 122-3
Racine, Jean, 101
Révai, József, 78
Revolução de Outubro, 17, 65, 104, 120, 128
Riazánov, David, 37-8, 42, 44, 55, 61, 73-4, 122
Ricardo, David, 77, 99, 109-110, 137
Riechers, Christian, 63
Romênia, 36, 47
Rosdolsky, Roman, 122-4
Rossi, Pietro, 64
Rousseau, Jean-Jacques, 87-8, 90, 93, 96-7
Rússia, 30-1, 33-8, 40-3, 54, 57-8, 60, 65, 70, 74, 92, 103-4, 110, 121-2, 125, 127, 137-9, 141-2; *ver também* URSS
Sartre, Jean-Paul, 17, 48-50, 59-61, 65-7, 74-5, 77-8, 81-2, 84, 86, 90, 93-6, 101--2, 109-15, 126
Schelling, Friedrich W. J., 90, 97, 105
Schiller, Friedrich, 90, 97
Schumpeter, Joseph, 39, 82
Scott, Walter, 100
Segunda Guerra Mundial, 45, 47, 50-3, 56--7, 60, 63, 66, 68-70, 73, 75, 92, 97, 112, 122-4, 129, 141
Segunda Internacional, 24, 36, 49, 57, 73, 82, 85, 87, 92, 103, 118
Sève, Lucien, 78
Simmel, Georg, 80
Soljenítsyn, Aleksandr, 100
Sorel, Georges, 92
Sraffa, Piero, 99, 137
Stálin, Ióssif Vissariónovitch, 42, 48, 68, 117, 120-4, 127-8
Sternberg, Fritz, 45
Suíça, 27, 36, 45, 49-50, 56, 82
Sweezy, Paul, 45-6, 69, 82, 128
Tarbuck, Ken, 32
Tchecoslováquia, 43, 45, 47, 67
Terceira Internacional, 40, 42-3, 54, 66, 92, 126, 139, 141

Timpanaro, Sebastiano, 84, 116
Tintoretto, Jacopo, 101
Togliatti, Palmiro, 54
Trótski, Leon, 8, 10, 29-30, 33, 35-8, 40, 42, 110, 120-5, 127, 135, 139-42
Tugan-Baranóvski, Mikhail, 39, 45
Turati, Filippo, 28
Ucrânia, 30, 39, 122, 124
Unamuno, Miguel de, 51
URSS, 66, 92, 121-2, 124, 126, 141
Vietnã, 67, 142
Wagner, Richard, 26, 100
Weber, Max, 31, 80
Wilamowitz, Ulrich von, 116
Williams, Raymond, 128

Nas trilhas do materialismo histórico

18 de brumário de Luís Bonaparte, O (Marx), 156
A Critique of French Philosophical Modernism (Dews), 152
A favor de Marx (Althusser), 182-3
A General Theory of Exploitation and Class (Roemer), 165
A Theory of Capitalist Regulation (Aglietta), 165
Abraham, David, 170
Adenauer, Konrad, 203
Adeus ao proletariado (Gorz), 250
Adorno, Theodor, 147, 155, 157-8, 160-2, 164, 199, 203, 244
After the New Criticism (Lentricchia), 225
After the Reformation (Malament), 192
Aglietta, Michel, 165, 168
"Agrarian Class Structure" (Brenner), 170, 172
Allende, Salvador, 248
Alternativa, A (Bahro), 167
Althusser, Louis, 147, 149, 160-1, 164, 168, 171, 174, 178, 182-5, 204, 214, 218, 220

Annales, 180
Anti-Édipo, O (Deleuze e Guattari), 196, 199
Antropologia estrutural (Lévi-Strauss), 186
Arguments Within English Marxism (Anderson), 147, 182, 215
Arrighi, Giovanni, 218
Bahro, Rudolf, 167, 228, 240
Bandyopadhyay, Pradeep, 172
Baran, Paul, 165, 168
Barthes, Roland, 185, 202
Bauer, Otto, 203
Beard, Charles, 232
Beauvoir, Simone de, 173-4, 180
Beginnings (Said), 194, 196
Bell, Daniel, 173-4
Benjamin, Walter, 147, 161
Benn, Tony, 248
Bentham, Jeremy, 175
Between Existentialism and Marxism (Sartre), 217
Beyond Equality (Montgomery), 170
Bloch, Ernst, 160, 164, 204, 244
Bois, Guy, 172, 179
Bond Men Made Free (Hilton), 169
Braudel, Ferdinand, 180
Braverman, Harry, 165, 168
Brecht, Bertolt, 202-3
Brejniev, Leonid, 217, 219
Brenner, Robert, 170-2, 179
Business Week, 171
Cacciari, Massimo, 175
Cadernos de guerra (Sartre), 215
Cahiers Ferdinand de Saussure, 187
Caldwell, Malcolm, 218
Campo e a cidade, O (Williams), 167, 169
Capitalismo monopolista (Baran e Sweezy), 165
Capitalismo tardio (Mandel), 165-6, 211, 236
Capitalist Democracy in Britain (Miliband), 166

Carchedi, Guglielmo, 166, 168
Cerimônia do Adeus, A (Beauvoir), 174
Chomsky, Noam, 226-7
Class Structure and Income Determination (Wright), 166
Class Struggle and the Industrial Revolution (Foster), 169
Classe, crise e o Estado (Wright), 166
Classes and Contemporary Capitalism (Poulantzas), 166
Cohen, Gerald Allan, 167, 172
Colletti, Lucio, 147, 149, 164, 173, 175
Communication and the Evolution of Society (Habermas), 207, 209
Comunistas e a paz, Os (Sartre), 215
Conhecimento e interesse (Habermas), 206
Considerações sobre o marxismo ocidental (Anderson), 147-8, 151, 156, 164, 172, 204, 223
Conversazioni con Levi-Strauss, Foucault, Lacan (Caruso), 202
Cooper, J. P., 172
Craxi, Bettino, 221
Crise das ditaduras, A (Poulantzas), 166
Crise de legitimação no capitalismo tardio, A (Habermas), 211
Crise do capitalismo americano, A (Magdoff e Sweezy), 170
"Crisis Tendencies, Legitimation and the State" (Thompson e Held), 211
Crítica ao eurocomunismo (Mandel), 224
Crítica da razão dialética (Sartre), 180-2, 215
Critique of Political Reason (Debray), 228
Croce, Benedetto, 160
Croot, Patricia, 172
Crosland, Anthony, 247
Cru e o cozido, O (Lévi-Strauss), 192
Cultura (Williams), 167
Cultura do narcisismo, A (Lasch), 170
Curso de linguística geral (Saussure), 185, 190

Da rebelião à revolução (Genovese), 170
Daily Life in Revolutionary China (Macciocchi), 218
Davis, Mike, 241
De Vroey, Michel, 172
Debray, Régis, 228
Deleuze, Gilles, 185, 199, 202
Della Volpe, Galvano, 147, 160-1, 164, 168, 214
Derrida, Jacques, 150, 184-5, 187, 191-2, 194, 196, 198, 202, 209
Dews, Peter, 152, 202
Dialectic of Defeat (Jacoby), 213
Dialética negativa (Adorno), 155
Dilemmas of a Socialist Economy (Kornai), 247
Direito à cidade, O (Lefebvre), 175
Discriminations (Wellek), 152
Dissemination (Derrida), 187
Do mel às cinzas (Lévi-Strauss), 195
Dutschke, Rudi, 218
Eco, Umberto, 182
Economia do socialismo possível, A (Nove), 245, 247-8
Eisenhower, Dwight David, 203
Engels, Friedrich, 155, 163, 232, 234, 239, 243
Engler, Rudolf, 190
Enzensberger, Hans Magnus, 218
Era do capital, A (Hobsbawm), 169
Escola de Frankfurt (Instituto de Pesquisa Social), 150, 154-5, 160, 168, 203, 207, 214, 244
Escritos (Lacan), 184
Escritura e a diferença, A (Derrida), 184
Espinosa, Baruch, 160
Establet, Roger, 166, 168
Estado e a revolução, O (Lênin), 244
Estado na sociedade capitalista, O (Miliband), 166
Estado, o poder, o socialismo, O (Poulantzas), 166

Estudos de história e filosofia das ciências (Canguilhem), 157
Evolução do capitalismo, A (Dobb), 169
Fantasma de Stálin, O (Sartre), 216
Fascismo e ditadura (Poulantzas), 166
Flaubert, Gustave, 181, 184, 215-6
Foner, Eric, 170
Foucault, Michel, 174, 178, 183-5, 191-8, 202, 210
Fourier, Charles, 239, 243
Free Soil, Free Labor, Free Men (Foner), 170
Freud, Sigmund, 188, 199, 203, 210
Friedman, Milton, 175
Gaulle, Charles de, 202
Genovese, Eugene, 170
"Gli Strumenti del Marxismo" (Althusser), 182
Glucksmann, André, 149, 174, 218
Godelier, Maurice, 237
Goldmann, Lucien, 164, 182
Gonzalez, Felipe, 221
Gorz, André, 250
Gramatologia (Derrida), 184
Gramsci, Antonio, 147, 160-1, 163, 214, 219
Grossmann, Henryk, 165
Grupo de Historiadores do Partido Comunista da Grã-Bretanha (CPGB), 169
Guilherme II, 215
Habermas (Thompson e Held), 211
"Habermas and Marxism" (Heller), 211
Habermas, Jürgen, 150, 168, 203-213, 244
Halliday, Fred, 156, 241
Hatcher, John, 172
Hegel, Georg W. F., 160, 199, 204
Heidegger, Martin, 160, 180, 199
Hilferding, Rudolf, 165
Hill, Christopher, 169
Hilton, Rodney, 169
Himmelweit, Susan, 172

História da loucura na Idade Clássica (Foucault), 197
História da sexualidade (Foucault), 174, 198
History of Criticism (Wellek), 153
Hjelmslev, Louis, 160
Hobsbawm, Eric, 169
Hodgson, Geoff, 172
Horkheimer, Max, 154, 164, 203
Husserl, Edmund, 180
Idiota da família, O (Sartre), 181
Inconsciente político, O (Jameson), 167
Injustiça (Moore Jr.), 226-7
Inprecor, 224
Instituto de Pesquisa Social; *ver* Escola de Frankfurt
Introdução à *Contribuição à crítica da economia política* (Marx), 179
Itoh, Makoto, 172
Jakobson, Roman, 185-6
Jameson, Fredric, 167-8, 232
Jaurès, Jean, 232
Kant, Immanuel, 160
Karl Marx's Theory of History (Cohen), 167
Kautsky, Karl, 203
Keynes, John Maynard, 165
Khruschov, Nikita, 150, 216-9, 221, 234
Kierkegaard, Søren, 160
Kiernan, Victor, 169
Klíma, Arnošt, 172
Kojève, Alexandre, 180
Kołakowski, Leszek, 233
Kornai, János, 248
Korsch, Karl, 147, 156, 160, 214, 219
Kristeva, Julia, 149, 174, 202, 218
L'École capitaliste en France (Baudelot e Establet), 166
La crise du féodalisme (Bois), 179
La Petite Bourgeoisie en France (Baudelot e Establet), 167
La production de l'espace (Lefebvre), 175
Lacan, Jacques, 160, 184-6, 188, 190-2, 199, 202, 210

Ladurie, Emmanuel Le Roy, 172
Lakatos, Imre, 157
Language, Counter-Memory, Practice (Foucault), 191, 196
Lasch, Christopher, 170
Lassalle, Ferdinand, 154
"Le Socialisme qui venait du froid" (Sartre), 217
Leavis, Frank Raymond, 153
Lefebvre, Georges, 232
Lefebvre, Henri, 175, 182
Lênin, Vladímir Ilitch, 163, 172, 174, 179, 183, 232
Lenine e a filosofia (Althusser), 183
Lentricchia, Frank, 147, 152, 225
Lentricchia, Melissa, 152
Ler O capital (Althusser), 182, 184
Les Temps Modernes, 202, 214-5
Lévi-Strauss, Claude, 181-8, 190-8, 202, 210
Lévy, Bernard-Henri, 174
Liga Espartaquista, 162
"Linguistics and Politics" (Chomsky), 226
Long Waves of Capitalist Development (Mandel), 165
Lukács, György, 147, 160-1, 164, 168, 203, 214
Luxemburgo, Rosa, 163, 165, 172, 203
Lyotard, Jean-François, 202
"Madness and Civilization in Early Modern Europe" (Midelfort), 192
Magdoff, Harry, 170, 218
Manifesto Comunista, O (Marx e Engels), 179
Mannheim, Karl, 157-8
Mao Tsé-tung, 149-150, 202, 212, 217-221, 234
Marcuse, Herbert, 147, 155, 160-1, 164, 214, 244
Marx after Sraffa (Steedman), 165
Marx, Karl, 148-9, 154-6, 158, 160, 163, 165, 167, 169, 171, 175, 178-9, 182-3, 205, 212, 231-2, 239, 243

Marxismo e filosofia (Korsch), 156, 160
Marxismo e literatura (Williams), 167
Marxismo e política (Miliband), 166
Marxismo soviético (Marcuse), 214
Marx's Economics (Morishima), 165
Mehring, Franz, 154
Merleau-Ponty, Maurice, 180, 215
Milton and the English Revolution (Hill), 169
Miséria da teoria, A (Thompson), 171-2
Mitologias (Barthes), 202
Mitológicas (Lévi-Strauss), 197
Mitterrand, François, 221
Mohun, Simon, 172
Money and Abstract Labour (Krause), 165
Montgomery, David, 170
Moore Jr., Barrington, 226-7
Morris, William, 232, 243
Mudança estrutural da esfera pública (Habermas), 204
Mundo de ponta-cabeça, O (Hill), 169
Myrdal, Gunnar, 232
Nascimento da tragédia, O (Nietzsche), 197
Nietzsche, Friedrich, 175, 191, 195-7
Nove, Alec, 246-250
O'Connor, James, 170
Offe, Claus, 166, 168
On Materialism (Timpanaro), 187, 227
On the Economic Identification of Social Classes (Carchedi), 166
Ordem do discurso, A (Foucault), 195
Owen, Robert, 239-240
Palavras e as coisas, As (Foucault), 183, 196
Para a metacrítica da teoria do conhecimento (Adorno), 199
Para a reconstrução do materialismo histórico (Habermas), 206-7
Parker, David, 172
Parsons, Talcott, 154
Partido Comunista da Alemanha (KPD), 203
Partido Comunista da Espanha (PCE), 221
Partido Comunista Francês (PCF), 180, 202, 214, 220

Partido Comunista Italiano (PCI), 175, 182
Partido Comunista Português (PCP), 224
Partido Democrata Cristão (Itália), 220
Partido Social-Democrata da Alemanha (SPD), 203
Partido Socialista Operário Espanhol (PSOE), 221
Partido Trabalhista Britânico, 248
Parvus, Aleksandr, 172
Pávlov, Ivan Petróvitch, 202
Pensamento selvagem, O (Lévi-Strauss), 181--2, 185, 188, 194
Piaget, Jean, 207
Piscator, Erwin, 203
Poder político e classes sociais (Poulantzas), 166
Politics and Letters (Williams), 167
Pontalis, Jean-Bertrand, 202
Posições (Derrida), 191
Postan, Michael, 172
Poster, Mark, 152
Poulantzas, Nicos, 166, 168, 174, 218, 224
"Pourquoi les Etats-Unis?" (Kristeva et al.), 174
Power/Knowledge (Foucault), 196
Problemas estruturais do Estado capitalista (Offe), 166
Problems in Materialism and Culture (Williams), 167, 228, 243
Quarta Internacional, 224
Quatro conceitos fundamentais da psicanálise, Os (Lacan), 186
"Questão de método" (Sartre), 181
Qui travaille pour qui? (Baudelot et al.), 167
Raça e história (Lévi-Strauss), 195
Ranke, Leopold von, 158
Reagan, Ronald, 212
"Resposta aos meus críticos" (Habermas), 211
Robinson, Joan, 218
Rossanda, Rossana, 218
Rousseau, Jean-Jacques, 198

Rudé, George, 169
Sainte Croix, Geoffrey de, 169
Saint-Simon, Henri de, 232, 239, 243
Sartre, Jean-Paul, 147, 160-2, 164, 173-4, 180-2, 184, 202, 214-7
Saussure, Ferdinand de, 149, 185-7, 190-1, 193
Scheler, Max, 157
Schelling, Friedrich W. J., 160
Seccombe, Wally, 234
Segunda Internacional, 154, 179, 221, 223
Senhores e caçadores (Thompson), 169
Shaikh, Anwar, 172
Sirianni, Carmen, 243
Sistema mundial moderno, O (Wallerstein), 170
Skocpol, Theda, 170
Socialism and Survival (Bahro), 228
Socialist Ownership and Political Systems (Brus), 167
Sociologia e antropologia (Mauss), 190
Sócrates, 198
Sollers, Philippe, 149, 174, 202
Stálin, Ióssif Vissariónovitch, 213, 215-6, 218
State and Capital (Holloway e Picciotto), 166
Stedman Jones, Gareth, 240
Steedman, Ian, 165, 172
Sweezy, Paul, 165, 170, 172, 218
Tawney, R. H., 232
Taylor, A. J. P., 232
Taylor, Barbara, 239
Tchaiánov, Aleksandr V., 232
Tel Quel, 174, 202
Televisão (Lacan), 192
Teoria da literatura e metodologia dos estudos literários (Wellek e Warren), 158
"Teoria e Metodo" (Althusser), 182
Teoria e práxis (Habermas), 207
Terra prometida, A (Genovese), 170
Thatcher, Margaret, 212

"The Agrarian Roots of European Capitalism" (Brenner), 170
The Brenner Debate (Aston e Philpin), 172, 179
The Class Struggle in the Ancient Greek World (Sainte Croix), 169
The Collapse of the Weimar Republic (Abraham), 170
"The Contradictions of Socialist Economics" (Nuti), 167
The Critical Theory of Jürgen Habermas (McCarthy), 209
The English Peasantry in the Later Middle Ages (Hilton), 169
The Future of Socialism (Crosland), 247
The Ideology of Power and the Power of Ideology (Therborn), 166
The Left Academy (Ollman e Vernoff), 171
The Marxist Philosophy of Ernst Bloch (Hudson), 204
The Melancholy Science (Rose), 199
"The Nouvelle Philosophie and Foucault" (Dews), 202
"The Origins of Capitalist Development" (Brenner), 172
The Second Slump (Mandel), 165
The Value Controversy (Steedman), 172
Therborn, Göran, 166, 168
Thompson, Edward, 169, 171, 179, 228, 231, 240-3
Time, 171, 173
Timpanaro, Sebastiano, 152, 187, 227
Tom Paine and Revolutionary America (Foner), 170
Trabalho e capital monopolista (Braverman), 165
Tramonto dell'ideologia (Colletti), 173
Trótski, Leon, 163, 172, 214, 223-4, 247
Trubetzkoi, Nikolai, 186
União de Esquerda (França), 220
Universidade da Califórnia (Irvine), 151
USA (O'Connor), 170

Value and Naturalism in Marx (Lippi), 165
Vico, Giambattista, 206
Wagner, Richard, 192, 197, 211
Wallerstein, Immanuel, 170-1
Weber, Henri, 224
Weber, Max, 160, 180, 233
Wellek, René, 147, 151-3, 158
What Does the Ruling Class Do When It Rules? (Therborn), 166
Wiener, Jon, 152
Wigforss, Ernst, 232
Williams, Raymond, 167, 169, 228, 242-3, 247
Wirklichkeit und Reflexion (Fahrenbach), 210
Workers Control and Socialist Democracy (Sirianni), 243
Workers' Control in America (Montgomery), 170
Wright, Erik Olin, 166, 168, 172, 233
Wunder, Heidi, 172
Zero Option (Thompson), 228

Sobre o autor

Professor de história na Universidade da Califórnia-Los Angeles (UCLA), o historiador britânico Perry Anderson integra o conselho editorial da *New Left Review*, uma das mais prestigiosas publicações acadêmicas sobre política, da qual foi fundador e diretor. É autor de importantes obras sobre história e marxismo, entre as quais *Linhagens do Estado absolutista* (Editora Unesp, 2016), *Espectro* (Boitempo, 2012), *A política externa norte-americana e seus teóricos* (Boitempo, 2015) e *Duas revoluções* (Boitempo, 2018).

Publicado em fevereiro de 2019 e lançado exatamente um mês após o rompimento criminoso de uma barragem de rejeitos da mineradora Vale, em Brumadinho (MG), que deixou ainda mais vítimas humanas que aquele ocorrido em Mariana (MG) em 2016, este livro foi composto em Adobe Garamond Pro, corpo 11/14, e impresso em papel Avena 80 g/m² pela gráfica Rettec, para a Boitempo, com tiragem de 2,5 mil exemplares.